中共武汉市委党史研究室 编

# 我的1949

## 武汉解放口述史 一

张学锋 王怀卓 主编

长江出版社
CHANGJIANG PRESS

**图书在版编目（CIP）数据**

我的 1949 / 中共武汉市委党史研究室编 ；张学锋，王怀卓主编 . -- 武汉 ：长江出版社，2024.4
ISBN 978-7-5492-9450-3

Ⅰ . ①我… Ⅱ . ①中… ②张… ③王… Ⅲ . ①中国共产党 - 地方组织 - 党史 - 武汉 Ⅳ . ① D235.631

中国国家版本馆 CIP 数据核字 (2024) 第 093585 号

**我的 1949**
WODE1949
**中共武汉市委党史研究室 编 张学锋 王怀卓 主编**

**责任编辑：** 李海振
**装帧设计：** 汪雪
**出版发行：** 长江出版社
**地　　址：** 武汉市江岸区解放大道 1863 号
**邮　　编：** 430010
**网　　址：** https://www.cjpress.cn
**电　　话：** 027-82926557（总编室）
027-82926806（市场营销部）
**经　　销：** 各地新华书店
**印　　刷：** 武汉新鸿业印务有限公司
**规　　格：** 787mm × 1092mm
**开　　本：** 16
**印　　张：** 19.75
**彩　　页：** 12
**字　　数：** 300 千字
**版　　次：** 2024 年 4 月第 1 版
**印　　次：** 2024 年 4 月第 1 次
**书　　号：** ISBN 978-7-5492-9450-3
**定　　价：** 98.00 元

1947年11月6日，国民党军在华中地区最大的军需品生产基地——军政部联合勤务总司令部武汉被服厂的工人因不满厂方的压榨虐待罢工。7日，工人们再次集合准备前往国民政府主席武汉行辕请愿时，遭到厂方派出的200多名武装厂警的镇压。工人蔡绍倪当场被打死，丁海泉重伤不治身亡，30名工人被打伤。这就是震惊全国的武汉被服厂一一·七血案。血案发生后，在中共地下党的领导下，成立了被服厂“血案治丧委员会”，各车间也成立了血案支援委员会。图为武汉被服厂“一一·七血案支援委员会”横幅，其中“会”字因文物受损而缺失。

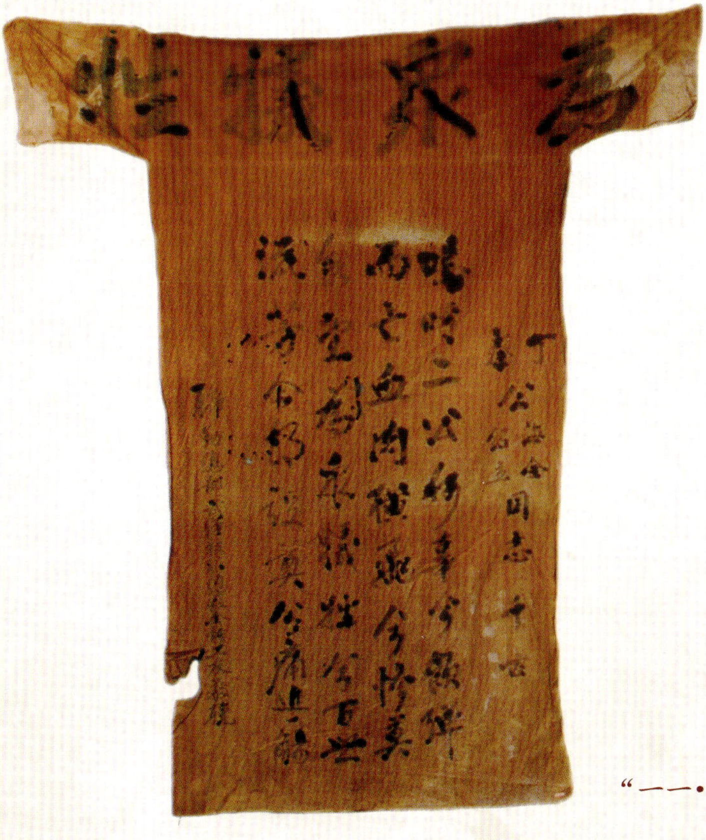

“一一·七血案”血衣祭文。

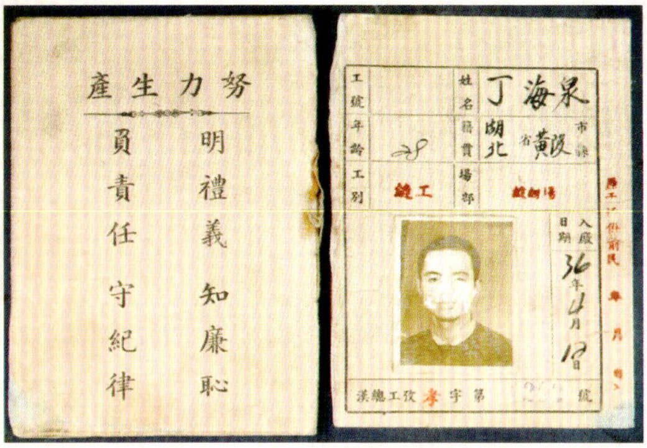


丁海泉烈士的工作证。

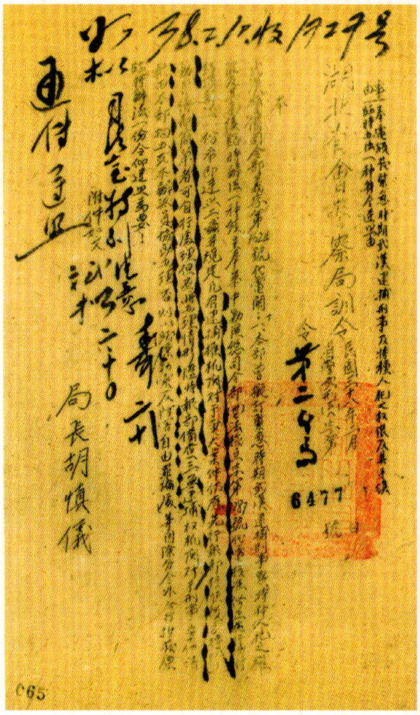


1949年初，国民党军武汉警备司令部制订《紧急时期武汉逮捕刑事及特种人犯之权限及其手续临时办法》，规定“为适应戡乱需要”，警备司令部保安部队及县、市政府，均可“执行本部命令，拘捕一切刑事人犯”。图为1949年2月国民党湖北省会警察局转发该办法的训令。

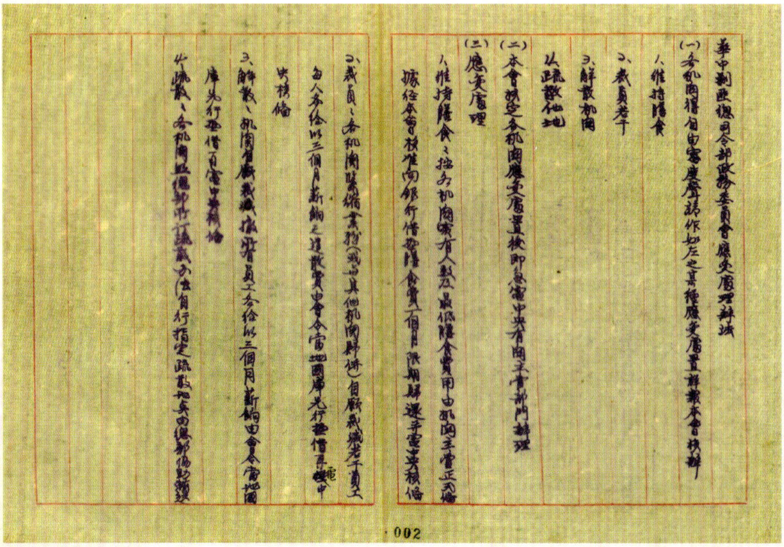

1949年2月15日，国民党军华中“剿总”政务委员会应变处理办法。

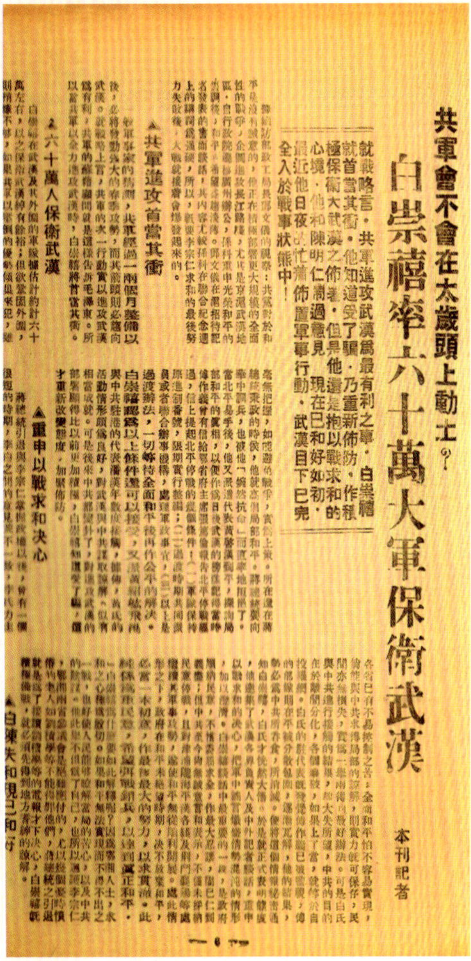
共軍會不會在太歲頭上動土？

白崇禧率六十萬大軍保衛武漢

本刊記者

就戰略言，共軍進攻武漢爲最有利之舉，白崇禧就首當其衝，他知道受了騙，乃重新佈防，作積極保衛大武漢之佈署，但是他還是抱以戰求和的心境，他和陳明仁商過意見，現在已和好如初，最近他日夜忙着佈置軍事行動，武漢目下已完全入於戰爭狀態中！

▲共軍進攻首當其衝

▲六十萬人保衛武漢

▲軍中以戰求和決心

▲白陳失和現已和好

1949 年 2 月出版的《时局人物》杂志第二辑报道了白崇禧积极备战的情形。

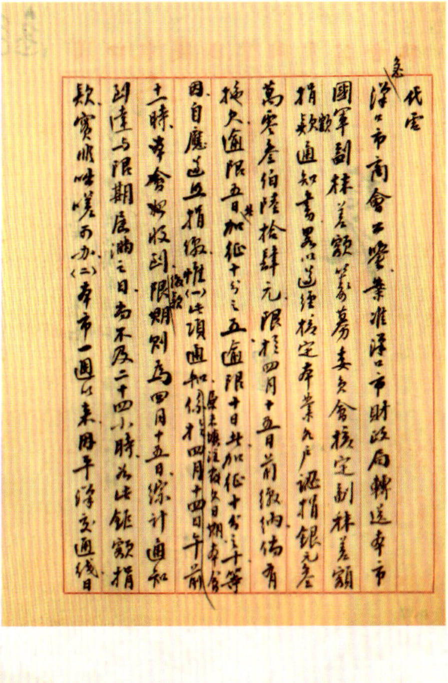
代電

1949 年 4 月 14 日，汉口市钱商业同业公会理事长谢春塀为该会无力负担国民党军副秣差额摊派，请求核减的呈文。

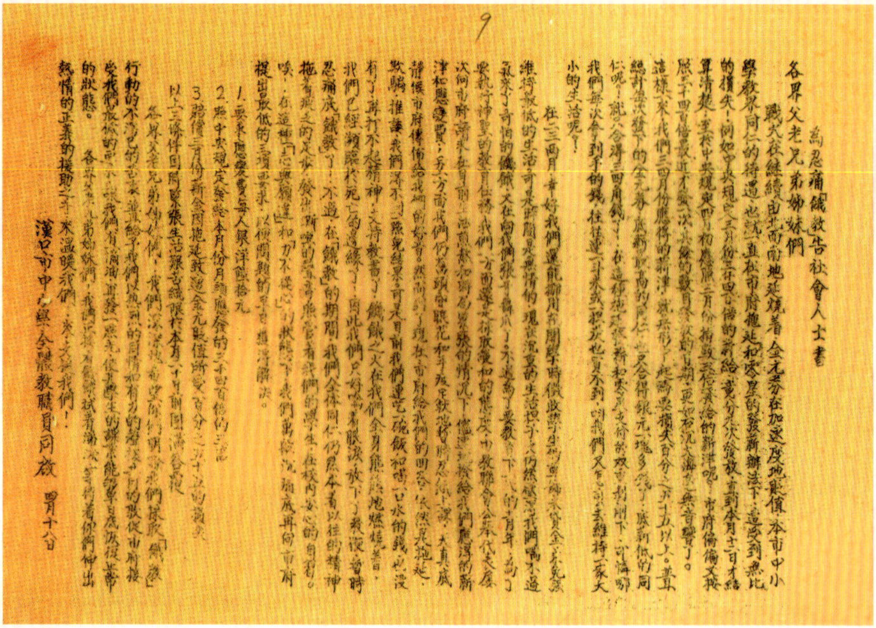

爲忍痛「餓教」告社會人士書

各界父老兄弟姊妹們

漢口市中小學全體教職員同啟

1949 年 4 月 18 日，汉口市中小学全体教职员发出《为忍痛“饿教”告社会人士书》，揭露国民党汉口市政当局拒不按规定发放薪津，使教职员不能维持家人的生活。

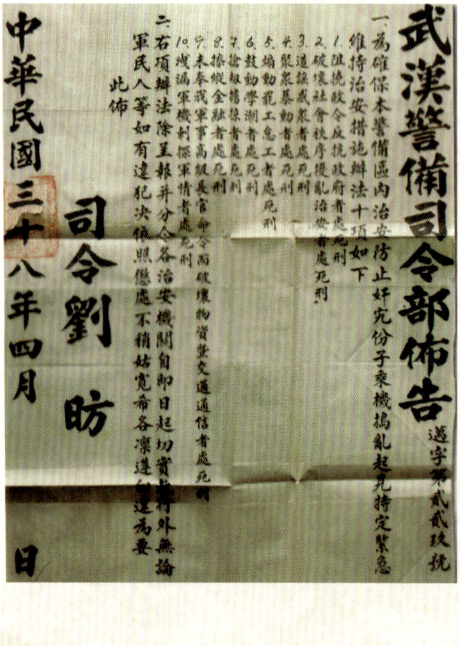

武漢警備司令部佈告　遊字第貳貳玖號

一、為確保本警備區內治安防止奸宄份子乘機搗亂起見特定緊急維持治安措施辦法十項如下

1.阻撓政令反抗政府者處死刑

2.破壞社會秩序擾亂治安者處死刑

3.造謠惑衆者處死刑

4.聚衆暴動者處死刑

5.煽動罷工怠工者處死刑

6.鼓動學潮者處死刑

7.搶劫擄掠者處死刑

8.擾亂金融者處死刑

9.未奉我軍事高級長官命令而破壞物資暨交通通信者處死刑

10.洩漏軍機刺探軍情者處死刑

二、右項辦法除呈報并分令各治安機關自即日起切實執行外無論軍民人等如有違犯決依照懲處不稍姑寬布各凜遵勿違為要

此佈

司令劉昉

中華民國三十八年四月　日

1949 年 4 月，国民党军武汉警备司令部发布的紧急维护治安措施十项办法的布告。

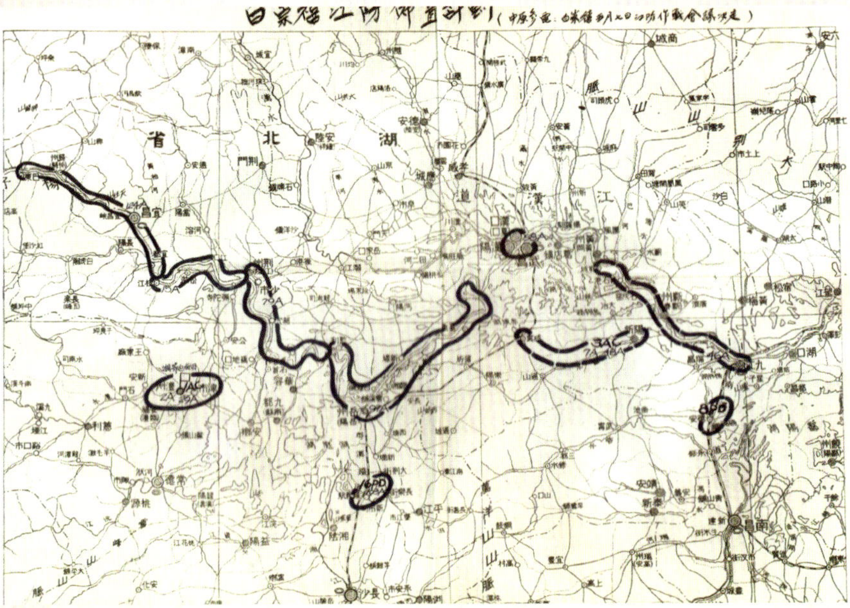

1949 年 5 月 7 日白崇禧江防布置计划图。

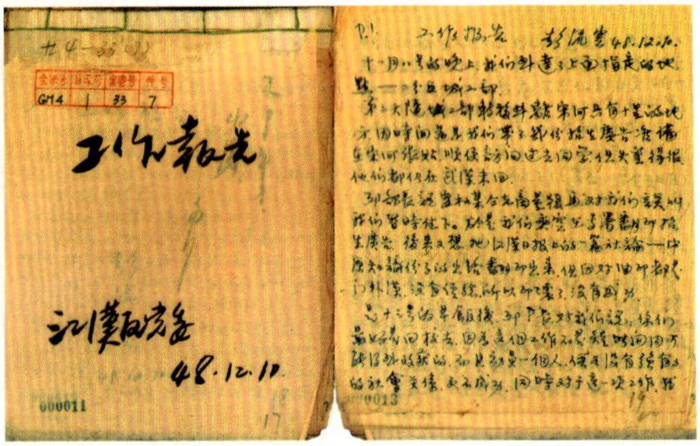


1948 年 12 月，中共江汉区党委城工部统战、策反、地下工作报告。

中共武汉市委和城工部人员组织收集武汉情报，秘密送回解放区，相继编辑出版了《武汉概况》《武汉调查》《武汉调查摘录》等，详细记述了武汉解放前夕社会各方面情况，对中共中央中原局和第四野战军制定进入武汉的军管手册起了重要的参考作用。

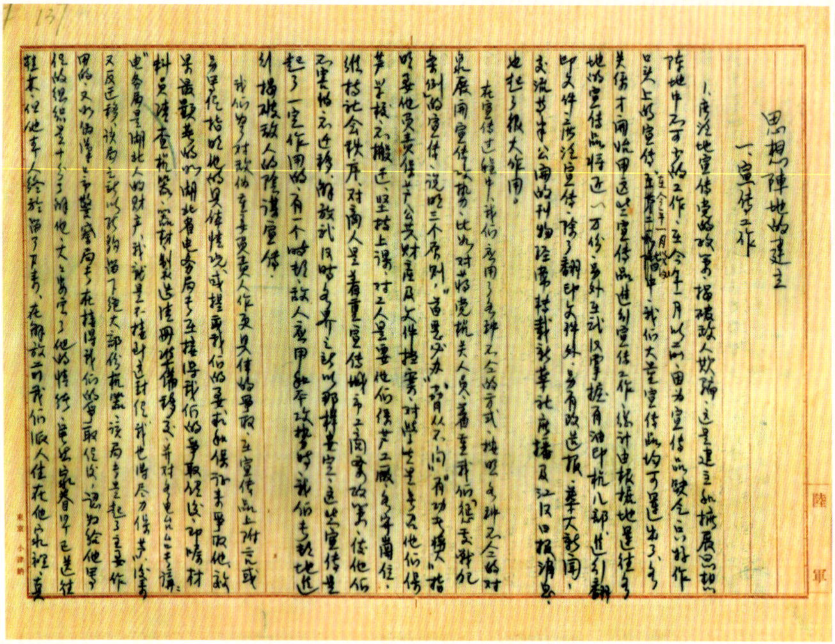
思想阵地的建立
一、宣传工作

随着武汉解放的临近，中共城工部工作人员加紧了对国民党上层人士的工作，“三府”（国民党湖北省政府、汉口市政府和武昌市政府）、“两局”（国民党汉口市警察局和武昌湖北省会警察局）成为争取的重点。图为《江汉军区襄南区地委城工部工作总结报告》中关于策反汉口市警察局局长李经世的经过。

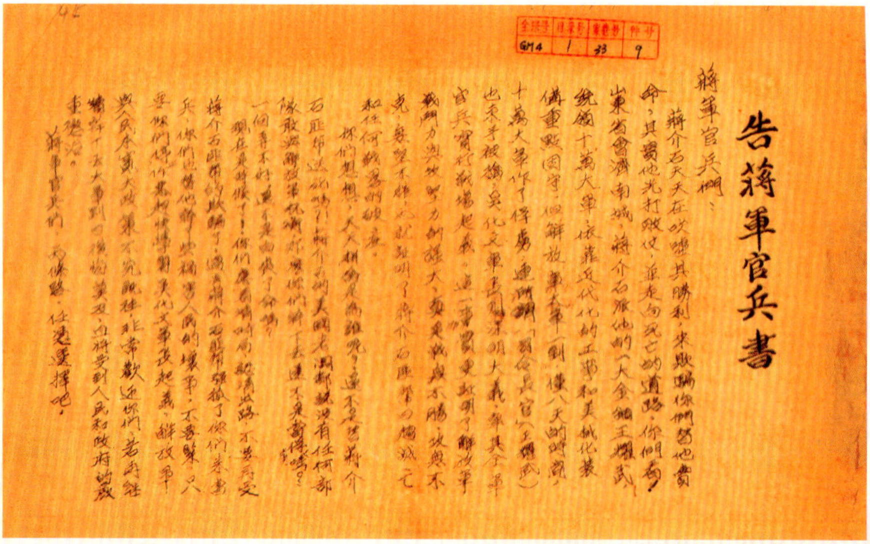
告蒋軍官兵書

中共地下组织工作人员向汉口市警察局13分局、国民党武汉警备司令部特捐处、武昌体专等部门寄发各种信件和宣传传单。图为《告蒋军官兵书》。

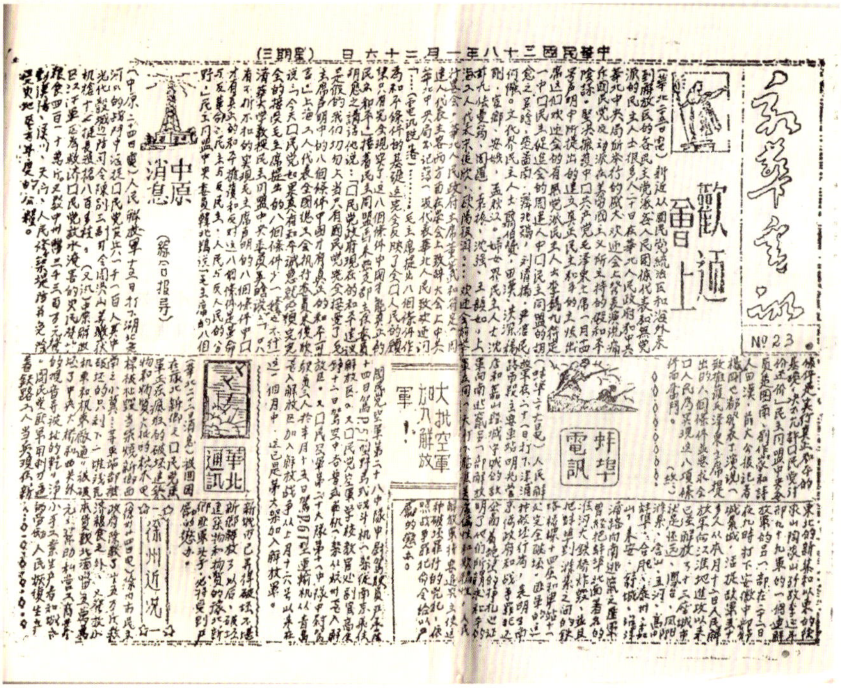

中華民國三十八年一月二十六日（星期三）

新華電訊

No.23

歡迎會上

中原消息

華北通訊

蚌埠電訊

徐州近況

在中共江汉区党委城工部领导下油印的《新华电讯》。

江漢日報

中共江汉区党委机关报《江汉日报》。

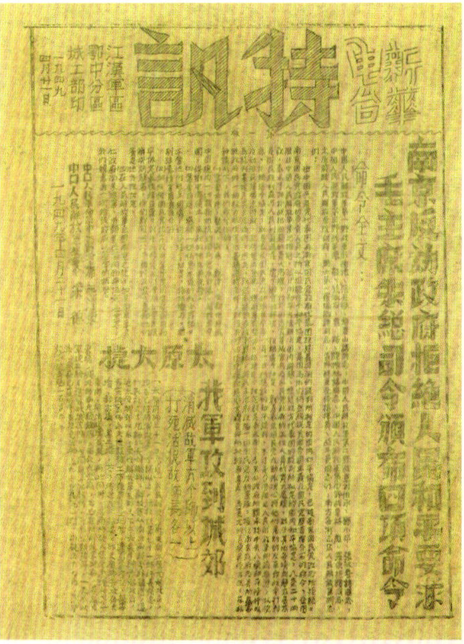

新華電台 特訊

江漢軍區鄂中分區城工部印 一九四九 四月廿一日

南京反動政府拒絕人民和平要求 毛主席朱總司令頒布四項命令

太原大捷 我軍攻到城郊

1949年4月21日，江汉军区鄂中分区城工部油印的《新华电台特讯》。

中共武汉地下组织秘密收录新华社和各解放区电台广播的小阁楼。

1949年5月15日上午，白崇禧南逃前下令破坏电信局的电信设施。图为中共地下党员组织工人纠察队守在武汉电信局大门口，成功阻止国民党军破坏。

被武汉电信局的工人们藏在床下保护起来的通信器材。

在中共地下党的领导组织下，被武汉工人保护下来的船只。

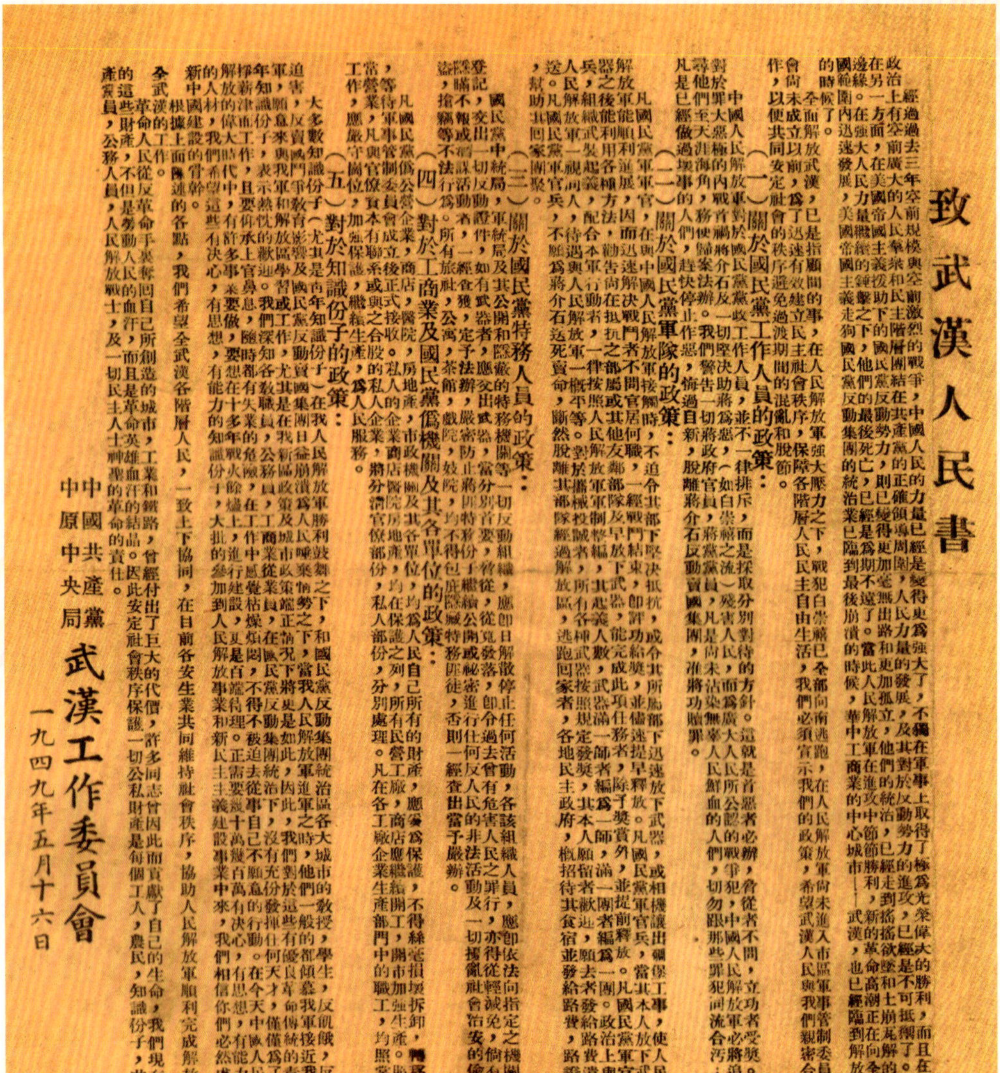

# 致武漢人民書

經過過去三年空前規模與空前激烈的戰爭，中國人民的力量已經是變得更爲強大了，不獨在軍事上取得了極爲光榮偉大的勝利，而且在政治上有空前廣大的人民羣衆和民主階層團結在共產黨的正確領導周圍，人民力量的發展，及其對於反動勢力的進攻，已經是不可抵禦了。在另一方面，在美國帝國主義援助下的國民黨反動勢力，則已變得更加毫無出路和更加孤立，他們的統治，已經走到搖搖欲墜和土崩瓦解的邊緣。在強大人民力量繼續的錘擊之下，他們的最後死亡，則已經是爲期不遠了。當此人民解放軍在進攻中節節勝利，新的革命高潮正在向全國範圍內迅速發展，美國帝國主義走狗國民黨反動集團的統治業已臨到最後崩潰的時候，華中工商業的中心城市——武漢，也已經臨到解放的時候了。

全面解放武漢，已是指顧間的事，在人民解放軍強大壓力之下，戰犯白崇禧已全部向南逃跑，在人民解放軍尚未進入市區軍事管制委員會倘未成立以前，爲了迅速有效建立民主社會秩序，保障各階層人民民主自由生活，我們必須宣示我們的政策，希望武漢人民與我們親密合作，以便共同安定社會的秩序避免過渡期間的混亂和脫節。

## （一）關於國民黨工作人員的政策：

中國人民解放軍對於國民黨黨政工作人員，並不一律排斥，而是採取分別對待的方針。這就是首惡者必辦，脅從者不問，立功者受獎。對於罪大惡極的內戰首禍蔣介石及一切堅決助蔣爲惡（如白崇禧之流）殘害人民，而爲廣大人民所公認的戰爭犯，中國人民解放軍必將追尋他們至天涯海角，務使歸案法辦。我們警告一切蔣政府官員，凡是尚未沾染無辜人民鮮血的人們，切勿跟那些罪犯同流合污；凡是已經做過壞事的人們，趕快停止作惡，悔過自新，脫離蔣介石反動賣國集團，准將功贖罪。

## （二）關於國民黨軍隊的政策：

凡國民黨軍軍官，在與中國人民解放軍接觸時，不迫令其部下堅決抵抗，或令其所屬部下迅速放下武器，或相機讓出碉堡工事，使人民解放軍能順利進展，因而迅速解決戰鬥者，不問官居何職，一經戰鬥結束，即評功給獎，並儘速提早釋放。凡國民黨軍官兵，當其本人放下武器之後，能利用各種方法，勸告尚在抵抗之部屬或其他友鄰部隊及早放下武器，能完成此項任務者，除予獎賞外，並提前釋放。凡國民黨軍官兵，組織武裝起義，配合本軍行動者，一律按照人民解放軍制整編，其起義人數，武器滿一師者，編爲一師，滿一團者，編爲一團。政治上與人民解放軍一視同人，待遇與人民解放軍一概平等。對於攜械投誠者，所有各種武器按照規定發獎，其本人願留者歡迎，願去者發給路費遣送。凡國民黨軍官兵，不願爲蔣介石送死賣命，斷然脫離其部隊經過解放區，逃跑回家者，各地民主政府，概招待其食宿，並發給路費，路證，幫助其回家團聚。

## （三）關於國民黨特務人員的政策：

國民黨中統局，軍統局及其公開和隱蔽的特務機關等一切反動組織，應即日解散，停止任何活動，各該組織人員，應即依法向指定之機關登記，交出一切證件，如有武器者，應交出武器，當分別首要，脅從，從寬發落，即令過去曾有危害人民之罪行，亦得從輕減免，倘有隱瞞不報或潛謀活動者，一經查獲，定予法辦，嚴密防止蔣匪特務份子繼續公開或秘密進行任何反人民的非法活動及一切擾亂社會治安的偷盜，搶竊等不法行爲。所有旅社，公寓，茶館，戲院，妓院，均不得包庇隱藏特務匪徒，否則一經查出當予嚴辦。

## （四）對於工商業及國民黨僞機關及其各單位的政策：

凡國民黨僞公營企業，商店，醫院，房地產，市政機關及其各單位，均爲人民自己所有的財產，應妥爲保護，不得絲毫損壞拆卸，轉移，等待軍事管制委員會成立後正式接收。私人的企業，商店醫院房地產，均在保護之列，所有民營工廠，商店應繼續開工，開市加強生產。照常營業，凡與官僚資本有聯系，或與之合股的私人企業，將分別官僚部份，私人部份，分別處理。凡在各工廠企業生產部門中的職工，均照常工作，應嚴守崗位，加強保護，繼續生產，爲人民服務。

## （五）對於知識份子的政策：

大多數知識份子（尤其是青年知識份子）在我人民解放軍勝利鼓舞之下，和國民黨反動集團統治區各大城市的教授，學生，反飢餓反迫害，反賣國鬥爭和教育影響及國民黨反動賣國集團日益崩潰，爲人民唾棄情勢之下，當我人民解放軍進軍之時，他們一般的都傾慕我軍，接近我軍，願意來與我軍和解放區學習或工作，尤其是在我新區政策及城市政策端正情況下，將更是如此，因此，我們對於這些有優良革命傳統的青年知識份子，表示熱忱的歡迎。我們深知各教職員，公務員，工商業從業員，在國民黨反動集團統治下，沒有充份發揮任何天才，僅僅爲了掙薪津而工作，且要仰承上官鼻息，隨時都有失業的危險，在工作中感覺枯燥煩悶，不得不被迫去從事自己不願意的行動。在今天中國人民解放的偉大時代中，有許多事業要做，要想在十多年戰火餘燼上，進行建設，且是百端待理。正需要幾十萬幾百萬有決心，有思想，有能力的人材，我們希望這些有決心，有思想，有能力的知識份子，大批的參加到人民解放事業和新民主主義建設事業中來，我們相信你們必然成新中國建設的骨幹。

根據上面陳述的各點，我們希望全武漢各階層人民，一致上下協同，在目前各安生業共同維持社會秩序，協助人民解放軍順利完成解放全武漢的工作。

革命人民從反革命手裏奪回自己所創造的城市，工業和鐵路，曾經付出了巨大的代價，許多同志曾因此而貢獻了自己的生命，我們現有的這些財產，不但是勞動人民的血汗，而且是革命英雄血汗的結晶。因此安定社會秩序保護一切公私財產是每個工人，農民，知識份子，共產黨員，公務人員，人民解放戰士，及一切民主人士神聖的革命的責任。

中國共產黨
中原中央局
武漢工作委員會
一九四九年五月十六日

1949 年 5 月 16 日，中共中央中原局武汉工作委员会发表的《致武汉人民书》。

# 前言
PREFACE

为贯彻落实习近平总书记“要用好红色资源，加强革命传统教育、爱国主义教育、青少年思想道德教育，引导全社会更好知史爱党、知史爱国”重要讲话精神，在中华人民共和国成立 75 周年及武汉解放 75 周年之际，中共武汉市委党史研究室深入挖掘与研究武汉地方党史资源，对多年来征集到的一些武汉解放亲历者的口述史料进行了系统梳理，以黎明前的奋斗、江城新生、城市接管为节点，精心编纂《我的 1949：武汉解放口述史》丛书。

本丛书坚持“亲历、亲见、亲闻”原则，所录文章内容均为解放战争时期参与武汉解放亲历者的回忆，以第一人称视角再现了 1946 年到 1949 年中国共产党领导武汉地区地下斗争取得伟大胜利，江城迎来解放，被顺利接管，获得新生的历史片段。回忆者中，有人当年是职业革命者，有人当年是参加了地下党外围组织的各行各业工人、职员以及学生，有人是地方名流、爱国民主人士，有人是国民党军政系统内部人员，他们从不同视角讲述了自己参加中国共产党领导的武汉地区地下斗争和迎接解放、接管城市的经历，从多角度充分反映了中国共产党对国统区地下斗争的正确策略和耐心细致开展的各项工作，以及武汉地区人民群众对光明前途的憧憬向往。回忆内容鲜活生动，可读性强，亦可作为对武汉地方党史史料的有益补充。

我们把《我的 1949：武汉解放口述史》作为一份庆祝中华人民共和国成立 75 周年及武汉解放 75 周年的礼物，奉献给武汉这座英雄之城的广大读者，期望对中国共产党精神谱系的弘扬、新时代红色文化建设乃至武汉人民英雄之气的传承、提升有所助益。

编　者

2024 年 1 月 11 日于汉口

# 目　录
CONTENTS

# 武汉地下党工作

曾　惇①

## 地下市委及其外围组织的建立

1948年7月，我到上海局香港办事处向钱瑛同志汇报武汉的工作，其中包括汉阳武工队和武昌红十字会补习学校遭破坏的情况，并建议把大江两岸的工作交给五师去搞，我们则集中力量搞武汉的工作，撤销湖北省地下工作委员会。

针对敌人破坏的情况，钱瑛同志为保存革命力量，采取的主要措施就是把武汉的领导骨干调到香港学习，另选一批领导骨干去指挥工作。在学习过程中，钱瑛同志对我们说："我们要准备两手：一是可能回不去了，这是最坏的准备，如果出现这种情况，你们就把关系全部交出去，另外分配工作。二是可能回得去，我们当然希望出现这种可能。"

钱瑛同志同意我的建议，把大江两岸的工作交出去，集中力量搞武汉的工作。同时决定，撤销湖北省地下工作委员会，成立武汉地下市委，并把长沙和沙市划归武汉地下市委领导。为了加强武汉的工作，派江浩然和张文澄同志参加市委领导班子，把1948年2—3月份从上海转到武汉的几个学生党员的关系交给我们，如金本富等；还从北京清华大学抽调一批学生来武汉，如尚嘉齐、吕乃强等。地下市委于1948年夏在武汉成立，由陈克东、刘实和我负责。9、10月间，江浩然同志来；仲冬，张文澄同志来，

① 本文作者时任中共武汉市委书记。

这时才由江浩然、张文澄和我成立常委会，刘实、陈克东为委员。具体分工是：我为书记，江浩然为组织部长，张文澄为宣传部长，刘实抓工运，陈克东抓长沙和沙市的工作。

8 月初，新充实的一批骨干陆续来到武汉。这时，武汉正处在敌人镇压的高峰期，被镇压的主要对象是学生和教员。在这种情况下，我们发动和组织了一大批学生和教员参加市郊后湖救灾，转移了一批积极分子。从 8 月 23 日到 9 月 15 日，武汉“特刑庭”传讯和逮捕了一大批教员和学生。对他们抓去的这些人，我们做了认真的分析：他们中绝大部分不是党员和党的积极分子，可见敌人传讯和抓人的名单是由特务提供的，而不是我们内部出了叛徒。基于这种判断，我们首先揭露敌人的阴谋，指出他们抓去的人都不是共产党，是“特刑庭”想用“共产党”这顶帽子来迫害广大师生；其次通过统战关系，请上层人物出来讲话。我们还组织群众轮流探监，要求参加审讯，用这种办法在基层群众中扩大宣传，扰乱敌人的工作。经过斗争，迫使敌人将抓去的师生全部无罪释放。自此，敌人在 1948 年掀起的镇压高峰就过去了，武汉的革命形势经过一场严峻的考验之后又蓬蓬勃勃地发展起来了，特别是组织建设有了一个大的发展。

为了加强具体领导，地下市委按系统建立了党的工作小组。1948 年下半年建立起来的工作小组有工运组、职工组、学运组、青工组、文教小组、新闻小组、统战小组、策反小组、金融小组、妇女小组。

与此同时，地下市委在进步群众中建立了党的各种外围组织，如工人民主工作队、工人协会、新建协（其中有一部分人是由原“姊妹团”转过来的）、新青社、新青联、新建联、新少协、新教协、新新协等。

从开辟工作以来，经过几年严酷的革命斗争考验，地下市委有了比较健全的组织机构。根据上级指示，我们在 1948 年冬到 1949 年 4 月之间，确认和吸收了一批新党员。在进行这一工作时，我们坚持了以下原则：（1）1948 年冬，我们曾研究过一些一度失掉组织关系的同志的组织问题，处理的原则是，根据本人与地下党发生联系以后的表现，暂作恢复组织生活处理，对他们失掉关系的原因以及和地下党发生联系以前的历史，待以后审查清楚了再作恢复党龄的结论。（2）吸收新党员，要从经过考验的积极分子中挑选，必须经过慎重、细致的审查，认为确实可靠才同意发展。（3）在革命可以看到胜利的前夕不发展，严防投机分子混入党内。

在上述原则指导下，从 1948 年底到 1949 年 4 月，发展了一大批新党员，同原有的党员加在一起，总数达到 390 余人。这些党员分布于全市各个重要工厂、企业、机关、学校。武昌的力量最大，汉口次之。党员人数最多的单位是武汉大学。为防止投机分子入党，武汉地下市委在 1949 年 4 月以后停止了组织发展工作。

参加党的外围组织的积极分子，据临近武汉解放时的初步统计，主要包括以下几类：

职工：包括工人民主工作队队员、工人协会会员、新建设协会会员，共 440 人，其中大部分是工人，其余是职员。

学生：包括新青社、新青联、新少协的成员，共 1311 人。

妇女：民主妇女联合会会员，33 人。

文教：包括新教协、新教育学会、新民主主义研究会、新新协的成员，共 263 人。

统战：包括促进会和新中会的成员，共 26 人。

总计：2073 人。

刚到武汉开辟工作时，我们只有十几个党员和十几个积极分子，到了 1949 年初，从以上初步统计可以看到，党员发展到 390 多人，有组织的积极分子达到 2000 多人。由于我们坚决执行了毛泽东同志关于白区工作的十六字方针，已积蓄起一支强大的力量。这支力量在后来配合人民解放军解放武汉的战斗中，发挥了很大的作用。

## 配合解放武汉的战斗

1949 年 1 月，解放战争三大战役的胜利，大大加速了全国革命胜利的到来，武汉的解放也只是时间问题了。为了迎接即将到来的全国胜利，钱瑛同志把西南各省及“两湖”做地下工作的干部分期分批调到香港，学习新形势下党的任务和各项方针政策，把大家的思想统一到党中央的方针政策上来。武汉地下党也先后从各条战线抽调了一些同志去学习，主要是从思想上解决了以下几个问题：（1）武汉的解放已提到议事日程，但解放武汉的战斗主要是靠中国人民解放军，而不是要在白区工作的同志去搞城市武装起义；（2）武汉解放前夕，地下党的主要任务是反迁移、反破坏、保护城市，迎接解放；（3）武汉解放以后，地下党的主要任务是协助解放区南下干部顺利接管城市，比如，怎样调查研究，怎样稳定社会秩序、恢复生产和解决人民的生活困难，等等；（4）胜利以后，要防止骄傲情绪、名位观念和山头主义。

当人民解放军取得三大战役胜利，并继续向南推进的时候，华中"剿总"司令白崇禧虽然也看到了国民党大势已去，但他还自认为华中有三四十万"能战之兵"，再施以和平谈判的阴谋，对防守武汉及西南是"坚具信心"的。因此，他一方面加紧备战，另一方面假意许诺一些条件，请李书城等国民党元老到解放区去表示他要和谈。当国民党反动政府拒绝在和平协定上签字，我军大举全面进军之后，白崇禧就立即作出了撤出武汉的决定，他的主力张淦开始南逃。正是在这个时候，他们开展谣言攻势，严令各工厂、机关、学校、银行等紧急搬迁，同时拟订了破坏、潜伏等计划。

在这种情况下，武汉地下市委首先组织党员认真学习了毛泽东同志的《目前形势和我们的任务》《将革命进行到底》等重要文件，使大家认识到，黑暗即将过去，曙光即在前头，武汉很快就要解放了。紧接着，我们又认真传达了上海局《关于新转折点后的形势与任务》的报告，并根据这个报告提出的"依靠基本群众，团结各阶层，粉碎一切反动派的阴谋诡计，争取彻底解放"的方针，放手发动群众，开展了粉碎敌人的谣言攻势，反搬迁、反破坏、保卫城市、迎接解放的伟大斗争。

为了粉碎敌人的和谈阴谋和谣言攻势，地下党领导新闻战线的同志进行了针锋相对的斗争。当时他们主要分布在《新湖北日报》《大刚报》等处。他们利用蒋桂矛盾，采取多种形式，报道了解放战争的形势，揭露了敌人的阴谋，宣传了党的政策。毛泽东同志在 1949 年 1 月 14 日发表关于时局的声明以后，国民党“中央社”只勉强地刊发了声明中提出的和平谈判的八项条件，但对全文却作了如此概括：“竭尽诽谤政府之能事，使人怀疑中共究竟有何寻觅和平之诚意。”《大刚报》在这条电讯的前面，巧妙地另发一条“南京专电”，从而透露了毛泽东同志声明的要点，揭露了敌人破坏政协、发动内战的罪行。第二天又以“旧金山广播”的名义刊登了这个声明的全文。1949 年 2 月 25 日，《大刚报》又全文刊登了郭沫若等 55 人在解放区发表的和谈声明。这个声明一针见血地指出了蒋介石求和完全是出于欺骗，中共八项条件是对蒋介石这种欺骗的无情反击。此外，他们还用“密勒氏评论报”“美联社北平来电”等名义，用大量篇幅报道了我党“发展生产、繁荣经济、公私兼顾、劳资两利”的经济政策，党保护私人工商业、保护私人财产等政策，转载了 4 月 25 日人民解放军的布告等。

此外，地下市委还指示建立在刘虹等同志家中的几处秘密电台日夜抄收延安广播的消息，然后分送到各处的秘密印刷厂，用极其简陋的印刷工具把抄收的消息和文章印出来，在群众中秘密散发。当时印发最多的是《将革命进行到底》《向全国进军的命令》《解放区的工业政策》《中国人民解放军布告》（即“入城八条”），还有《解放区的新风尚》专栏文章，如《和睦家庭，白头偕老》《军爱民，民拥军的小故事》等。一些大中学校也办了一些报刊，报道解放战争的形势，宣传党的各项政策，揭露敌人的和平阴谋和各种谣言，受到了学校师生和社会群众的欢迎。

当李书城与其他社会知名人士从解放区回到武汉以后，我们通过统战关系请他到武汉大学、国立湖北师范学院等处去作报告，谈“北行观感”。李书城以亲身见闻介绍了解放区的情况和我党的有关政策，并且有针对性地揭露敌人散布的“共产共妻”之类的谣言。他在国师讲话，其他许多学校的师生也去听了。他 3 月 5 日在武汉大学的讲话，《大刚报》在 3 月 7 日作了报道。

以上所有这些报道和讲话，对于揭露国民党的和平阴谋、打破他们的谣言攻势，对于稳定人心，都起了很大的作用。

从这时开始，我们在全市开展了大量的调查研究工作。2 月 23 日，市委作出了关于《武汉接管工作中的调查研究问题》的决定，指出："接管工作中的重要一环则是调查研究，这不仅是决定今天政策的基础，而且是决定明天城市管理工作的成功和失败。"市委要求全党和积极分子在调查研究工作中坚持群众路线和实事求是的态度，"要善于利用合法的身份、关系、书刊、表册，从多方面去获得材料，研究问题，发扬党员群众的高度积极性和创造性"。调查的主要内容包括：（1）各单位的人员和组织状况，对群众领袖、地方士绅、各界名流、各党派人士的来历、家庭状况、社会关系、工作能力、住址、电话和最近动向，都要求用最简要的文字概括出来。（2）各单位的人事档案、资产账册、重要的器材、物资和设备，重点是银行和省政府，一定要把那里掌握的房产地产、田赋底册、银行和钱庄的资产、人事卷宗等搞清楚，或组织力量赶抄，或干脆带走。（3）物资方面，主要调查重要机器设备、仪器、器材，重要科研项目及设备。

根据地下市委的规定，各条战线的地下党员和积极分子，立即开展了全面深入的调查研究工作。例如湖北省政府系统的新建协成员在江浩然、罗明、王维章、李昌伦等同志的领导下，对所属各厅、处、局进行人事和武器调查摸底，对各单位的大小职员，按名册分析政治情况，摸底排队。为了掌握档案资料，新建协成员高鹄生还设法当上了省政府委员会的记录员，及时掌握了敌人准备向恩施撤退，以及打算转移重要档案及房产、田地案卷等消息。市委立即指示王维章、李昌伦等同志对各厅处的档案人员进行争取发动，很快掌握了不少单位的档案人员名单，并把真档案用报纸换出来，把重要的房地产、田赋底册以及省银行的资产、人事档案等，派人冒着生命危险送到指定的地点秘密地保留下来。又如金融小组的同志依靠积极分子，日夜奋战，把汉口所有银行、钱庄，特别是中国银行、中央银行、交通银行、农业银行四行的资料全部整理出来了。

市委对各条战线送来的大量调查研究材料整理后秘密送到中共中央上海局，上海局又派人送往北平。后来四野大军南下，发给他们的入城军管手册基本上是根据我们送去的材料编制的。

随着斗争形势的发展，地下市委于 4 月 19 日召开扩大会议，通过了《为保护城市度过青黄不接进入接管而斗争》的报告。从此，我们的工作中心便由调查研究进入到以反搬迁、反破坏为主要任务的阶段。

在反搬迁、反破坏的斗争中，我们利用敌人提出的“应变”口号的合法性，接过这一口号，把合法斗争与“非法”斗争结合起来，积极主张建立应变委员会，尽可能地参加应变会和掌握领导权，团结一切可以团结的人，开展反搬迁、反破坏的斗争。最早开始迁移的是三十兵工厂，先从汉阳搬到武昌，然后又往广西搬。在搬迁的过程中，工人一路受苦，东西也丢得差不多了。回来的人叫苦不迭，说得没有搬的工人谁也不想搬了。但上面命令搬迁，于是工人们想了个要银元做路费的办法，自动把厂部包围了，提出不发银元就不走。结果把事情弄到华中“剿总”，派代表去谈判，敌人被迫发了银元。这时工人们又采取了磨洋工的办法，今天也装不完，明天也装不完，甚至把一些废铜烂铁也装进大木箱让敌人运走。我们认真总结了三十兵工厂反迁移斗争的经验，利用应变会的组织加以传播，一方面在群众中宣传搬迁之苦，另一方面则通过计算搬迁费用来增加敌人的困难，拖延时间。万不得已时，则组织群众磨洋工，留下重要东西，把废品让敌人运走。在武昌第一纱厂，经理程子菊蓄谋运走棉纱和机器，工人们说：“机器和棉纱就是我们的饭碗、我们的命，谁要搬走，就是要我们的命！”他们在张汝霖、胡伯琴和袁道华等同志的领导下，日夜轮流守护工厂和仓库，粉碎了程子菊的阴谋。又如京汉铁路的工人，当敌人强迫他们把机车驾驶过江到武昌去时，他们在蔡杰等同志的领导下，破坏了过江轨道，把机车保存下来了。武汉的各个学校也在党组织的领导下，开展了反搬迁、反破坏的英勇斗争。

在反对敌人破坏的斗争中，我们首先在群众中对敌人的破坏方针进行了彻底揭露，指出他们的这个方针是与人民所需要的建设城市的方针针锋相对的，是与人民的切身利益针锋相对的，是打群众的饭碗，不让群众活命。只有大家团结斗争，才能保住我们的生存。采取的方法有：发出“非法”传单；社会团体发表宣言；地方元老提出抗议；对执行破坏计划的单位和反动分子发出警告。

其次，我们通过应变会的组织形式，组织广大群众采取了“单位联防，地区联防，重点保卫”的措施。突出的事例是武汉电信局的护局斗争。电信局从 1948 年夏就有我们的同志在那里工作，并且建立了党支部，李循棠同志任支部书记。经过半年多的工作，已经通过各种组织形式——如各种联谊会和应变会，团结了一大批群众。敌人很早就把电信局列为破坏重点，多次派人去破坏都遭到失败。第一次是 5 月 12 日，敌人下令把撤退不了的机器炸毁，应变会立即发出“机器就是生命，保护机器就是保护生命”的号召，采取“走马换将”的办法，把好的留下伪装起来，把坏的装箱让敌人运走。晚上 7 点多，敌人派来一个工兵排要炸掉没运走的东西，群众同他们展开了面对面的斗争。我得知这一消息，立即通知赵忍安同志去与电信局长尤箕照和总工程师祝秉珩商量，花了 200 块银元，才把敌人打发走了。第二次是 5 月 15 日，上午 9 点华中“剿总”来了一个通知，要局方于当晚破坏局内电信设施。市委得知这一消息后，立即派刘实同志到电信局去指挥。他到电信局以后，立即指示工人护局纠察队进入战斗岗位，把事前准备好的沙包堆集在门内和窗户上。同时，派李循棠同志到汉口地方法院的地下党员王千弓同志那里取回五支手枪和子弹。李循棠同志取枪回来后，又组织安排了准备与敌人谈判的代表、银元和酒席。晚上 8、9 点钟，敌人又派了一个工兵排来破坏，被局工人纠察队挡在大门外。武汉电信局就这样完整无损地将机器设备保存下来了。又如，武汉轮渡管理处的工人为了打破敌人在逃窜时抢劫船只的阴谋，把“竹山”“崇阳”“随县”“蒲圻”等号船只悄悄驶离武汉，只留下“兴山”“长阳”“汉阳”三艘轮渡，一面坚持渡江，一面随时准备跑掉。当敌人的爆炸队来破坏时，他们勇敢地把船开走了。还有的工厂为防备敌人破坏，在工厂周围铁丝网上挂上了“小心触电”的牌子。在一些机关和学校，向敌人提出了发安家费的要求，搞蘑菇战。这样，武汉所有的大、中、小学校都完整地保留了下来。

在反搬迁、反破坏、保卫城市、迎接解放的斗争中，我们主要是依靠武汉的工人、学生、知识分子和其他小资产阶级，但同时也充分发挥了社会上层人物的重要作用。这是地下党统战工作的胜利，也是地下工作的一条重要经验。

我们刚到武汉开辟工作时，上级党组织就交给我们像李书城、陈经畬、朱裕璧这样一些重要的上层关系。也正是有他们这些关系，才使得我们不少的同志扎下根来。后来我们通过各种渠道加强与社会上层人物的联系，在武汉各界上层都建立了统战关系。在国民党元老人物中，有李书城、张难先老先生；在民族工商界方面，有陈经畬先生；在学界名流方面有周鲠生、朱裕璧先生；在科技专家权威方面人数更多，如既济水电公司总经理、留英水利专家孙保基，华新水泥厂副总经理、留德水利专家茅伯笙，电信局总工程师祝秉珩，等等。为了加强对上层人物的工作，地下党采取了多种形式的工作方法去接近、影响、教育和提高他们，如在他们中建立核心小组“新民主主义促进会”和“民主兴中会”等，更多的则是做个别的工作，有的工作做得非常生动活泼。如武大校长周鲠生先生六十寿辰时，武大学生在党组织的发动下举行了隆重的庆祝会，给他赠送进步书刊，使他深受感动。他表示和大家团结应变，共渡难关，决不迁校，并且提出储备粮食，以防万一。他还在讲话中感谢大家对他的鼓励，表示一定要抽时间把同学们送给他的书看完。

正是因为地下党做了大量工作，所以武汉地区社会上层人物在反搬迁、反破坏、保卫城市和迎接解放的斗争中发挥了重要作用。他们有的打入决策机构，取得领导权；有的以民主党派的名义进行活动，特别是在关键时刻还能挺身而出。当白崇禧要炸毁张公堤、武泰闸、水厂和电厂时，李书城、张难先两位老先生愤怒地以手杖击地，要和白崇禧拼老命。他们当众指责白崇禧的反动措施是要把老百姓往死里逼，从而迫使白崇禧不得不表态说，对这些地方不炸毁不破坏。当鲁道源最后逃跑前要破坏重要交通设施和工厂时，我和张文澄又去请这两位老先生出面去和鲁道源谈判，他们毅然接受了。在谈判过程中，鲁道源提出要 3 万银元，经过讨价还价，同意送 1 万银元。当李书城老先生打电话给我时，我希望能再少一点，于是鲁道源又答应只要 6000 元。我请赵忍安同志准备了钱，由王际清、赵厚甫二人送去了，所以鲁道源撤过长江时只炸了趸船。

在反搬迁、反破坏、保卫城市和迎接解放的斗争中，我们还注意利用革命形势，充分发挥党的政策的威力，大力开展策反活动，同样也取得了显著成绩。陈克东、史林峰、吴明勋、孙运仁、宋洛等同志通过统战关系，分别对汉口市长晏勋甫、武昌市长蒋铭、汉口警察局长李经世、武昌省会警察局长胡慎仪等进行过策反工作。有的工作做得很有成绩。比如地下工作人员李曼农同志对胡慎仪的策反工作就做得好。在临近武汉解放前的半个月时间里，他几乎天天呆在胡的公馆里，向胡宣传形势和党的政策，劝他赶快倒向人民。经过工作，胡答应了地下党提出的如下要求：一、把省会警察局机关本身的人员争取过来。二、把下面各大队的警察人员稳定下来，把武装争取过来。三、发动警察人员稳定社会秩序，镇压流氓抢劫分子。四、与上级反动当局要拖走他所管武装的罪行做斗争。五、把从上级反动当局得来的重要情报向我们汇报。这几条胡慎仪后来都做到了。例如，他所管的警察人员和武装全部留下来了；他得到国民党将逮捕陈经畲、贺衡夫的重要情报，向地下党作了报告。又如，敌人在南逃前，准备将武昌、大冶、汉阳等县的保安团队裹胁到西南去。我们得知这一消息后，立即派李昌伦、韩永年、祝敏鑫等同志去做策反工作，结果把武昌县保安队第二大队长秦放的工作做通了。当秦放将部队带出市区到达山坡时，他摆脱了大部队，就地疏散和隐蔽下来，当解放军到达山坡时就投诚了。

对于那些顽固分子、反动党团的骨干分子，我们对他们采取了攻心战。地下党员、统战小组的同志和外围核心分子用各种各样的名义，从各处给这些人发了大量信件。信中对这些人晓以大义，喻以利害，讲清政策，指明出路，要他们将功折罪，对下令破坏或执行破坏者以战犯论处，人民解放军到来之后，要采取合作态度，人民接管城市之后，会量才录用等等。比如，农民银行的经理比较反动，我们叫他的秘书、地下党金融小组成员陈啸原写了一封信，列举了他的一系列罪恶，要他将功折罪。他接信后，浑身发抖，惊恐不安地说："共产党真厉害！"他连做梦也没想到这封信就是陈啸原同志写的。

敌人在南逃之前，曾经作过垂死挣扎。他们封闭报馆，警告地方元老和民主人士，甚至在国民党“甲级党政军联席会”上布置包围进袭武汉大学的行动，拟定了300多人的黑名单，准备枪杀。5月8日颁布了“十杀令”和特别戒严令，对他们所关押的“政治犯”也采取了转移和屠杀的措施。就是在这种情况下，地下党员王延曾同志被敌人杀害了。王延曾化名林允中，苏北人，1948年2月入党，是市委统战小组成员。1948年冬他不幸被敌人抓住。市委曾经多方营救，但未成功。他在敌人面前从不供认自己有罪，在法庭上一再抗议敌人非法逮捕，在监狱中宣传党的政策，组织难友同敌人斗争。敌人对他恨之入骨，但也无可奈何。于是，敌人在南逃时，用麻袋把他装起来丢到长江里去了。

敌人的垂死挣扎挽救不了他们最后灭亡的命运，武汉解放的最后时刻已经到来了。

（本文原载于《武汉地下斗争回忆录》，湖北人民出版社1980年出版，此处标题有更改，内容为部分节选）

# 忆五十年前的武汉地下党

刘　实[①]

武汉地下党，是在抗日战争胜利后重新建立的。在 3 年多时间里，她从无到有，从小到大，从弱到强。在那么短的时间里，靠什么重建和发展的呢？回想起来，我认为，最主要的是靠与人民建立和保持最紧密的联系，靠崇高的理想和高度的奉献精神，靠严密的组织纪律。

## 与人民建立和保持最紧密的联系

抗日战争胜利后，在重庆的中共南方局分别派了曾惇、陈克东和我三支力量来到武汉。南方局青年组组长刘光告诉我，武汉地下党工作已经中断了，派我去是重新开辟党的工作。

我当时是单身一人来到武汉的，只带了组织上通过进步关系写给熟人的两封信。我到了武汉，一下船，孑然一身，四顾茫茫。我凭着介绍信找到人，总算有了一个落脚点。随即我到处找从重庆下来的工人，陆续找到了几个，大家搭伙，在江边一家义顺泰油行承包了修理锅炉等活计。我们几个人多是钳工和车工，只有一个是干过冷作的工人，就由他指挥干起敲敲打打的冷作活来。虽然住的是炼油厂楼梯下面斜矮的小屋，吃的是凑合做出来的极简单的饭菜，但有了几个人在一起，又有了活干，晚上在通铺上又可以彼此了解，议论一些事，这就已经不是势单力孤了。

随后，我进入汉昌肥皂厂做修理工，这就有了比较固定的职业。这时，

① 本文作者时任中共武汉市委委员、中共武汉市委工人运动委员会书记。

原定从重庆回到武汉一起开展工作的先后来了十几个人，加上早已到大冶电厂的张维明、杨福潮等人，一共有了 20 来个人。这其中有两名是党员，就是张维明和邓祥，其余 10 多名是重庆民生工作队的队员，他们是抗日战争胜利后直接受党领导的进步工人组成的外围组织成员。有了这些同志，加上新结识的朋友，我们就在江岸机车厂、一纱、下新河电厂、联勤总部被服总厂、三十兵工厂、海军工厂等单位有了进步力量。这些同志又在周围交朋友，逐步影响工人觉悟起来，按照“有理、有利、有节”的原则组织工人斗争，保护工人利益，扩大斗争的影响。与此同时，在教师、店员、职员中也逐步开展了发展进步力量的工作。到 1947 年武汉大学发生六一惨案时，我们已经设法在大学生中开展工作了，而且我们已经能发动和组织大规模的对敌斗争了。

1947 年 11 月 7 日，汉口联勤总部被服总厂工人因为反对侮辱工人和要求增加工资到武汉行辕请愿，厂警竟向工人开枪，两位工人当场被枪杀。那时，我们在这个厂工作的有党员张彦、进步工人傅言法（后来改名为李启新，成为武汉派往哈尔滨参加第六次全国劳动大会的代表），他们周围还有一些朋友。当时联系这个厂工作的邓祥和我一起商量，决定抓住这个机会，进一步发动工人群众开展斗争。经张彦、傅言法工作，在被服总厂成立“一一·七血案支援委员会”①，设灵堂，举行悼念活动，并印发告全市工人书，向武汉军政当局提出了严惩凶手等项要求。同时，我们发动武汉各厂工人前往吊祭，送挽联，揭露敌人的反动本质，声势十分浩大。最后，终于迫使国民党联勤总部派出少将参议前来祭奠，武汉警备司令也不得不到厂祭奠，并将被服总厂厂长撤职，惩办了厂警队的负责人，还答应了工人提出的一些其他条件。在斗争取得胜利后，职工举行了 1 万多人的出丧大游行，围观群众达 10 多万人。这就是武汉工运史上有名的一一七血案斗争。

---

① 据傅言法（后改名李启新）回忆，当时成立的罢工斗争组织名称为“一一·七血案治丧委员会”。编者注。

## 崇高的理想和高度献身精神

我到武汉不久，就结识了刘绵、杨蕴、姜一林和张瑾格。这四位是西北大学的学生，在抗日战争后期，响应我党号召，从西北经过重庆，前往中原解放区，支援解放区的建设。到武汉后，抗日战争胜利了，国民党军队封锁了通往解放区的道路，他们被困在武汉。我结识他们后，劝他们留在武汉，就地参加进步活动，他们接受了这个意见。这四位同志后来都成为武汉地下党的党员，都为党做了许多工作。我这里只就刘绵和张瑾格两位同志所做的工作，做一些简要的叙述。

刘绵是陕西人，父亲曾担任过国民党较高官职。刘绵在读大学时受到进步影响而向往革命。他留在武汉利用父亲好友的关系进入武汉行辕，掌管机要文件收发的盖印工作。国民党武汉行辕的重大决定、特务机关要求武汉行辕批准逮捕我党人员的绝密文件，都要经过他的手盖印。于是，他那里成为一个重要的情报来源。简短的情报他就抄写下来，长的他就用照相机拍摄。尽管这只要被发现就绝无生路，但为了革命的需要，刘绵从不畏惧。他把这些极为宝贵的情报交到我手上，再由我根据情况加以处理。1946年5月，国民党进攻我中原军区的军事部署图也落入我们手中。那时，我还没有和曾惇、陈克东会合，如何将这份重要情报送到上级党组织或交到正在被围困的中原解放区，成了一个大问题。事关重大，真是急人。我与以做生意为掩护的岳健中商议，他又与在美国新闻处工作的陈枫商议，终于想出了一个办法。当时军事调处执行小组正驻在汉口德明饭店，那里刚好有我方代表吴德峰。于是在探明有关情况后，我们闯过警卫封锁，将这份重要情报直接交到吴德峰手中，当即得到吴德峰的极大赞许。刘绵后来离开了武汉行辕，参加了在湖南策动国民党军队起义的工作，并跟着起义部队一起迎接了解放。

张瑾格是一位教授的女儿，受到进步影响后决心进入解放区，投奔革命。她接受劝告留在武汉，起初在联营书店工作过一段时间。后来，因为我们的女工工作薄弱，征求她的意见，她毫不犹豫地留下来。于是，她断绝了与往日熟人的来往，完全改变了自己的生活方式，开始到震寰纱厂，后来到一纱做女工。张瑾格个性爽朗，意志刚强。到工厂做女工，住在临时租下的一间阴暗小屋里，每天劳动 12 小时，很少有休息天，碰到休息的时候还要与组织联系，与进步女工一起研究工作，与普通女工交朋友。她生活十分艰苦，身体受到很大劳损，这与她后来长期患病很有关系。她在女工中发展了进步力量，为改善工人生活，组织过怠工（当时工人称为摇班）和罢工斗争，对加强我党的工人工作起了很大作用。

那时，广大党员和进步群众痛恨国民党的反动统治，向往人民当家做主的新社会。他们置个人生死安危于不顾，只要党的事业需要，他们就会一往无前，义无反顾。这里只举两位同志的事例来反映那时他们为实现理想而献身的精神。

## 严密的组织纪律

我前面讲过，抗日战争胜利后，在重庆的南方局派出三支力量到武汉开辟建党工作。这三支力量直到 1947 年夏才开始会合，并且开始了发展党员的工作。1947 年秋，上级组织要求加强长江两岸的工作，迎接解放大军渡江。根据这样的意图，建立了湖北省工作委员会，曾惇、李声簧、陈克东、刘实为委员，曾惇任书记，李声簧参加不久即因病停止工作。在湖北省工作委员会下建立武汉市工作委员会，刘实、杜子才、王一平为委员，刘实任书记。当时经常碰面研究工作的有曾惇、陈克东、刘实。曾惇领导全面工作，侧重抓统一战线工作；陈克东负责沙市、宜昌、大冶等地的工作，同时担任交通、经费等工作；刘实负责武汉市的工运、学运及教职员等工作。到 1948 年春，因为形势的发展，改变了加强长江两岸工作的部署，除继续联系和开展湖北各市工作外，集中主要力量做好武汉市工作，湖北省工作委员会就不复存在。这时，先后由上海、北平、天津派来一些学生骨干帮助武汉开展学运和职业青年的工作。1948 年，上级组织又派了江浩然、张文澄两位同志到武汉参加领导工作，随后就建立了党的武汉市委员会，曾惇、江浩然、张文澄为常委，曾惇任书记。这是武汉解放前武汉地下党建立的正式领导机关。

曾惇、陈克东、刘实在未会合前，是分头与南方局保持联系的。南方局从重庆迁移到上海后，他们就分头与上海的周恩来办事处保持联系。周恩来等同志撤离南京、上海后，建立了上海局，那时武汉的三支力量已经会合，与上海局统一联系。武汉派了一位同志住在上海，与上海局保持联系。后来，上海的领导机关搬到香港，又成立了南方局。南方局就指定武汉市委的同志到香港某招待所或某旅社等候接头。上级党组织后来与我们联系的是钱瑛，她思路清晰，不苟言笑，但待人却是诚挚亲切的，我们都称她为钱大姐。

地下党的经费是怎么解决的呢？可以说上级机关没给过什么经费，只是我们去接头时给些回来的旅费。那时广大党员和进步分子都是靠自己做工谋生，收入多的还要多交一些党费，这就成为党组织的一笔收入，用于帮助个别领导人脱离职业维持生活。武汉地下党曾从一个家庭富有的同情者那里得到一笔钱，还通过联络口号向江汉军区要过一次钱，邓祥还卖掉父亲遗留的房屋，也充作了活动经费。

我要特别讲到的是，从 1947 年开始发展党员，都是坚持个别发展的原则，发展对象都要经过较长时间党的教育，经过斗争的考验，经过认真的政治审查，才能吸收入党。到 1949 年初我们分析形势，迎接解放的任务十分艰巨，只靠已经发展的 500 名党员 ① 是难以胜任的。但在胜利的形势下，发展党员应该更加严肃认真，于是决定把具备一定条件的进步分子发展成为党的外围组织成员，以壮大党的力量。武汉市委先后在各界建立了 14 个外围组织，发展了 2000 多名外围组织成员。这 500 名党员、2000 多名外围组织成员，周围都联系了许多群众，在迎接武汉解放的宏伟而又繁重的工作中，在武汉解放之后迅速恢复和发展生产上，在建立新的社会秩序上，都发挥了坚强的骨干作用。

（本文原载于《武汉党史》1999 年第 2 期，内容有删节）

---

① 据曾惇（时任中共武汉市委书记）回忆：“从 1948 年底到 1949 年 4 月，发展了一大批新党员，同原有的党员加在一起，总数达到 390 余人。”《中国共产党湖北省武汉市组织史资料（1920—1987）》中记载：“1949 年 5 月中旬武汉解放时，武汉市委所辖党员 460 人，其中武汉地区党员 390 人。”编者注。

# 一个重要的交通站

赵忍安[①]

## 一、长期埋伏下来

1941年2月，重庆地下市委通知我，说组织上已经决定，我和爱人翁和新同志的组织关系转南方局领导，由一位叫高棠（即荣高棠）的同志和我们联系。当时，我的社会职业是和成银行总行的总务主任，翁和新同志是民治毛纺公司的会计。不久，高棠同志就来找我们把关系接上了，约定3月上旬的某一天到红岩去找他，由他带我去见钱大姐，说钱瑛同志要和我谈话。并且告诉了我去红岩的出门时间、路径，以及如果发现"尾巴"怎样摆脱。

约定的时间到了。这天黄昏，天气非常灰暗。我穿着一套西装，拿一根手杖，从后山爬上去，走了一段路，左边山坡上是国民党的一个特务机关。我前后左右看看，发现没有人，就直奔红岩村。当时我心里有底，如果发现"尾巴"，我就闪进右边路上的那栋小洋房，那儿住着我们自己的同志。一路上并未发生意外，我顺利地到达了红岩村。在门口讲了暗号，高棠同志出来，把我带到楼下的一间小房子里。他叫我坐会儿，递给我一张《新华日报》，就找钱大姐去了。

晚上8点多钟的时候，高棠同志和一位矮小瘦弱的女同志走进来。高

---

① 本文作者时任中共武汉市委员会金融工作组长，社会公开身份为和成银行汉口分行经理。

棠同志还未介绍，我就猜到这位女同志就是钱大姐了。她热情地用双手和我握着，满面笑容对我说：“赵忍安同志，我知道你，翁和新同志身体好吗？”这时，高棠同志有事出去了，钱大姐就坐在床边和我谈了起来。她说：“你几年来做的是群众工作，担任过区委领导，联系党员和群众，关系不少。现在，组织决定让你隐蔽起来，单线联系，把过去横的关系都断掉。并且在表面上要灰色一点，专心一意地把你的银行业务工作搞好，使银行老板对你信任，较长时期地稳住。这是一个变化。”我说：“我和翁和新同志都盼望组织上能送我们到延安去，我们长期做地下工作，落后了。”钱大姐笑了笑，说：“公开的斗争和隐蔽的斗争都是同样重要的，党根据你的条件，需要你们做地下工作，你们就应当把党交给你们的工作做好。现在要你们隐蔽，是为了将来的需要。”说着，她拿出一张油印的毛泽东同志的文章《论政策》给我看，并指着其中第 5 条说：“你好好学习这篇文章，毛主席和党中央决定，国统区的党组织的组织方式和斗争方式，应采取隐蔽精干、长期埋伏、积蓄力量、以待时机的政策。我们地下党过去横的关系太多，现在要选择一些同志长期埋伏下来。当然，局势变化，工作上还会有变化。”她又一次强调说：“你们一定要与过去有过联系的任何同志都不再发生联系了。”并且交代以后有事就找高棠同志联系，有特殊情况就到红岩来。说完以后，还叫我在那里好好学习了一天。

第二天，我如饥似渴地把《论政策》和有关文件看了一遍又一遍。吃晚饭以后，钱大姐进来了，我立即把学习收获向她作了汇报。我说：“我一定按照党的指示办，回去还要说服翁和新同志。”钱大姐说：“今晚恩来同志要在机关作报告，他知道你来了，因为忙，不能见你，要你去旁听。”

钱大姐把我领到一个大会堂，会场里挤满了人。作报告的台子是演戏时搭的，用幕布隔着，我就坐在幕布的旁边，参加会的同志都看不见我在里面。我从幕布的缝隙看见周恩来、董必武、邓颖超等同志坐在一起，可惜当时不能用扩音器，我只能断断续续地听到讲的一些关于当时斗争的形势。散会以后，钱大姐把我领到红岩村的前门口，下了梯坎，一辆小汽车停在那里，董必武同志坐在车里等我。我上了汽车，车子从化龙桥向市区开去。在车上，董老不时回头从后窗往外望，没有说话。到李子坝时，董老见前后无车，就叫司机停下来，和我握了手，说："注意保重！"我就和董老分别了。我下车以后，看见无人注意，就走到上清寺，然后搭公共汽车回到城里。

回家以后，我把组织上的决定和钱大姐的嘱咐给翁和新同志传达了，她也和我一样，为了党的需要，表示坚决服从组织决定，长期埋伏下来。

## 二、到汉口去

根据钱大姐的嘱咐，为了较长时期地稳住，我不仅表面上要灰色一点，而且必须把银行业务搞好，以取得老板的信任。我照这样做了几年，果然有效，被老板提升为和成银行的襄理。

1945 年 8 月，当抗日战争刚刚胜利结束的时候，和成银行总经理吴晋航想把和成银行从地方性的银行扩充为全国性的银行，想在上海、广州、长沙、汉口、南京等地扩充和增设分行。在最初的拟议中，要我到上海去任分行的副经理，或到其他地方去筹建分行。我及时向高棠同志请示，他约我去见钱大姐。见到钱大姐，我说："银行想调我到上海去任副经理，也可能到其他城市去筹建分行。不知道党组织需要我到哪个地方去，请组织决定，我是可以争取去的。"钱大姐说："高棠同志已跟我谈过你的情况了，我们的意见，你争取到汉口去。上海在敌伪占领时期，地下党不但保存下来，而且还有很大发展，将来还有重庆许多同志要复员到上海；而汉口在敌伪占领时期没有再建立党的组织。你有这样的条件，先去把银行工作搞好，将来作为党的领导机关的一个重要交通站，由你和翁和新同志共同负责。所以要把银行工作做好，使吴晋航对你更加信任。"又说："最重要的还是不能暴露，当银行经理就要像个银行经理的样子，要更加隐蔽。这是党交给你的一个很重要的任务，千万注意。"

我接受了党组织的决定，向吴晋航表示愿意到汉口去。这时，吴晋航也正因为没人去汉口而发愁，当即决定我到汉口去搞筹建工作，分行建成以后由我担任经理。我立即把这个消息告诉了高棠同志，问钱大姐还有什么指示。在我离开重庆去汉口的前两天，高棠同志来了，他说："钱大姐要我转告你，你去了之后，可能在两三个月后市委的负责同志才能到汉口，用孙建业的名字作为联系的暗号，以后你的工作就由孙建业同志领导。"我当即决定很快就到汉口去。翁和新同志因为当时孩子很小，加上交通又不便，她是在 1946 年初到汉口的。她在去汉之前，也到红岩村接受了钱瑛同志的指示。

## 三、为"亲戚"安排工作和住宿

我于 1945 年 10 月 25 日乘轮船离开重庆赴汉。我到汉口以后，首先把建立和成银行的工作开展起来，广泛结识工业、贸易各方面的资本家，并且千方百计和国民党政府上层及教育界、文化界各方面人士交朋友，一方面使和成银行很快建立，提高我在武汉金融界的地位，以取得总行的信任和满意；另一方面，我又积极准备迎接孙建业同志的到来。经过 2 个月紧张筹建，1946 年 1 月 3 日，和成银行汉口分行揭幕，我担任了经理。

2 月间，我收到一封要我转孙建业同志的信，我知道这是组织通知我，孙建业同志要来了，我立即为他准备住宿和找适合的社会职业。3 月初，银行的传达到经理室来告诉我，说有一个叫孙建业的人来找我。我盼望了几个月，终于盼到了，我当时是多么兴奋啊！我说："是我的亲戚，快请进来！"这个化名孙建业的同志，正是上级派来的武汉地下市委书记——曾惇同志，是我的领导人。我和他见了面，把转给他的信交给了他，领他到楼上我的寝室密谈。他说："我来两天了，已经有了住地，现在没有身份证，首先要解决一个社会工作，才能得到身份证，请你帮忙设法解决。"

当时，震寰纱厂正要向和成银行借一大笔款，用来把抗战初期迁到重庆的纱锭迁回来，我答应借这笔钱，但提出要介绍一个亲戚在厂里工作。这个纱厂的经理告诉我："纱厂还未开工，用人很少，前几天蔡处长刚介绍一位姓王的来，我无法拒绝，你的亲戚是否可以等开工以后再进厂？"我一听说姓蔡的介绍了一个人进厂，我就更不松口。因为震寰纱厂经理所说的这个蔡处长，是国民党军统特务、武汉行辕第二处副处长蔡立民，四川人。武汉沦陷时，他遭日特搜捕，被这个纱厂经理的父亲藏了下来，后逃到重庆。抗战胜利以后，蔡立民又来武汉行辕当了副处长。这个纱厂的经理为了要拉他的关系便于经营活动，他们之间经常有来往。有一次纱厂经理请他吃饭，把我弄去作陪，认识了他，我也借着四川同乡的关系请他吃饭，交了这样一个“朋友”。我还有意识地在一些公共场所和他泡在一起，目的是使他的那些特务爪牙知道我是他上司的要好“朋友”，同时也有利于曾惇同志在我们家里出出进进。因此，当我听说蔡立民这次介绍一个姓王的到纱厂去了，想必是他派到纱厂去的特务。我就对纱厂经理说：“无论如何请你安插一下。”纱厂经理拗不过我，只好答应了。这些情况，我都向曾惇同志作了汇报，他说：“这正是一个了解敌特情况的好机会。”他决定立即去上班。

说来也巧，曾惇同志在这个纱厂工作的那段时间，正好和那个姓王的特务面对面地坐在一起办公。这个姓王的是派到这个纱厂监视工人、镇压工人运动的特务，可他一直认为曾惇同志是他的顶头上司蔡处长的朋友介绍进厂的，不会妨碍他的特务活动，并且视为知己。而曾惇同志知道他的底细，对他的特务活动更加注意。这样，敌特活动的情况和线索就基本上被我们掌握了，对地下市委领导的工人运动和防止特务破坏起了不小的作用。武汉解放以后，这个姓王的特务企图在纱厂潜伏下来，结果和蔡立民同时被我公安部门逮捕法办了。

到了1946年底，钱大姐从上海给翁和新同志来了一封信，说：“孙表哥住在武昌做生意很不方便，汉口交通方便，做生意容易发展，住在武昌要失掉很多做生意的机会，请你和表妹夫设法在汉口给他找个门面。”我们立即把这封信转给了曾惇同志。他说这是钱大姐的笔迹。他决定由我出面辞掉震寰纱厂的工作，并另给他介绍一个工作。这时，正好农民银行的汪经理想办一个私人钱庄，要我在寸头上给他帮帮忙，我就借这个机会以介绍一个亲戚为条件，介绍曾惇同志到这个私人钱庄当文书。这个小钱庄人很少，钱庄老板汪经理对曾惇同志很信任，无论什么事都交给曾惇同志管，使曾惇同志不能有更多的时间来做党的工作。在这种情况下，又由我出面费了许多唇舌把曾惇同志在钱庄的工作辞掉了。这时曾惇同志决定不再找正式的社会职业，搞到一张记者聘书和一枚证章作掩护，把全部精力放在党的领导工作方面了。

## 四、和国民党上层人物交朋友

根据钱大姐和武汉地下市委对我的要求，我的任务是一方面要掩护地下市委领导同志，另一方面要利用我当时的社会地位做统战工作。要完成这样重要而艰巨的任务，没有相当的社会地位是不行的。为了提高我在武汉财政金融界的社会地位，在地下市委的直接领导下，我借和成银行总经理吴晋航的关系，同国民党的上层人物有一些来往。

1946 年，原国民党中央军官学校教育长万耀煌被任命为湖北省政府主席。万与和成银行总经理吴晋航很有交情，他在成都的公馆就是吴晋航借给他的。万到鄂之前，吴晋航为了使他的汉口分行得到官方的支持，曾在重庆设宴招待万耀煌夫妇，并再三拜托万对汉口和成银行给予照顾。吴晋航也同时写信给我，要我在万到任之后务必去拜望他们。我将这些情况向曾惇同志作了汇报，他指示我要尽可能地和万耀煌夫妇建立比较密切的关系。万耀煌夫妇到武汉后，我和翁和新就以和成银行经理与夫人的身份去拜望他们。一见面，万耀煌就对我们很热情，说他是吴晋航的好朋友，如果和成银行有什么困难，他们一定帮忙。接着，我们又设宴为他们夫妇洗尘，请了汉口商会负责人、银行公会负责人和民生公司经理李肇基等作陪。当时武汉工、商、金融界有不少人要为他举行宴会，他都谢绝了，而我这个小银行的经理夫妇却能宴请新任省主席，这是大大出乎不少人的意料的，就连汉口市长徐会之也对我另眼相看。

万耀煌从汉口搬到武昌以后，汉口银行公会理事长、交通银行经理邹安众设宴招待他，刚刚上了头道菜，万就借口有事站起来走了，却驱车到我家来了，见面就说："宴会应酬太疲倦，我到你这儿来搞点吃的。"交通银行与和成银行是在一条街上，相距很近，万耀煌的这一行动无形中又使人觉得我们和万耀煌的关系很密切，对我们更另眼相看了。

当然，万耀煌夫妇和我们来往并表示亲近，一方面是因为吴晋航的关系，另一方面也是有他们的私人目的的：万夫人要我们帮她用金圆券买黄金。按说，当时市场上是可以买的，但由他们自己出面来买就会受到社会议论，而且他们的金圆券必然是公款，所以不便。为了取得他的信任，我叫业务人员先后给他们买过30条黄金和一些银元。

在地下市委的领导下，我利用与万耀煌的来往，迅速提高了我的社会地位，为在工、商、金融界上层人士中开展统战工作打开了大门。万来鄂不久，我就被选为银行同业公会常务理事，1947年又被选为全国银行公会候补理事，我广泛活动于工、商、金融界的上层，为党进行统一战线的工作。

1947年底，万耀煌调走，接任的是张笃伦。说来也巧，张笃伦与吴晋航的关系更为密切，他们是几十年的朋友，张笃伦还是和成银行的董事。张笃伦到任以后，我们也为他设宴，请了武汉各界的一些名人。吴晋航来汉口时，张笃伦请他吃饭，我们夫妇当然到场，作陪的还有武汉市政府的主任秘书孙际旦夫妇。张笃伦特别对孙际旦说："以后对和成银行要尽力帮助。"孙际旦受宠若惊，满口应承。当时，白崇禧为筹集军费，经常要市政府出面向各银行要捐款和借款，弄得银行公会和工商界人士压力很大，他们就求我去找孙际旦疏通，做到不捐或少捐，不借或少借。结果有的捐款先摊了个数目，拖个一月左右，金圆券大大贬值，交上去也就不值什么钱了。

张笃伦官架子大些，他不轻易到和成银行来，但他的夫人则是经常来找我们，目的也同万耀煌一样，是为了拿金圆券换黄金和银元。

1948年4、5月间，国民党第十五绥靖区司令官康泽路过汉口去襄阳，孙际旦在他家里（杨森花园）设家宴招待康泽，请了张笃伦夫妇、徐会之夫妇和我们夫妇去作陪。这可把我们难住了，不去吧，觉得不好，去吧，我们十分憎恶康泽。恰好那天下午曾惇同志到我们家来了，我们把情况向他作了汇报，他想了想说："一定要去，一定要去。"他分析了当时中原战场的情况，接着说："你们一定去，看看康泽在襄阳搞些什么，可以去听听消息。但是，切要注意，不要因为他骂共产党，你们就沉不住气。"

我们接受了任务，立即打电话告诉孙际旦，到时我们一定去。

在筵席上，张笃伦和徐会之都很关心中原战局，向康泽提了不少问题。康泽在喝了几杯之后，就吹起他的战略部署来了。现在略略记得他当时讲了以下几点：（一）襄、樊国军兵力很强，有 4 个旅和另 2 个团，共军若来，一定能歼灭城下；（二）即使樊城失守，襄阳前有河，后有山，而且强的兵力都摆在襄阳，有金城汤池之固；（三）襄阳城的 4 个角都筑了堡垒，设了重防，城内司令部筑了大碉堡，四周还有 4 个碉堡护卫。他当时讲得很详细，还即席赋诗一首，可惜已忘记了。

宴会之后，我们回去一夜未睡，两人把脑子里记的情况互相回忆了一下。第二天一大早，曾惇同志就来了，我们两人向他详尽地作了汇报。他说，这是一个很好的情报。不到 2 个月，大约是 7 月中旬，襄、樊被我军占领，康泽和他的副司令郭勋祺都当了俘虏。

## 五、迎接解放

1949 年 3 月初，钱大姐通知我到香港去学习城市接管政策。我当时对武汉工商界宣称是去重庆总行开会，再由重庆到了香港。

我在香港住了 2 个星期，关起门来看文件。钱大姐每天来和我谈武汉的情况，研究如何接管城市，并介绍我会见许涤新同志，由他向我介绍了天津接管金融和工厂的情况，并谈了有关金融的政策问题。我回到武汉，立即向曾惇同志作了汇报，然后和一些同志着手调查、了解、研究武汉的经济状况，以便武汉解放后向人民政府提供可靠的材料。

也就在这个时候，白崇禧已经抛开了湖北省和武汉市政府，直接控制华中交通运输，收过境费，以及向工商金融界要钱。直接掌管这一经济大权的是白崇禧司令部的经济处长孟某。在这以前，我曾在交通银行经理邹安众组织的武汉聚餐会上认识了这个人，并表示要经常来往。他掌握了经济大权以后向我说，根据他的职责，他要在白崇禧的司令部全部撤退以后才能离开武汉，住在杨森花园很不安全，要我为他找个住处。还说，万一共军来了，他来不及跑的话，就要我承认他是和成银行的职员。经市委研究决定，要我做这个人的工作。于是，我把他提出的要求都答应了。在这种情况下，他就带了个警卫员和一部电话机在和成银行职工宿舍住下了。我每天晚上都去找他闲谈，借此了解全国战局真相，直接在他那里收听新华社的广播。有时他把通过电话到白崇禧司令部了解的情况也告诉我，我们把他说成是白崇禧给我们设立的义务情报站。当时敌人要在撤退时破坏工厂，工商界就通过我给这个处长送了些银元，代表工商界从中说项，也起了一定作用。可是，到了 5 月 10 日左右，这个孟处长就不辞而别了。他为了表示对我的谢意，还留了 2 张南逃的军用火车票，可惜没有把他扣下来，让他跑了。

这个孟处长跑了以后，曾惇同志就搬进了这间房子，用他留下的电话开展工作。

根据当时的情况，市委估计，在白崇禧南逃、解放军还未进城的一段时间里，武汉将出现真空阶段。通过市委的工作，张难先、李书城等地方元老同意出来组织一个“治安委员会”，而具体的筹备工作市委则指定我负责。这虽然是以工商金融界人士的面目出现，但对国民党军政方面则还是要绝对保密。因此筹备的地点设在金城银行楼上，还在暗中刻了大图章，印了布告，内容是号召在解放军没有入城之前，工人、学生要出来维持治安，商店要开门，工厂不停产，要严防敌人破坏等。在这个布告上签名的都是武汉和湖北的一些知名人士。

5 月 12 日晚，我接到地下市委的电话，说白崇禧派了一连人把电信局包围了，要进行破坏。曾惇同志要我立刻到电信局找局长尤箕照和总工程师祝秉珩商议保住电信局。这两个人过去我都认识，祝是一位科技专家，思想比较进步。我用了孟处长不辞而别留下的一张名片，乘小汽车赶到电信局，大楼果然被敌兵包围了，门口加了岗哨，禁止通行。我大模大样地递了那张名片，门岗一看是司令部的处长，就让我进去了。我径直到局长办公室，尤局长和祝总工程师正在那里商量，他们也不愿机器被破坏，但苦于没有办法。他俩一见我，大吃一惊，忙问：“这里乱得很，你来干什么？！”我说：“受中共地下组织的委托，来同你们商量如何防止国民党破坏电信局的问题。”他俩更吃惊了。经过我们研究，决定找连长来谈判，给这些人一些钱试试看。经过谈判，他们同意并接受了 200 块银元。正在这时，外面传来“共产党已进市区了”的消息，这是地下市委负责工运的刘实同志暗中组织工人散布的，敌连长非常害怕，急忙把一连人撤走了。

也就是在这个时候，曾惇同志会见了张难先和李书城两位老先生，他们得知国民党武汉守备司令鲁道源要破坏工厂和轮船码头，建议党组织动员工商界给鲁道源送点钱去。曾惇同志要我去和工商界商量。大家为了保住工厂，凑了2000银元，由王际清和赵厚甫送去，鲁道源很快就下令撤退了。

5 月 15 日晚，白崇禧匪部全部逃跑了，武汉进入了“真空”时期，我们在这个时候正式成立了治安委员会，贴了布告。这时又从江岸方面来了电话，说人民解放军快到了。我们的工人纠察队出来维持社会秩序了。5 月 16 日中午，汉口主要马路两旁人山人海，大家都在盼望人民解放军的到来。这时，市委决定由我带着几个进步人士，乘一辆大卡车，打着红旗，开往江岸去迎接人民解放军进城。正走在路上，见解放军的队伍严肃整齐地开过来了，我高兴得心都要跳出来，上前交了名片，与师长邓岳同志握手，然后由这辆卡车带路，进入市区。道路两旁的群众欢声雷动，经久不息，一直欢腾到深夜。

武汉解放了，武汉天亮了，武汉回到了人民的手中。

（本文原载于《武汉地下斗争回忆录》，湖北人民出版社 1980 年出版）

# 解放战争时期在武汉地下工作的片断回顾

蔡国栋[①]

中原突围后，我奉组织指示，带领爱人孩子来武汉隐蔽，相机开展地下活动。当时，国统区爱国学生运动在我党的领导下正在逐步展开。我遵照党的白区工作“十六字”方针，在国立武汉大学、私立中华大学、国立湖北师范学院、湖北省农学院以及一些中、小学校先后找到一些老同学以及从中原突围隐蔽在学校当学生的同志,进行过一些联系与活动。可惜的是,我的上级党组织领导人未能按原定计划派人来与我联系。因此，1948 年 3 月我就回到江汉解放区去找组织。从这时起，我的城市工作生涯开始了。

1948 年 4 月，我在江汉区党委城工部蔡书彬部长的领导下工作。同年 5 月，江汉三地委城工部成立，我转由郭伯诚部长领导。同年 8 月，沔东县委城工部成立，我又转归王树德部长领导。在上述同志的领导下，加上我原来的工作基础以及广泛的社会关系，我在国统区武汉等地建立了交通站和交通线，在开展学运、工运与建立新民主主义青年团工作的同时，还在统战、策反、情报方面，做了一些工作。

这里，仅就统战和策反两个方面的情况回顾如下。

## 一、联系民主党派上层人士

武汉解放前,我曾和武汉地方知名人士,如民盟湖北省支部负责人刘隽、聂国清、江炳灵、周杰和民盟武汉市支部戴今生等有过联系。他们在支持、

① 本文作者时为中共襄南地委城工部成员，江汉区党委城工部武汉联络组交通员。

掩护我们开展城市地下工作方面给予过不少帮助。我在协助民盟地下活动方面也做了一些工作。

刘隽是国民党的老左派，和我党有长期亲密合作，是我党的老朋友。1939 年我从荆州简易师范专科学校毕业，转入地下党工作时，就认识了他。他的侄子刘果、刘实也在该校附中念过书，我们也曾熟识。1946 年中原突围后，我奉命来武汉隐蔽后的一段时间，与刘隽又有了往来。当时刘在善后救济总署湖北分署工作，利用这个机构掩护了不少中原突围下来的同志。我地下交通员熊正炎同志组建汉嘉新货运栈时，在申请营业执照以及开业工作方面，刘都给予很大帮助。后来，我们就以汉嘉新货运栈作为地下交通站，掩护、输送人员到解放区。

聂国清、江炳灵、周杰等湖北地方耆老，都是我们洪（湖）沔（阳）家乡卓有声望的老前辈。我与聂老认识开始于 1948 年 5 月，是经他的侄孙聂斌介绍的。当时，聂斌由江汉三地委城工部派来武汉协同我工作。他带我到武昌广里堤 42 号聂家和聂老见了面。当聂知道我们是从解放区来并留在武汉做地下工作时，非常高兴，热情地留我们住下，并和我们长时间谈话，恳切地表示要求党加强对民盟的领导。不久，江炳灵、周杰两老来聂家时，聂老又介绍他们和我认识。

1948 年下半年，国民党反动派为了挽救其垂死的命运，在其统治区加强了反动统治，大肆镇压爱国民主运动，白色恐怖十分严重。就在这种情况下，聂、江、周三老不避风险，不怕牵连，对我们的地下工作十分支持。聂老为我们提供住宿方便，他的家成为我和聂斌在武昌的落脚点，我们每天早出晚归，聂老的夫人还亲自下厨为我们做饭，对我们关心体贴，无微不至。周杰当时是武昌蘅青中学校长，我开始在武昌没有找到职业，周老就以蘅青中学校长的名义为我下了教员聘书，并以蘅青中学的户口为我领到了国民身份证，这对我的地下活动起了很好的掩护作用。我还记得大约是 1949 年 3 月的一天，我在好友陈忠发家刚吃完晚饭，就碰到国民党宪兵的突击检查，幸亏我有了教师职业证和国民身份证，才安然无恙地把那批气势汹汹的宪兵应付走了。

在聂家还有一件事值得一提。1948 年 7 月，国民党反动当局为了镇压爱国学生运动，成立了特种刑事法庭，企图以“传讯”为名，逮捕我地下党员和进步学生。武大学生自治会副主席、地下党员秦宗陶（即秦键）已被“传讯”，并被特务秘密监视，情况十分危急。我们必须争取时间，在特务动手之前，将秦护送到解放区去。于是，在 7 月的一个深夜，武大学生自治会副主席张菊生（女，我在简易师范附中的同学）乘当晚大雷雨，敌人不备之机，将秦护送到聂老家中，并由聂斌安全护送到了三地委城工部。

江炳灵先生对我们城工工作也是十分支持的。他除了介绍亲外甥王钟斌参加我们的城工工作外，还支持自己的儿女（当时都在省实验中学读书）参与我们的地下宣传活动。每天晚上他们都在自己的家中秘密收听、记录新华社的广播，并用钢板刻写油印。他们还如饥似渴地学习我们从解放区带来的宣传资料和文件，并帮助我们翻印和向外散发这些宣传资料。

在与聂老接触过程中，给我留下的一个突出印象是，他不仅尊重党的领导，而且也很注意倾听我们这些来自解放区的城工人员的意见。他曾几次要我讲讲党的地下工作的经验和方式方法。聂老的一番盛情，我无法推辞。于是，约好日期，聂老以做“散生”为由，在家里办了一些酒菜，摆上两桌麻将，搞了一个小聚会。这天到会的有张难先、江炳灵、周杰、廖西平，还有几位我不认识的老先生。我针对当时形势，讲了以革命的两手对付反革命两手的必要性以及合法斗争与地下斗争相结合的斗争方式，讲了对党的秘密工作原则的一些个人体会，特别强调了党的统一战线政策和民盟做好社会上层人士的团结工作以及对国民党军、政人员策反工作的有利条件。在这次聚会上，聂老要求我们向民盟经常提供有关解放战争迅猛发展的战况的报道和学习文件、宣传品等。以后我们都保证做到了。

聂老还介绍民盟武汉市支部负责人戴今生和我认识，彼此接触较密。当时，民盟中央一些负责人从香港到华北解放区，需在武汉落脚、中转。戴要我帮忙解决交通、护送问题，我慨然应允了。当时，受护送人员的姓名身份是严格保密的。我还记得有次护送一位香港来客到北京参加新政协的盛会，要求绝对保证安全。但当时襄南解放区正处于白崇禧 20 个团的“围剿”之中，如果走我们的老交通线，恐不安全。我便去找中原局城工部派遣来汉的工作人员钱锋，向他说明情况后，他欣然应允，商定在汉口大智门车站乘火车到河南漯河，走驻马店转入中原解放区，由钱亲自护送，终于安全到达了目的地。这位香港来客的身份、姓名，当时是不清楚的。新中国成立后，钱锋在北京的一次会议上偶然和这位“来客”碰面，彼此谈起往事，才知是民盟中央副主席高天同志。

在武汉解放前的一段日子里，我和戴今生过往甚密，彼此信任无间。为了帮助民盟武汉市支部开展活动，我还经常将从城工部带来的宣传品、解放战争迅猛发展的战况报道以及党的文件，如《将革命进行到底》《中国人民解放军布告》等提供给戴，以供盟员学习和宣传之用。和我接近较多的还有青年盟员吴步初、张克朗、崔学山等。当时，戴主动提出让青年盟员转入我们的新民主主义青年团，聂、江两老都积极支持。吴步初是香港达德学院毕业的，受邓初民与周新民派遣回武汉。崔学山当时在汉口法学院读书，法学院建团时，崔任支部书记。他们在地下团时期做了一些有益的工作。

总之，在武汉解放前夕的一段时间里，我们城工人员和民主党派的同志们并肩战斗，亲密无间，是值得怀念的。

## 二、团结汉口电池厂厂长潘福荣保产护厂

汉口电池厂是国民党行政院资源委员会直属工厂，生产民用和军用电池。职工约 300 余人，大都是上海人。厂长潘福荣是留美电气专家。该厂有位刘技师与潘福荣关系很好。刘的舅弟汪慧星是上海某校的进步学生，由于国民党反动当局镇压爱国学生运动，大肆逮捕进步学生，汪转移来武汉住姐夫家。后由杨孟华吸收参加了我们城工工作，由他在汉口电池厂办起了工人夜校，在工人中进行宣传教育。到了反搬迁、反破坏阶段，我遵照城工部指示，与杨孟华、汪慧星共同研究在汉口电池厂开展保产护厂工作，决定一方面由汪慧星利用工人夜校发动全厂职工及家属保护工厂；另一方面要汪通过刘技师做好争取、团结厂长潘福荣的工作。开始，潘打算

辞去厂长职务到美国去，刘技师向潘反映了广大职工不愿搬迁的愿望，并请潘留下不走，领导全厂职工护厂保产。潘说：“上级已下达了迁厂到衡阳的命令。全厂职工反对迁厂，我无法向上交代，上级要追究起责任来，我怎么办？因此，我只有去美国，一走了之。”又说：“如果我和大家都一样留了下来，共产党要工厂、要工人，要不要我潘福荣呢？三十六计，还是走为上计。”刘技师将潘的思想顾虑告诉了我们，我们就请刘转告潘，共产党方面愿和他见面。于是，在1949年3月的一天晚上，由刘技师引见，我和杨孟华一道在厂长办公室和潘见了面。我们首先讲了当时的形势和个人的出路，特别讲了我党尊重、团结科学技术专家的政策，欢迎他留下来，领导全厂职工齐心协力把反搬迁、反破坏的任务担负起来。潘当即倾吐了他的心事，说他只知道在科学技术上下功夫，是不过问政治的，只想以自己所学报效祖国。又说，他知道国民党是腐败的，听说共产党好，但不了解。现在共产党派你们来开导我，我很感激，说明共产党是相信、器重我们搞技术工作的。最后，他表示决心不去美国，留下和全厂职工一起保护好工厂，坚持生产，一切听从我们的指导。

自此以后，在厂长潘福荣的积极支持下，全厂成立了护厂委员会。在成立会上，潘向大家表示说，我原来是想去美国，但我是中国人，应该为我们祖国贡献力量，所以决定不走了。全厂职工都是家乡人，都有妻儿老小，工厂是我们的生活之源，工厂垮了也就断了我们的衣食。现在大家相信我，需要我，我决心留下来，与大家患难与共，保护好工厂。以后，潘、刘一直和我们保持密切的联系。武汉解放前夕，护厂委员会还成立了工人纠察队，工厂大门内还用砖砌了内障，工人日夜巡逻守卫。在护厂委员会领导下，工厂坚持照常生产，井然有序，对职工和家属生活也做了妥善安排，直至武汉解放。

武汉解放后，我四野部队急需生产军用电池，最先对该厂进行了军事接管。在厂军代表的领导下，潘厂长、刘技师和全厂职工一起，积极努力，迅速恢复了军用电池的生产，为支前工作作出了新的贡献。

这里还必须指出，在该厂进行保产护厂活动的还有江汉区党委城工部直属武汉工作组的同志。如乐宏铭同志，我们在厂内就见过多次面，大家为了一个共同的目标，相互默契配合得很好。

## 三、对国民党湖北省会警察局所属三个分局的策反

1948 年 10 月，民主同盟湖北省支部负责人江炳灵介绍他的亲外甥王钟斌和我见面。王出身贫苦，由江抚养成人，毕业于南京国民党中央警官学校，当时在武昌省会警察局积玉桥分局任警官，早有心投奔革命，要求到解放区去。经我讲明道理后，他接受了在警察分局策反的任务，经过一段串联，发展了他在警校的同学、在各分局担任警官的胥亚平、廖可畏、赵威、李斌、李国钦、盛子章、王济民、李先志、王庆元、胡开烈等人，掌握了二、四、七三个分局的部分人员与武器、档案，搜集提供了一些社会政治情况、异动调查和 1949 年武昌特务调防材料，并利用其夜间巡逻机会，散发、张贴我们的宣传品和《中国人民解放军布告》。我们的地下印刷厂——武昌褚华楼印字馆夜间秘密赶印宣传品时，他在外巡逻放哨，以保安全。

1949 年 5 月 14 日，武汉即将解放。为了将我军的入城政策尽快地传播到广大市民中去，我和杨孟华日以继夜地在褚华楼印字馆赶印《中国人民解放军布告》（铅印版 16 开的 1 万份，石印版对开的 200 份）。正准备运往汉口散发时，王钟斌赶来向我汇报说，江面已被白崇禧的江防部队封锁，江边守军巡查甚严，预定渡江运送宣传品的计划已不能照常进行，得另想办法。我和杨孟华商量了一个武装运送的冒险办法，王钟斌、廖可畏亦认为除此别无他法。于是，大家和印字馆的刘俊一起动手，把印刷品打成两个行李卷，王、廖在江边雇了一只渔船，我和杨孟华装扮成“犯人”，由王、廖和另一名警官“押解”渡江。到武昌大堤口江边时，巡逻的士兵走来拦住，一看是 3 名武装警官押解着 2 个“犯人”，手上提着驳壳枪，连机头都张开了，气氛十分紧张，于是连问都不问，就挥手放我们上船了。开船之后，大家都很高兴，庆幸这一关总算闯过来了。但汉口方面的情况如何，我们还不清楚，上岸后是否还会遭到盘查，我们又将如何应付呢？大家心里不免又嘀咕起来。王钟斌说：“万一遇上麻烦脱不了身，你们就逃跑，我们装着开枪追捕，如有人阻拦，我们就开枪把他打死，佯称误伤。”我觉得这个

办法不错，决定遇有情况，即按此行动。幸喜我们在民生路码头上岸后一切顺利，平安无事，由王等一直护送我们安全到达统一街维昌里杨孟华家。这样，我们把《中国人民解放军布告》及时交由地下团员和进步群众秘密散发出去，或张贴在大街小巷。

## 四、派胥亚平打入华中“剿总”二处，搜集特情

胥亚平是王钟斌在南京中央警官学校的同班同学，系莫逆之交。当时，胥在省警察局武昌中正桥分局任警官。王钟斌发展胥亚平参加城工组织时，曾提到国民党华中“剿总”二处（特工处）处长熊振汉是胥亚平的干爹。我很注意这一点。随后向胥亚平详细询问了这一情况，了解到熊振汉与胥亚平是湖南临湘同乡，曾任南京中央警校训导处长。胥亚平从小长得很俊朗、聪明，颇得熊振汉喜爱，认作了他的干儿子。胥上中学以及到中央警校都得到熊的资助与援引。熊当上华中“剿总”二处处长后，几次要胥到他身边工作。胥曾和王钟斌商谈过此事，认为当警官已走错了路，再陷入到特务圈子里去，就更危险了，所以就一直借故推托没有去。我将这一情况向王树德部长作了汇报，建议让胥亚平打入二处，伺机搜集情报、掌握敌情。经王同意后，我就鼓励胥大胆打入二处，并和他约定了秘密联系的地点和时间。胥进二处只有一个多月武汉就解放了。在这段时间，胥亚平向我提供了 3 份重要情报和 1 份黑名单。这 3 份情报是有关熊振汉及二处副处长刘海涛向我解放区（郑州、信阳、鸡公山三地）派遣潜伏特务的材料。其中包括敌特联络地点、电台、密码以及潜伏敌特的身材、面貌特征，携带的手枪，伪造的中州币等。这些情报都及时送交沔东城工部王树德部长手中。那时正处于白崇禧撤逃前夕，二处已在清理焚烧档案文件，有些档案已装箱起运。胥了解到国民党反动派在撤退前可能要搞一次大屠杀，就伺机搞到一份黑名单，偷偷地抄下来交给了我。由于时间紧迫，已来不及送往解放区城工部，黑名单上的五十几个人的名字我都不认识，想交地下党组织，但由于事先没有关系，只好交给了武大的地下党员张菊生，托她设法转交武大的地下党组织，再往上转送。后来，可能是由于张轸起义打乱了敌人

的部署，这一大屠杀的罪恶计划未能实现。

## 五、关于湖南临湘地方武装李扩海部的起义

1949 年 1 月寒假前，张中文、朱晖南、牟世杞等得到沔东县委城工部批准，在武汉大学建立新民主主义青年团的地下组织，发动团员利用各自的社会关系进行策反和统战工作。不久，朱晖南找到我，谈了这样一个情况：有三位湖南临湘的武大同学向他反映，临湘县的国民党地方武装长江部队想找我方关系，要我和他们见见面。于是，我约好了日子，在朱晖南、牟世杞的陪同下，在武大与许晓麓等 3 位同学见了面，向他们详细询问了有关情况，了解到该部营长李扩海是许晓麓的亲姐夫，早想弃暗投明，但苦于找不到关系。我当时表示欢迎，赞许他姐夫的行为，并表示负责向城工部汇报，要许寒假回去做好准备，我们不久就可派人前去该部联系。随后我回沔东城工部向王树德同志汇报了这一情况，王认为李是湖南的地方武装，与武汉工作无直接关系，迟迟没有表态。由于一直没有得到回话，许晓麓再三催问朱晖南，朱晖南又催我。一直挨到 5 月 12 日，我得到胥亚平送来的关于白崇禧撤退武汉的情报，就想到李扩海部有 500 余人枪，如能起义，提前动手将临湘县境的一段铁路予以破坏，对于阻滞白崇禧部南撤将会起到一定作用。于是，我就和朱晖南商量，朱表示愿意接受去临湘李部联络的任务。当时粤汉铁路民运已停，全部为军运占用。我就找胥亚平搞来一套毛料高级军服和华中军政长官公署的证章，将朱晖南带到武昌徐家棚车站，在挹江区小学郑长林（地下团员）房间里化了装。朱很有胆识，个子又高大，穿上高级军服，俨然一副国民党高级军官的气派，大大方方地上了军车。但自此以后，很长时间得不到朱晖南的消息，我很担心。武汉解放后，江汉三地委城工部部长郭伯诚和沔东县委城工部部长王树德等同志率机关干部进驻汉口咸安坊 5 号。胥亚平带着许晓麓来找我，我将许带到咸安坊见到王树德同志，当面向他汇报了情况。以后得知，策动李扩海部起义一事，由郭伯诚部长交由三军分区高级参议成铁侠负责，策动起义获得成功。朱晖南同志直到长沙解放后才返回武汉，始知他已成功完

成与李扩海部联系的任务，只是返汉时，由于军车中途所阻，折返长沙，在那里滞留了一个多月。

## 六、关于策动湖北省防空指挥部全体官兵起义

国民党湖北省防空指挥部下辖武昌防空情报所及大冶、咸宁两个防空哨所，办公机关设于汉口保华街、汇通路附近。策动该部官兵起义一事，是由中华大学地下团支部书记熊诚牵的线。防空指挥部武昌防空情报所所长熊格非是熊诚的本家，经过熊诚“搭桥”，我在汉口汉润里熊诚的家里和熊格非见了面，熊表示愿意弃暗投明，接受护产保所的任务。熊诚的大哥是个拥护我党、我军的中产以上的商人，在工商界为我们传送宣传品，宣传党的保护民族工商业的政策。以后，汉润里熊家就成了我与该部人员接头的地点。后经熊格非介绍，我又和防空指挥部上校参谋刘贵阶、中校参谋罗锡斌在汉润里见了面，他们亦都表示愿意接受我方的任务。

1949 年 4 月，国民党湖北省政府下令该部迁往鄂西，他们找种种借口拖延，将一些重要器材、设备和资料佯装装箱上车待运，实际上是让汽车在市内兜圈子进行应付。就这样，经过他们的积极努力，终于团结全体官兵完整地保护了所有技术资料、器材设备。5 月 16 日武汉解放时，该部全体人员都坚守在各自岗位上，等待接管。5 月 17 日晚，四野十二兵团司令员萧劲光等首长到江汉路四明银行楼上巡视，见到我们（当时我们在该处办公）时曾提到城市接管面临着一个防空问题。我便汇报了该部全体官兵已经起义，正在等候我军接管，可随时遵从命令恢复工作。首长们听到这个情况十分高兴，表扬我们的工作做得好，当即派了作战科曾科长、联络科芦科长，由我带领驱车到该指挥部，连夜进行了接管，恢复了防空正常工作。

## 七、关于新堤镇的策反工作与和平解放

新堤镇是武汉上游的一个商埠，它的对岸即粤汉铁路的赵李桥车站，在军事上占有重要地位。如果我军从新堤渡江，只需几十分钟就可以截断铁路阻住白崇禧的退路。我出生在这个镇上，上、中、下层都有人缘关系，

对当地军、政、警和商界头面人物的历史、思想状况亦有相当的了解。根据城工部关于要掌握我军的渡江点和桥头堡的指示，我打算通过各种关系，策动新堤当权人士起义，和平解放新堤。1948 年 8 月，我把这一打算告诉了熊正炎同志，熊认为这个设想很好，表示完全支持。熊是 1926 年的老党员，新堤人，1939 年至 1941 年我们同在湘鄂西特委工作，他是特委机关的掩护人。他的关系是蔡书彬部长交给我的。他当时的社会职业是汉（口）嘉（鱼）新（堤）货运栈的经理，也是我这条线的交通联络站的负责人。交通员有向大爹（向汉臣）、谢老四（谢达三）。他们以"押运"货物为掩护，负责护送我方人员到解放区。他们由于有上海、南京、湖南、香港以及武汉本地的关系，都安全无误地完成了任务。

汉嘉新货运栈设在四官殿码头，是个商业运输机构，从新堤来汉的商人很多，新堤的八大巨头首领刘子懿就经常到这个货栈落脚。刘子懿在革命时期曾参加过我党，后来脱党，当了国民党的特工。抗战胜利那一年，他当上国民党监（利）沔（阳）两县特工站站长。一次路经我汉沔地区，被我方查获，汉沔中心县委副书记陈秀山同志对刘进行教育后，优待释放。刘曾表白他迫于形势，投靠了国民党，但没有出卖同志，仍想回头。陈鼓励他今后有机会仍可与党做点事，将功补过。从此，刘回到新堤，放弃了特工站长的职务，当了商人，与熊正炎往来较多。熊和我商量后，决定首先争取刘子懿，由熊找刘谈话，摸摸他的思想底细。刘欣然表示只要党还相信他，交给他的任务，保证尽力完成。于是熊又和他约定：在汉正街笃志里 6 号刘子懿姐姐家和我见面。我从革命的必然胜利谈到他的出路和前途，欢迎他重新走上革命道路，将功补过。他很受鼓舞和感动。谈到今后任务，我要他利用他在新堤的地位和声望，在各界头面人物中宣传共产党必胜、国民党必败的革命形势，宣传党的"既往不究、立功受奖"的宽大政策，逐步把当地党、政、军、警的领导权抓到愿跟我们走的人的手中，以配合我大军渡江南进。组织上，今后接受中共沔东县委城工部的领导，并要他派出可靠的交通员，以便与沔东县委城工部联系。

这次会面时，我还要他通知他的亲外甥胡彬川（在当地有声望，当过区长、商会会长，对时局有一定正确认识）来汉和我见面。胡与我交谈后，高兴地回到新堤，积极开展活动。事隔不久，刘子懿向我汇报，请求派一名对沔东县委城工部熟悉的人到新堤去做交通员，还要选派一位合适的人选去新堤竞选镇长，以替换现任镇长许道典，把新堤的政权抓到手。我决定抽谢达三回新堤担任与沔东县委城工部联系的交通员。新堤镇长人选方面，我考虑省实验中学高中语文教员邓泽玉较为合适。刘子懿认为这个意见很好。不久，我请示了王树德部长后，即于 1948 年底派邓泽玉回到新堤，在刘子懿、胡彬川的大力支持下，邓泽玉竞选成功，当上了新堤镇镇长。

1949 年春节后，刘子懿来汉向我汇报说，他已经掌握了一批新堤镇的头面人物，如区分部书记长李小阶、电厂经理徐植如、县参议员杨孝义、担任过区长的陆东波、乡长溧子秋、小学校长张寄佛，以及担任过中学校长的熊全金、郑心佛等。又说，各界许多有影响的人都愿跟他走。后来刘又谈到县长刘鲲生对自己这个县副参议长有点敬而远之的态度，彼此都有点不摸底，问刘鲲生是否和我们有关系。我当时告诉他，刘鲲生正在找关系，他要找他认为来头大的关系。他是一个比较有头脑、有作为的，在国民党县长中算得是个较开明的人，是我们争取的重点对象，可以大胆地亮思想，把他拉到手。

关于刘鲲生的有关情况，我是从杜彦桐那里知道的。杜彦桐（女），沔阳县人，在青年时代读书时就参加了党，后与党失掉联系，一直在党的外围工作，当时是省二女中教导主任。她是 1948 年 6 月郭伯诚部长派聂彬同志来武汉协助我工作时交给我的关系。杜同时又是沔阳县的参议员，这个职务是她为了营救她的学生文锋而不得不当的。刘鲲生也是沔阳县人，早就知道杜的名气，曾多次恳托杜为他牵线搭桥找党的关系，并请杜物色新堤中学校长的人才。杜征求我的意见，提议让当时在汉口法学院学习的吴全权去担任这一职务。吴是杜发展的城工关系，沔阳人，书读得很好，办事也很有才干。我同意杜的意见，派吴全权去新堤担任了中学校长。刘鲲生对吴全权的到来甚感欣慰，认为他已与共产党拉上了关系，所以对吴十分倚重，以后几次委托吴到沔东县委城工部与江汉三地委城工部取得联系。

1949 年 4 月，刘子懿与杜彦桐分别向我谈到有关新堤情况时，都提到沔阳县（当时就主要是新堤），除了以徐怀仁为首的三青团争取不过来外，最感棘手的是县保安团团长李太平的争取工作。李太平出身土匪世家，又当过汉奸黄卫军，手中掌握着近千条枪，身边还有他父亲黑道上的砍香弟兄作保镖，不好对付，新堤的和平解放就只剩下这一道障碍了。为此我专程回沔东县委城工部汇报请示这一问题。汪文翰同志提出李太平的工作只有张泽厚先生去做。张泽厚在抗日时期担任过汉沔县参议会的参议长，拥护我党我军。张青年时代与李太平的父亲李伯岩结拜为兄弟，是李太平的干爹，他们之间关系很密切。我建议汪文翰同志亲自出马到新堤去布置这一工作。汪文翰同志亲自到新堤去过两次，每次都住在李子侠家中，派万尧阶到乡下去请张泽厚先生。张老先生欣然允诺，说这是件大好事，于私于公自己都应尽好这个责任。于是张老先生就以长者身份住到了李太平家，李太平是知道他的干老子与共产党、新四军的关系的，干老子也用不着对干儿子转弯抹角，就开门见山地向他讲清形势，指明出路，交代政策。加上干老子作保，李太平的工作就做好了。李太平的工作做好后，刘子懿出面为张老先生接风洗尘，酒席间，刘鲲生、李太平、徐植如、李小阶、刘子懿等都举杯祝酒，庆幸他们都走上了新的生活道路。徐植如提议召集一次规模较大的“和平起义会议”，这一提议得到出席者的一致赞同，决定由徐植如主持，并在徐的家中召开，由大家分头秘密通知，到会签名的共 30 多人。至此，新堤和平解放条件已基本成熟。

1949 年 5 月 19 日，江汉三地委书记兼三军分区政委相殿魁同志和军分区司令员钟春林同志率领着军分区部队，在吴全权同志的陪同下，朝着新堤镇进发。新堤镇的原国民党县长、参议长、区长、乡长、学校校长、商会会长以及各界人民代表在新堤镇外十里的杨家咀欢迎我军入城。当我军进入市区时，全城鞭炮齐鸣，锣鼓喧天，彩旗飘扬，万人空巷，数百名男女学生高呼口号，载歌载舞，迎接解放军亲人，欢庆着和平解放的到来。

（原载于《武汉城工史料（二）——中共襄南地委城工部史料专辑》，有删节）

# 川汉县委城工部“汉城核心小组”战斗小记

樊明浑[①]

## （一）

1948 年，人民解放军战略进攻不断取得胜利，国统区爱国民主运动日益高涨，蒋介石反动统治在军事上、政治上、经济上已濒临崩溃的边缘。是时，我在武昌郊外楠木庙小学教书。这年 2 月的某天，曾在新四军五师汉沔支队任秘书的黄友光同志（我堂弟樊明辅同事）突然来访。1945 年底，他和我曾在支队部相遇，适值部队正待命转移，未及多谈，匆匆话别，以后再未见面。这次，他是向亲友打听才知道我的地址的。相见时，彼此谈了别后的经历遭遇。原来 1946 年中原突围时他没有随支队撤出汉沔游击区，奉命就地隐蔽下来，这次是转道武汉，到大别山解放区去的。当时，我介绍他去黄冈通过我堂兄樊治群找中共黄冈县委。2 天后，黄就启程东下了。

事隔半年，1948 年秋，黄友光奉组织调派，从大别山返回汉沔，途经武汉，又来我处。谈到当时形势，他直截了当指出，武汉是华中地区政治、军事、经济中心，交通枢纽，即将成为我军攻取目标，在这个地区发挥党的政策威力，争取更多的人为革命工作，是十分有意义的事。他又全面分析了我的工作条件，认为我完全可以继续为党做些有益于解放事业的工作。起初，我自感能力有限，恐负期待，没有立即作出反应。经他继续开导，讲了不少具有说服力的意见，我深受启迪和鼓舞，心境豁然开朗，勇气顿增，

① 本文作者时为中共江汉三地委川汉县委城工部“汉城核心战斗小组”成员。

便毅然应承下来。当时约定，我在汉迅即做好开展工作的准备，着手物色和联系周围可以争取的力量，候他返回汉沔后，根据组织意见办事。

同年 11 月，我收到黄友光由驻地来信，即将教学工作做了安排，与堂弟樊导平按指定路线进入江汉解放区。中共江汉三地委川汉县委城工部陈靖部长接待了我们，并布置我们学习文件。我除了把有关武汉和本人情况向陈部长作了口头汇报外，还写了自传（包括社会关系）及所联系人员的书面材料。陈部长一方面向我讲解了党的政策，交代了城工工作的任务和注意事项；另一方面，同意我的工作汇报，并决定把我已经联系的有关人员组成“汉城核心战斗小组”，联系代号为“向军”。他还指示：小组成员可以从事各种公开的职业，以合法身份作为掩护，并借以取得生活来源。当时还确定了小组联络点，分别设置于武昌千家街佛学院大雄小学和武昌武泰闸外楠木庙小学。由于楠木庙地处武昌近郊，陈部长要求配置有经验的向导，并提出人选意见，以应日后攻城之需要。我接受任务返汉时，还带回了一批学习宣传资料。

回武汉后，根据陈部长部署，我又做了进一步调查和串联，经过慎重准备，成立了战斗小组，大家推定我为小组“联络员”。组织初具规模后，小组于 1949 年 2 月全面开展工作。

三大战役胜利结束后，解放区迅速扩大，我党威信空前提高，这种形势对我们工作的开展是十分有利的，但这并不等于人人都能毫无顾虑地参加地下革命工作。“为共产党办事，搞不好是要杀头的。”我在争取工作对象时，碰钉子的事也是常有的，但由此也取得了一些经验。最初建立工作关系的，有汉口精诚新闻社记者董斌、董延泰，汉口市一中出纳樊治群，大雄小学教师顾岳如，我的学生陈扬阶、何盛隆，省二女师学生刘康平（原名江斌）；随后建立联系的有大雄小学校长张康临和教师郁静影、彭敬清、章安仁，市一中学生孙义杰、陶鸿斌、傅国炳；接着，武昌佛学院研究员徐皓、韩天健、杨力、杨狄、周善，德安钱庄付款员孙少卿等也相继参加了小组。根据他们的工作能力和条件，小组分别安排了具体任务。

## （二）

武昌佛学院所属大雄小学是“汉城核心小组”的秘密联络点，由顾岳如负责。顾通过张康临对佛学院成员的思想动态和该院资财做了全面调查，写了翔实材料。武昌佛学院又名世界佛学院，位于武昌千家街，为著名高僧太云法师所创办，是佛学界培育僧才和进行佛学研究的中心。印顺、苇舫、法舫诸法师曾先后在此担任导师主持院务。当时限于条件，该院仅设研究部，研究员经常保持在20人上下。武汉解放前后，事务负责人是研究员隆根、徐皓。所属大雄小学，人事经费均由佛学院负责。1949年4、5月间，由于经济来源困难，个别思想落后学僧曾力主停办小学，以此作为所谓“应变方案”。小学和佛学院产生了矛盾，后经我们调解，争取群众，走访佛学界知名人士李书城、王达五等，解决了纠纷，恢复了团结，从而为我们工作的开展创造了条件。

佛学院研究员是来自各方经过考试遴选的青年僧众。研究员杨狄，法名幼苏，是大雄小学的校长，他研究佛学，但也爱好文艺，读过不少文学名著。社会的不平和佛教内部的现状，使他目击心伤。我们相识之后，交谈的内容从佛教对中国文化的影响，渐渐涉及中国社会、革命，直到马克思主义。对真理的勇于探索，对人生的执着，使他终于突破了思想的局限，面对现实。那时，不少青年学生受爱国民主运动的影响，对解放区非常向往。我通过樊治群、孙义杰、傅国炳、陶鸿斌等，组织了市一中同学10余人，经由黄冈樊家楼北上进入解放区。我把这个消息告诉了杨狄，他毅然要求进入解放区。经小组同意，他加入北上解放区的行列。杨狄投奔革命的果敢行动，受到不少人的赞许，也引起人们深深惜别之情。杨狄走后，校长遗缺由佛学院另聘教师张康临充任。

为了学习和宣传的需要，我们还凭借佛学院比较隐蔽的有利条件，在那里进行宣传资料的秘密编印活动。具体刻写油印工作，经顾岳如、张康临研究后，请研究员杨力担任。杨力法名指迷，小沙弥出身，年未及冠，身着袈裟，举止安详，气度不凡。他桌上放的是佛典《大乘起信论》，床头枕下却是苏联进步小说《青年近卫军》。佛学院环境幽静，法师寮房更是“闲人禁入”的地方，杨就在这里埋头刻写 1949 年新华社元旦献词《将革命进行到底》，以及有关我军入城政策的文告。工作中他不时抬起头来，脸上浮现出慧黠而幸福的微笑，也许是想到所从事的实际秘密工作与自己公开的“出家人”身份多么不协调而觉得有趣吧！不久，在春寒未消的时节，这位佛门子弟干脆脱下了僧袍，换上学生服，持着我写给陈靖部长的介绍信，成了佛学院第 2 个投奔解放区的青年。

在我们以大雄小学为秘密联络点开展工作期间，还发生了一件突如其来的事。1949 年 4 月的一个星期天上午，国民党桂系某部悍然驻扎到大雄小学，这不仅直接导致学校停课，而且还给我们的秘密工作带来许多不便。因事情来得突然，我们为防万一，便一面作了些应急准备，一面由徐皓、张康临带领学生高呼口号，以“维护教育事业，保障学生受教育的权利”为理由，到国民党湖北省政府请愿，强烈要求部队退出校舍。那时，这个部队进驻后立即着手加固附近的城防工事，准备以此处为据点，迎战解放军。交涉当然不会有什么结果，但通过请愿也锻炼了大雄小学的师生。为了确保我们的工作安全，我们反复研究对策。顾岳如对当时事态作了冷静的分析，认为敌军进驻这一事件也包含了有利因素，如能化被动为主动，变不利为有利，可能会给我们工作带来新的进展，并提出具体做法，大家都表示同意。于是他分头找了徐皓、韩天健、郁静彤、彭敬清等人，嘱咐他们相机行事，主动和驻校官兵交朋友、拉关系，从中寻找和发现我们可以争取工作的对象，并通过他们起到瓦解士气军心的作用，同时说不定还能得到一些有用的军事情报。不到几天，我们果然在班排长和士兵中交了不少朋友，工作初获进展。不久，由于战场情况的发展变化，白崇禧决定弃守武汉，军政当局便假惺惺地以满足请愿要求为幌子，撤出部队归还校舍。部队撤离时，竟有两名贵州籍士兵暗中向我们求援。徐皓热情地答应了他们的要求，把他们藏匿在佛学院，换了便衣，资助路费，让他们摆脱了充当炮灰的命运。

在武汉解放前夕，我们还进行了佛学院的保产护院工作。武昌佛学院的图书馆藏有大批汉、藏、日、巴利文佛教经典，并有藏经、古版佛经、名人法书墨迹，以及东南亚传入的贝叶经等；古籍珍本和图书也收藏极丰，如《图书集成》《四部备要》《万有文库》及部分印刷的《四库全书》等，数量将近十五万册，分门别类，存放在十四间书库内。文物方面，有唐宋以来的陶瓷佛像、缅甸所赠的玉佛，还有不少珍贵的法器。太云法师在抗日时期率领中国佛教代表团出访印度等国家时带回的一批国际友人所赠献的国外佛教文物，也分装为四大箱，存放在图书馆内。武汉解放前半年，由于院方不明我党宗教政策，拟将部分图书南移。1948 年秋，佛学院主持人苇舫法师决定让昌言应湖南宁乡沩山佛教讲习所聘请任唯识学讲师，并将图书馆部分藏书分装了七八个大木箱，由昌言带往沩山，即将起运。昌言与我们过从较密，及时向我们吐露了院方转移图书的想法，并说此行是第一步，也可以说他是个先行官吧。当时，我们在该院还未进行有组织的工作，在场的顾岳如以亲切而又严肃的态度对他说：“共产党能到武汉，也一样能到湖南。抗战时期中日双方军队在洞庭湖区长期相持的局面，决不会重演，图书转移沩山决非上策。你既已接受办理这件事情，此行当然不好违命，但望日后善自为之。”昌言慧敏过人，心领神会，点头合十而去。苇舫原把沩山作为第二基地，不久就改变了主意，把佛学院作了安排后，回上海玉佛寺去了。昌言也返回武汉来了。这时，我意识到顾岳如的一番话起了作用，昌言对沩山情况的反映，可能是苇舫放弃转移图书文物的原因，这一点后经昌言证实。尔后，我组在该院开展工作。城工部指示，这些图书文物是人民财产，必须组织力量妥为保护。据此，我们以顾岳如、郁静影、彭敬清、张康临、徐皓、韩天健、周善等为骨干，宣传党的政策，展开了保产护院工作，赢得了全院僧众的支持，使祖国这些珍贵的文物图书免遭散失或转移海外，而得以完整地保存下来。这里还要特别提到的是，由于湖北地方元老李书城等的大力支持，佛学院度过了经济来源枯竭的困难时期，也使我们的护院保产工作得以顺利完成。武汉解放后，中南农林部部长陈铭枢约我同到武昌佛学院看了图书馆藏书，由徐皓对藏书情况作了介绍。陈对大量经书完整保存、文物未遭散失称赞不已。鉴于当时情况，他还建议凡属非佛教性质的图书文物，一律分别交省图书馆和文物管理部门，以便充分发挥作用；至于佛教典籍和文物，则由本市归元寺、宝通寺、三佛阁接收，妥善保存。这个处理方案后经陈向统战部门提出，并被采纳。

## （三）

按照城工部的布置，在策反方面，我也做了一些工作。

一是对国民党鄂东民团武装的策反。1949 年 4 月，鄂东民团武装詹剑峰部数千人在黄州一带集结。詹系夏斗寅旧部。民主人士傅盐梅经我黄冈县长孙侠夫同意，找了夏斗寅，并由李肇奇携夏的亲笔信函前往黄州游说詹剑峰，促其就地起义。傅老并约我同返黄冈樊家楼，协助他接待詹部代表，洽商条件。谈判终因该部主要负责人心存疑惧而告吹。不久，詹剑峰率部南逃。从这次策反失利来看，如果当时敌人内部有我们自己的人呼应，情况就会大不一样。

再是，我经叔父樊子芳介绍，与他的保定军校校友刘达九（民革成员）相识。刘在抗战期间曾任国民党鄂东游击十六纵队司令，战后脱离军界。我来到他位于武昌小东门的住宅，对他进行争取工作。刘在中学时代曾受到当时在该校任教的董必武同志的影响，思想比较开明，性格也很爽朗果断。这样，我们的谈话进行得颇为顺利。他坦率告诉我，他的挚友——湖北保安第四旅旅长宋少华，前不久自荆门防地来汉，就出路问题再次找他专谈。他以自身经历体会说明起义是唯一出路，使宋深受启迪，决心待机起义（30 年后，《湖北文史资料》第 5 辑登载的宋少华所写《暂二十五师起义亲历记》一文中，叙述了刘达九对他思想上的影响和率部起义的始末）。刘还颇有所感地引用“朝闻道，夕死可矣”这句古语向我表露出他思想立场的转变和服膺真理的心情，谈到今后工作，我们商定由樊治群和他保持联系。刘还送给我们手枪两支，以表示对我们工作的支持。手枪由樊治群、江斌取回，武汉解放后经樊治群上交城工部。刘达九还通过其好友汪世鎏、许士奇、刘世任等在湖北保警总队中做了工作。如武昌省会警察总局所属警察大队第三中队队长许炳武，经其说服教育后，认清了形势，决心投诚，得到该中队官兵的一致拥护。该中队拒绝执行国民党当局的南撤命令，使其他中队也受到影响，积极投入到“反撤退”的斗争。当武昌处于“真空”时期时，各中队在大队统一指挥下，维持社会治安，防止骚乱，减轻了国家财产和人民生命安全的损害，得到社会各界的好评。武汉解放前夕，在省会警察总局内部，“撤退”与“反撤退”的斗争是复杂和激烈的，保警部队更是敌我争夺的重点。广大员警的觉醒和行动，对上层策反工作无疑是个促进。与此同时，刘达九还将朱总司令发布的文告（即《中国人民解放军布告》）传单经程克平手，秘密在码头工人中散发。

搜集情报是城工部布置的重要任务之一，我们一直非常重视。为了创造工作条件，董斌、董延泰加强了与民革武汉地下组织负责人、汉口精诚新闻社社长程一新的联系。在程老的安排下，二董分别在该社任记者、武昌分社社长，利用新闻从业人员的职务方便搜集情报。我们还通过孙少卿获取了金融界的经济情报，因而情报来源有所扩大，可靠程度不断加强。

## （四）

反动营垒中，敌特组织在镇压人民、破坏革命方面扮演着重要的角色。不甘于失败的国民党反动派必然会在武汉解放前夕布置特务潜伏下来，伺机破坏捣乱。1949 年早春，董延泰经记者周剑南介绍，了解到特务分子杜忠信毕业于国民党中央军校第 7 期，是国民党华中“剿总”二处第四课报组上校组长。我认为这个职业特务具有一定活动能量，未可轻估，决定要董通过周剑南的关系，结识杜忠信，伺机跟踪侦察。

经过一段时间的侦察，根据我们所掌握的情报分析，杜有可能在武汉解放后潜伏下来。为革命清除隐患，虽然难度极大，但“不入虎穴，焉得虎子”，我们需要采取一个重大的工作步骤，改变局面，保卫胜利成果。于是，我回解放区向陈靖部长汇报工作时，介绍了杜忠信的情况，并向他请示对策。从推动工作出发，陈部长同意由董延泰根据具体情况相机打入敌人内部，要求只许成功，不许失败。我返汉后，向董斌、董延泰转达了城工部领导的意见。董斌认为这是性命攸关的事，必须慎重行事。我们认为他的意见倒也值得考虑。因此，虽经多次研究，一时也难以决定下来。

随着时间的推移，我又经过反复考虑，继续与二董分析了杜的新迹象，一致认为杜加速了潜伏准备，留汉可能性增大。“机不可失，时不再来”，为了革命利益，必须有甘冒风险的胆略。至于个人安全和后果，也只能在这样的前提下来考虑了。于是，我们根据组织指示的原则，迅速作出抉择，由董延泰执行这一任务，深入虎穴，与杜周旋，力争全胜。这段时间，几乎每晚董延泰都要和我碰头，介绍杜和社会上的一些情况，有时误期未至，我和董斌提心吊胆，恐有不测，难以成眠。经过了紧张而又慎重的工作，事情的发展逐步进入我们预期的轨道：董延泰机智地通过了敌华中“剿匪”二处处长熊振汉等人的再“考察”，终于被批准参加杜组的工作，实现了打进敌特组织的第一步。自此，杜的行踪活动基本上已置于我们的严密监视之中。但密电码、机要文件由于杜保管十分严密，无法弄到手。我们考虑到工作虽然进展顺利，基本摸清了敌情，但并未稳操胜券，稍有失误，仍有可能导致不堪设想的后果。当前的关键是要麻痹敌人，取得杜的“信任”，以便相机行事。

1949 年 5 月，解放大军进逼武汉，杜组奉命潜伏，通过电台联系，归属敌“国防部”二厅指挥。杜鉴于情况不明，准备携带电台、武器南逃，等待武汉解放后，再与武汉潜伏特务取得联系，进行活动。当杜南逃路经武昌董延泰家暂作停留并探察武昌情况时，董考虑到当时形势于我十分有利，策反时机成熟，利用杜慑于我大军压境、四面包围的惧怕心理和对当天武昌情况不明的弱点，对杜阐明形势和我党政策，晓以个人利害，指明出路，促其投诚起义。5 月 16 日汉口解放，杜忠信迫于形势和政策威力，同意交出电台、武器，由董延泰出面，渡江到汉口，联系投诚。此时，长江轮渡停航，董雇小木船渡江两次往返于武昌、汉口之间。首先通过中原局城工部派遣人员徐仁同志的关系，与中原临时人民政府公安部李修文科长联系，取得特许运送电台、武器证明，然后将杜忠信交出之电台、密码、手枪、伪造的中州币上缴公安部。杜本人交代了潜伏骨干名单，向我投诚。以后，我公安人员在杜忠信、董延泰的配合下，迅速开展了侦破工作，以扩大战果。不久，其他潜伏特务和电台相继落入我手。至此，连同杜本人交出的电台，共计收缴电台 3 部，清除了隐患。

## （五）

武汉解放前夕，我还接受了徐仁同志委托传送张轸率部在金口起义的联络信给我军的任务。

我是经叔父樊止渊介绍与徐仁同志相识的。当时，徐仁同志奉中共中原局城工部派遣，肩负任务来到武汉。1949 年 5 月初的一个晚上，我们相约在市一中樊治群的宿舍见面。会晤中他要求我取道黄冈转赴我军武汉前线指挥部，为他送交张轸部在金口起义的联络信。事关武汉解放大业，我感到这是党对我的信任，愉快地接受了委托，并向他讲了在江汉三地委川汉县委城工部领导下，我组负有侦察特情、控制其动向的任务。经与徐商定，在我离汉期间，由董延泰通过樊治群与徐单线联系。徐仁告诉了我张部献出大军山阵地的具体部署、送信路线和应注意事项。据徐仁介绍，张轸部起义的部署是由张部某旅旅长率一个连兵力在江北大军山阵地碉堡中负责指挥，准备了船只，请我军由该处南渡长江。

信折叠得像小火柴盒那样大，贴身收藏。但无论怎么样，还是经不起严密搜查，如果机密泄露，个人安危事小，贻误军机，那影响就严重了。尽管我们将可能出现的情况都一一考虑过，可是万全的应变办法是没有的。学生陈扬阶机敏、有胆量，我决定让他做我的助手同行，我们都穿上美式军便服；我还带有精诚新闻社记者证，联络信藏在我的衣领里。为了应付分别隔离被审的情况，我们约定彼此是师生关系，此行目的是我回樊家楼老家搬运图书到汉口。我想，让陈扬阶知道此行任务是必要的，因为如果我们途中被迫分离，只要向北走，就可直奔我军阵地，单独继续完成任务。次日上午，我们乘班轮到了团风镇。其时，这里已成了敌军江北前线据点，守备部队系桂系的一个营。我们在居民区未见构筑工事，也没有发现盘问或搜查行人，但游动警戒分队则随处可见。出了团风约 200 米的地方，路上行人稀少。正在这时，碰上了一小股敌军的警戒部队迎面而来。我们心情有些紧张，便放慢了步伐，边谈边笑，装着不像远行的样子，幸好他们未加注意，擦身而过。过了半小时，我们还是心有余悸。在景色宜人的丘陵地带走了 20 来华里路程，竟在马曹庙附近找到我方黄冈县孙侠夫县长。孙与我早已相识。我在他的“游击县府”吃过晚饭后，黄昏时便随着他派的一个班向淋山河方向转移。在朦胧的夜色中，只见沿途大军云集，修桥架线，备战十分忙碌。前行不远，我们见到了黄冈县指挥长漆少川。徐仁的信由在场的某师首长以电话向四野指挥部转报了。

## （六）

我们完成送信任务，返回途中，适逢我军正以武力解决团风拒降守敌，因交通受阻而滞留樊家楼。待航运恢复，我们返汉时，武汉三镇已经解放。

我回武汉后，从市内联络点接到城工部的通知，就到汉口咸安坊江汉三地委城工部报到。我向郭伯诚部长、高开元秘书汇报了工作，随后又遵嘱写了工作总结备查。根据 1949 年 2 月上报名单，郭部长、高秘书约见了全组同志，到会的有顾岳如、董延泰、樊治群、江斌、孙义述、陈扬阶、何盛隆、陶鸿斌、孙少卿和我等人。领导同志充分肯定了大家的工作成绩，表扬了在敌区为革命而献身的精神，勉励大家在各自岗位上继续为党工作，并宣布我们“汉城战斗小组”已完成它的历史使命，胜利结束。由城工部填写的工作鉴定，分别送达武汉军管会文教接管部和公安部等单位。不久，大家的工作或学习要求均逐步得到组织安排。

（本文原载于《武汉城工史料（二）——中共襄南地委城工部史料专辑》，有删节）

# 创建汉口至大别山秘密交通线始末

易行之[①]

1947年秋，刘邓大军挺进大别山不久，上海地下党外县工委书记张执一派顾剑萍来武汉找我，要我协助他在武汉建立地下交通站，接转原中原部队突围后从省外、海外返回大别山的干部。顾剑萍还传达了李先念从大别山去电上海的三点指示：（一）将有2000名突围干部要从省外、海外经汉返回大别山；（二）速调派得力干部到汉口组建交通站；（三）速派人进山联系，开辟进山线路。

顾剑萍是参加过黄麻起义的老党员、老红军，曾担任过鄂中专员，中原部队突围时任旅政治委员。他与张执一都是新四军第五师的老人，有白区斗争的丰富经验，所以张执一再次调派顾来汉负责建站。

我是1946年由苏北淮阴华中军区派到武汉搞策反的，由徐楚光负责领导。徐原任新四军华中独立第一军副政治委员、参谋长兼第二师师政治委员，后派到白区任三工委主任，在京沪一带活动，与张执一、顾剑萍常有联系。顾来汉带有徐楚光的介绍信，信中说因为交通任务非常紧迫，要我搁下策反转搞交通，并把策反班子中全体人员转到交通建站工作上。地下党的命令要绝对服从，不能讨价还价。第二天，我就同顾进山找邓小平、李先念，请示建站工作。路途中步行了两天，专门找山间迂回小道走。直到傍晚，我们才走到黄陂北乡夏家寺，找到鄂豫军区政委乔明甫，向他打听刘邓首长的住址。乔见是自己人，便告诉我们刘邓住在罗田的滕家堡方家大湾，

---

① 作者时为中原军区城工部武汉地下交通站成员。

步行前去还有一日的里程。他留我们住下，招待食宿，这时我们才解决了晚餐问题。次日我们继续前进，乔政委特为我们找来一位农民当向导。有人带路，少走弯路，我们急行军一股劲往前赶，中午到达罗田三里畈。我们找到一家小饭馆，买了 3 碗面条充饥。等农民向导吃完，我给他 1 元光洋打发他返回，并感谢他带路。他开始坚决不要，说他是乔政委派出带路的，后见我出于诚意，才把钱收下，高兴而去。

三里畈至滕家堡有条公路，是抗战初期国民党第五战区李宗仁部队驻在这里时修筑的，可直达安徽金寨县。当时山里没有汽车，路上行人也很少，我们沿着公路朝前进，连走带跑，直到傍晚时分到达了方家湾。走到村前，只见一位解放军独自散步，约 40 来岁，小小的个子，圆圆的面孔，衣着整洁。顾剑萍连忙跑去打招呼问路：“请问，刘邓首长是否住在这村？”他打量了一下顾，没有回答问话，只问我们从哪里来，找刘邓干啥子。顾说：“我们从汉口来，找刘邓请示在汉口建立交通站，开辟进山路线，领取活动经费，以便向山里护送干部，配合大军行动。”接着这位解放军又问顾：“你贵姓？是哪里人？过去在哪里工作？”顾回答了，他又问我，顾又代答。他听了笑着说：“也算碰巧，你们进山要找的人，算是找到了。”他自我介绍说：“我就是邓小平。”顾一听连忙上前一步和他握手说：“首长好！”邓小平又和我握手，并说：“你们好！你们从汉口远道而来，想必途中走得够累的，可先到我的住处休息一下，等安排了住宿，吃了晚饭，再商谈工作。”他说完就走在前面领路，我和顾分别在他的两边跟着。他边走边问我们武汉的军情、民情，以及粮食供应与市场物价等情况。对他的每一提问，我们各就所知，一一做了回答。他听了很是高兴。随后谈到建站问题上，顾剑萍说：“早就听说小平同志留学法国，以后又到苏联学习，在国外多年，到的地方多，见的世面广，斗争经验丰富，对在白区建交通站，请首长作指示。”邓小平说：“白区建站是个大问题，要很好研究研究。这事由先念同志分管，随后你们找他具体研究定下。要我说，我谈四点意见：一是选点要适中，既要隐蔽，还要进出方便；二是交通站建起，只能发生纵的关系，不能发生横的关系；三是可开一家商行作掩护，利用经商大大方方工作；四是所有工作人员要绝对可靠，一人出了问题，组织就全遭破坏。”

我们边走边说，正谈得高兴时，忽然从对面小巷里走出一名解放军，个子高高的。顾剑萍认出这是李先念，邓小平也看到了，说：“正好，你们的李师长来了，你们要谈的问题，就直接去找他谈，由他决定，经费问题也由他解决，钱不成问题，你们能带出多少就带多少，随你们带。”于是，顾急忙跑上前喊：“李师长好！”由于我俩进山穿的是便衣，扮成收购皮油的商人，李先念虽然看见顾，一时却认不出，他走到跟前仔细一看，才“啊”了一声：“原来是老顾进山来了。我正每天盼望武汉来人，可把你们盼来了。来得正好，快把这条交通线路（汉口至大别山）建立起来，好在汉口接送突围返回大别山的干部。”他还说：“现在大批干部在外回不来，山里又急需干部。”邓小平接过话说：“那好，你们二人跟着你们李师长去，由他安排你们的住宿，等住下了，吃罢了晚饭，你们再具体商量。”

当时，刘、邓、李在方家大湾一户民房，屋屋相连。他们在住户堂屋里用门板搁行铺，铺上铺捆稻草，草上垫一床白垫单，盖一床毛毯，还说睡得软绵绵的。我们跟着李先念到他的住室刚坐下，李先念即叫他的警卫员去租两床棉被供我们盖，又扯来两捆稻草，在隔壁一农户堂屋中打成地铺，带我们去休息。不一会儿，警卫员打来饭菜，有一小脸盆大米饭和四菜一汤，就是一碗白萝卜烧豆腐、一碗炒白菜、一碗腌菜、一个炒鸡蛋、一碗酸菜汤。警卫员向我们介绍说，这是专门为客人打来的，请你们吃。首长的饭菜也去打了，他们习惯在一起吃，有事边吃边商量。他们吃的也是一样的饭菜，只是少一个炒鸡蛋。

饭后稍事休息，两个警卫员抬来一桶热水给我们洗澡，洗完澡，李先念即来商谈建站问题，于是，三人都坐在地铺上谈话。李先念问：“你们和小平谈了建站问题吗？”顾说谈了，他还做了四点指示。李先念则说：“那我们就按小平所谈四条，逐条加以补充定下。”邓小平谈的第一条是建站点要选好，既要隐蔽，还要进出方便，使外地来人好找。李先念说再补充一句，要靠近车站和港码头。第二条是交通站工作人员要绝对可靠，出不得问题。李先念则说，这条最重要，可从白区多调几名党员担任交通护送。

第三条交通站只能发生纵的关系。李先念说只能与上海发生单线联系，杜绝一切横的关系。第四条可以开家商行作掩护。李先念说可开家牛羊皮商行，多投点资，多买点牛羊皮存放，显得客大本钱足，使同行另眼相待，不受怀疑。逐一补充完，李先念起身对我们说："你们白天跑了一整天路，该休息了，今晚就谈到此。你们再想一想，还有什么需要提出的，明天早餐后，我带你们向小平辞行时，请他再做些指示。"

第二天早餐后，我们去见邓小平，刘伯承也在。李先念为我们作了介绍，刘伯承和我们一一握手。顾剑萍说："我们要走了，首长还有什么指示？"邓小平说："你们昨晚研究的建站问题，先念已向我谈了，我完全同意，回汉后就按他的部署办。我还补充几点：第一，交通站要绝对保密，连家属也不让知道；第二，接送任务重，有一两千人要经武汉返回，一个站怎么行，还可建些分点，城乡都建，以适应需要；第三，交通站要建立支部，组成核心领导；第四，商行要与本行业，特别要与街道搞好关系，必要的应酬应当参加，必要的开支得花费一点；第五，交通站工作人员要有工资，家住城市的每人每月 30 元银圆，维持个人、家庭生活，农村建的分点可一次性投点资金，各自做点小买卖掩护维生。"

邓小平转问李先念："你看，我补充的这几点如何？"李先念说："小平指示非常重要，包括昨天谈的，都是他的经验之谈，你们回汉建站要坚决执行。"我们起身辞行，邓小平则说："我们送你们一下。"顾剑萍说："我们进山来，要解决的问题都圆满解决了，我们满意而归，送就不必要了。"但是邓小平与李先念坚持要送一程，一直送到村外一里多路，还要送一送。在途中，邓小平一再叮嘱我们处处小心。因为我们身上分别带有黄金与银圆，谨防出问题。在快分手时，邓小平停下来说，现在形势大好，各方面对我们有利，在不久的将来，我军即要打过长江去，解放全中国，估计一年左右就可取得全国性的胜利。你们现在白区做特殊艰险的工作，再坚持一下，等武汉和全国都解放了，政权全归我们，那时就好了。邓小平谈到此，祝我们一路平安，安全到汉，进城相见。

在返汉途中，我问顾剑萍对这次进山有何感想，对邓小平同志有何看法。

顾说：“小平同志过去在北方八路军工作，我在南方新四军工作，没有见过面，但军队中流传说小平同志是我军小诸葛，他骁勇善战，常能以少胜多，以弱胜强，出奇制胜，这次进山，听他几次对建站工作的指示，他勤于思考，处处想得周到，真是名不虚传。”

我们回到汉口，即租赁了小江家院10号，这处房子出街口就是后花楼街，进出方便，不引人注意。到派出所申报户口后，我们正式挂牌“泰昌行”。它对内名称是中原军区城工部武汉地下交通站，对外是经营牛羊皮业务的商行。交通站建起后，陆续调配8名党员干部，其中7名参加交通站中心小组，1名担任机要掌握电台，另居一处。顾任站长兼中心小组组长，骆近丘任副站长兼副组长。以后又调入两名党员。人员配齐后，即电告上海，不久外地干部源源而来。按照邓小平指示，我们分别建立武昌江南分站、汉口江北分站、汉阳分站，并在黄陂城南理趣林、东乡六指店、西北乡合朋店横山、长轩岭，孝感的祁家湾、祝家湾，汉阳县的永安堡、奓山等乡建点。在外干部一时无法进山时，就向分站分点就近转移隐蔽，然后陆续送进山。例如一次台湾来了4名地下党员，山里发生敌情，一时送不进，我们便送到黄陂城南理趣林张志明医生家隐蔽起来，住了半月，又转移到东乡六指店谌周湾小学教师周金山家中隐蔽半月，敌情解除后，才送进大别山。根据形势发展的需要，半年时间交通站就发展了24处，工作人员34人。由于保密工作做得好，交通精干，警惕性高，大家齐心协力，城乡配合，接送任务完成得很出色。仅统计9个月来由汉口到大别山、大洪山，汉口到襄南、襄北各解放区的干部和学生人数就达900余人之多，从未发生过问题。其中有不少人是党的高级干部，如新四军第五师政委郑位三、原中原部队江汉军区司令员韩东山，以及进城初期中共湖北省委首任宣传部长郑思，还有从香港返回的大公报记者袁小眉、作家诗人何家槐、民主人士张西曼、国际友人日本共产党员黑田及佐佐木等。

1948年1月，湖南湘鄂特委机关出了叛徒叶少卿，此人于5月找到汉口交通站，要求派人送他进山领经费。副站长骆近丘接待了他，骆一时失去警惕，不加分析，派交通护送叶进山，叶领到经费返回，即于6月底在长沙火车站将湘鄂特委委员张冰指捕。叶还带领敌人查抄了特委机关和各联络点，抓捕 25 人之多，又把汉口交通站和城乡各站点破坏殆尽，共捕 32 人。张冰被押解至武汉长期监禁，直至敌人逃跑前被刺死，然后装入麻袋投入江中。武汉交通站长顾剑萍一向谨慎，每次去上海办事返回，从不向交通站写信，只给至友顾新写信。当时顾剑萍在上海，不知交通站出事，他想回武汉，便写信给好友顾新，言近日乘轮船回汉，请顾新到码头接人，不料敌人抄顾新家时，抄走这封信。于是特务守候在码头上，船一靠岸，顾剑萍一起坡，就被特务铐走。在汉监禁一月，敌人又用飞机把他押解南京长期监禁，于逃跑前将他秘密处死，连尸首也找不到。顾在上海结识许多地下党负责人，但他未供出任何同志，他在狱中曾写信托人带给刘子厚，请他照顾其家属，这说明他早做好牺牲准备，可见其坚定性。其他被捕人员，一直坐监到武汉解放后出狱。

大搜捕时，我因送干部进了大别山，人不在汉，才避免了这场劫难。以后党组织留我在山里工作。不久，又派我绕道武汉去香港，建立香港至襄南解放区水上交通线。随即我回到襄南解放区，随沔东县委活动，住在沔阳彭家场，专门接送由香港回到解放区的人。敌人大搜捕时，在汉未捕到我，但并不放过汉口我家里的母亲、爱人、小孩。我的家住在汉口公安路福寿里 19 号，敌特反复派人抄家后，便将我 70 多岁的老母亲及爱人李慧娟和两岁半的小女易冬芳抓到特刑庭坐监。女儿进监不久，患天花，敌人不准外出医治，病死狱中。母亲坐监半年，年老多病，敌人才将老人释放回家医治。爱人李慧娟也是地下工作者、地下党员，她长期住在上海同济大学，专门护送女同志进大别山。这次在护送 4 名女大学生进山回汉时，即遭敌特逮捕。她一直坐监到武汉解放后出狱，进入省委干校学习两月，不幸病故，终年 23 岁。我原有多么好的一个家庭，却被敌人搞得家破人亡。

敌人在抄我家时，从我母亲房里抄走一张照片，如获至宝，当即拿去复制放大，在武汉各交通要道、车站、码头等显眼地方到处张贴缉拿，悬赏大洋 3000 元。他们抄走照片后，派两名特务长期住在我家守候监视，妄图将我捕获。当时我的姐姐、姐夫住武圣路下荣华里，得知我的家被抄了，特来我的房前房后放哨，怕我不知情，猛然撞回被特务捕走。特务守了一个多月，不见我的人影，这才撤走，又分别到大智门火车站与王家巷码头守候。姐夫到大智门火车站守着，怕我乘火车回家；姐姐到王家巷码头守着，怕我乘渡船过江。敌人又在这两处守了半个多月，不见我的人才撤走。一天，我的姐姐忽然在码头右边一根水泥电线杆上看到一张缉拿悬赏的照片，顿时大吃一惊，暗自说道，这不是我弟弟吗？她随即躲在一个隐蔽地方，直至轮渡收班、船码头再无一人上下，才去把那张照片撕下，拿回家夹在一本书内。直到武汉解放了，我随部队进入武汉，她才把照片交给我。我重获此照，十分高兴。这是一张难得保存下来极有价值的珍贵照片。

武汉解放后，我曾反复回忆当年邓小平同志在大别山所谈，确是具有远见卓识，能洞察一切，真不寻常。他曾反复讲建立交通站要绝对保密，不能发生横的关系。这点交通站未能坚持做下去，终惨遭失败。他还曾说一年左右就会胜利，最后也得到印证。

（本文原载于《武汉党史》2000年第2期，2004年第4期，原文分别为《创建汉口至大别山秘密交通线始末》和《一张珍贵的老照片》，本文对原文进行了编辑。）

# 白色恐怖中的武汉联营书店

马仲扬[①]

武汉联营书店在解放战争期间一直挺立在白色恐怖中，顽强地同国民党反动派进行了针锋相对的斗争。它采取各种形式，通过各种渠道，发行了革命书刊，提供了人民需要的精神粮食。因此，敌人对它极端仇视，而人民对它热情赞扬帮助。这样，它就成为双方都非常关注的一个据点。

今天，当回忆这段难忘的历程时，我总是心潮滚滚，一幕幕战斗的景象重现在眼前。

## 一、两个秘密

武汉联营书店是不是三联书店？它同共产党有什么关系？这是不少好奇的同志曾经提出过的问题。我们在敌人的监牢里同国民党特务集中斗争的也恰恰是这样两个问题，我们就从这里说起。

1945 年 8 月，日本侵略者宣布投降，抗战结束了，整个中国时局发展到了一个新的时期。在这个重要时刻，毛泽东同志从延安赴重庆，和周恩来同志一起，同蒋介石进行和平谈判，并于 10 月签订了“双十协定”。本来龟缩在西南一隅消极抗日积极反共的国民党反动派，认为争抢抗战胜利果实的时机已到，根本不顾“双十协定”，在美帝国主义的扶持下，忙于接收新的收复地区。武汉就是国民党从日本人手里接收的一个大城市。

---

① 本文作者时为地下党员，受中共中央南方局领导，社会公开身份为武汉联营书店经理。

正是在这种形势和背景下，武汉联营书店于1945年底成立了。这是同国民党反动派斗争的产物，也是同他们继续斗争的起点。

在国民党统治区里，一直在共产党领导下坚持出版和发行革命书刊的三联书店，除重庆之外，各地分店都被反动派查封了。为了展开同国民党反动派的斗争，以三联书店为核心，于重庆成立了新出版业的统一战线组织——联营书店总店，这个书店的实际组织者和领导者就是三联书店的领导同志。从总的说，三联书店和联营书店，就是这种关系。

武汉联营书店的成立，是为了适应新的形势的发展。当时，三联书店的一批工作人员从重庆出发，运输大批书刊沿长江下达武汉，他们以拓荒者的心情，积极筹备设立分店。可是，在武汉，代替日本法西斯统治的是国民党法西斯统治，反动统治者视三联书店为共产党的“危险书店”，怎么会允许这个书店出现在武汉呢？根据当时武汉的具体条件，以联营书店的名义在武汉设店，遇到的阻力和破坏比以三联书店名义小一些，开展工作更方便些。就这样，武汉的三联书店便以联营书店代替了。从这个书店所发行的书刊到主要工作人员以及工作作风，都是来自三联书店，实质上，它就是武汉的三联书店。

武汉联营书店和共产党有什么关系呢？这个书店从成立的那一天起，就是在共产党的直接领导下开展工作的，它的实际负责人从始到终都是共产党员。这个书店之所以能在风浪中坚持斗争，而且在那么复杂曲折的道路中走过来，其关键就在于党的领导。在关键时刻，在所有重大的问题上，包括一些人员的进出，都是经过地下党组织认真研究决定的。如果没有党的具体领导，武汉联营书店是不可能绕过那么多暗礁，不可能取得胜利的。

## 二、引人的地摊

刚到武汉之初，联营书店没有找到房子，国民党的“工商登记手续”就是重要关卡，特别是作为门市部用的街面房子成了国民党利用各种关卡做交易敲竹杠的法宝。为了建立这个阵地，我们利用了各种关系，许多朋友主动帮助，进行着“房屋之战”！

一开始，联营书店没有门市部营业，而渴望革命书刊的群众，特别是年轻的知识分子和工人、学生，把武汉比作久旱盼雨的荒漠。为了同武汉人民接触，联营书店的书摊率先出现在武汉街头。它一出现就和其他货摊不同，人群蜂拥而至。我们人手少，多少青年自发地来帮助，同我们一起上班下班。他们成了联营书店的“义务店员”，也是为我们传送消息的“义务联络员”。通过地摊，我们交了一大群朋友。多少诚挚的眼睛，多少热情的手，这对我们是极大的鼓舞和教育。这是良好的开端，又是重要的基础。

这个引人的地摊像播火者一样，使书摊读者相互串联。这团火，开始点燃武汉。每当夜晚我们安静下来时，就感到有一股力量推动着我们的脚步。我们逐步认识武汉的人民，而武汉的人民也在逐步地认识我们。从许多迹象看，武汉人民需要这个书店，因而他们热情欢迎，积极支持。而反动派呢？派了自己的爪牙，像愚蠢的灭火者，由冷眼相待到仇视打击。这样，联营书店在武汉不久，就成为一个非常引人注目的对象了。加上工作人员中有些是能歌善舞的青年，就是在马路上也哼着进行曲前进，或者扭一下秧歌舞。这就更加引起人们的注意了。提起联营书店，群众总有个很深的印象。

## 三、1946 年的春季和夏季

经过反复的交涉，联营书店终于在交通路找到了作为门市部的房子，而且很快就同广大读者见面了。

在短短的交通路上，集中了 10 多家书店和几家报馆。有的记者专门描绘过这条文化街，把联营书店比作来自解放区的姑娘，这一宣传给我们带来了不少灾难。国民党、三青团的头目们派出特务，加紧了对我们的监视。联营书店开门之后，随着大批读者拥进来的，也有根本不买书不看书、专门盯人的特务，他们在察看我们到了什么书、接触什么人，甚至对买了革命书刊的读者盯梢和威逼。

1946 年春季和夏季，在国民党统治区连续发生一桩桩血案：2 月份在重庆发生了“较场口事件”，大批特务破坏群众庆祝政协成功大会的会场，残酷地打伤了郭沫若、李公朴等几位著名的民主人士；接着又发生了大批特务捣毁《新华日报》馆的事件；在长沙，在广州，进步书店被捣毁、人员被殴打的消息相继传来。关心我们的朋友和同志通过各种渠道向我们传信：反动派打算在五一节捣毁联营书店，要做好一切准备。

我们认真地“迎接”反动派的这次“洗劫”。他们在长沙的书店门市部，先放黄蜂，然后乘混乱之际，大打出手捣毁了书店。在广州，又放了几条毒蛇，借以起哄，乘机捣毁了书店。在武汉，他们还会玩什么花样，搞什么恶作剧，我们还不得而知，只有约请进步记者如实地记录这一暴行，并拍摄他们如何表演，我们准备展览这个“五一劫”的丑剧。于是，我们在联营书店门口用广告牌贴上了非常显著的“国际劳动节休假”告示，同时书店全体人员分布在附近，一方面当被冲击的对象，同时也当目击暴行的观众。

这一天过去了，暴徒们没有出动。这出戏没有开场，却又变换了内容，他们公开扬言，要防“赤化”，要在书店抓人！并由他们在书业界的帮凶转达了国民党武汉市党部头子“捎话”，当面威胁联营书店经理欧阳章同志，逼其改弦更张，指出书店店员中有“危险分子”！

在这种形势下，党经过研究，为同国民党反动派继续斗争，决定欧阳章和已经暴露的同志撤离武汉，转移他地。

## 四、不寻常的书刊和客人

在国民党统治区开书店，其政治面目是很难掩饰的。在一条交通路上，集中了10多家书店，谁家发行、经销什么书刊，是什么态度，是一清二楚的。联营书店常常是门庭若市，读者拥挤；而在它的东邻也有一家书店，却“门可罗雀，空空如也”。这是国民党军统特务开的书店，专门为监视联营书店而设置的。还有一家“中国文化服务社”，是国民党中统特务开设的，也离联营书店不远，同样也是处在非常冷清的状态中。

联营书店在武汉之所以被特别注意，原因种种。但突出的有两条，一是经销的书刊，二是店中来往的客人。

它经销了什么书刊？

除了三联书店和其他进步出版社的书刊外，还有3种，在武汉其他书店是没有的，是联营一家经销的。

一是莫斯科版的苏联书刊。这是当时苏联大使馆运往武汉领事馆的大批苏联卫国战争时期的出版物，像《联共（布）党史》《列宁主义问题》《列宁文选》《马克思恩格斯及马克思主义》和《丹娘》《斯大林格勒》等等。这批书刊量大、面广、纸张好、价钱低，更重要的是宣传了马列主义和以斯大林为首的苏联共产党，所以引起了极大的反响。

二是重庆《新华日报》出版的毛主席著作和我们党的出版物。这是重庆《新华日报》馆被捣毁以后，从重庆运往武汉的，如《新民主主义论》《论联合政府》《在延安文艺座谈会上的讲话》和《整风文献》等等。这批书刊按数量和种类都没有第一种书刊多，可是，它所起的作用和引起的反响都比第一种书刊强烈得多。

三是在香港和上海出版的国民党反动派最害怕的刊物，比如香港出的《群众》和上海的《文萃》，以及揭露国民党黑暗、歌颂解放区的刊物。由于直接触动了国民党反动派的神经，这类刊物是特务视作洪水猛兽的东西。这些刊物来之不易，我们采取了秘密控制的办法发行，它不在书店门市部出售，也不在书店停留，刊物一到就通过地下党的组织分送到一些工厂和学校了。

通过这三种书刊的发行，联营书店给武汉人民带来了极不寻常的印象。同时，我们拒绝出售反动书刊，不管“中国文化服务社”，还是“正中书局”等，当他们的头面人物出面交涉代销书刊时，我们以种种方式谢绝了。这就使联营书店的鲜明立场更加突出了。

为了不致使联营书店陷入孤立，我们通过各种业务上的联系，在同业中取得很多书店的同情、支持和援助，像“开明书店”“上海杂志公司”“龙门书局”“新亚书店”等。就连“商务印书馆”和“中华书局”这样老的书店，本来联系不多，为了同它们交往，对它们的学术研究和工具书籍，我们也列为经销对象。这就使我们同书业界的来往非常广泛。以读者身份和我们联系的就更为广泛了。进步的文化团体如“演剧四队”“演剧六队”，以及几所大学的进步团体和那些进步记者、职员、工人和广大的师生，都同我们保持着经常的来往和联系。在国民党统治区里进行革命活动，总需要同秘密的党组织联系，这当然要按照地下党的组织原则严格办理。同时，也需要同我们党的公开组织作必要的联系。但这种联系需要慎重，偶有不慎，被敌人乘隙，便牵动全局。因此，我们只好把这种革命联系隐蔽在广泛的联系中。在寻常的交往中，接待不寻常的客人。

我们接待了什么不寻常的客人呢？

一是军调小组的中共人员。这是当时由国民党、共产党和美国三方组成的军调小组武汉组的中共人员，他们住在德明饭馆，需要为解放区选购书刊。联营书店承担了这个任务，在这种交往和接触中，总难躲过特务的跟踪和盯梢。

二是从中原军区突围的同志。1946 年 6 月，蒋军 30 万人围攻中原军区。后来我军政人员由湖北宣化店突围，一部分同志化装分批来到武汉，他们是投亲靠友设法转往他地的。有些同志是从重庆三联书店到解放区，再由解放区来到武汉联营书店寻找熟人。我们冒着极大的风险接待了这些同志。在特务多如牛毛的武汉，很难保证这些同志不被尾随，可是，当这些同志正处在危难之际，我们又怎能拒他们于门外呢？我们把这些同志像书刊一样隐蔽在书库里。他们在这里改换服装，领取路费，按照他们的规划再行转移。我们就这样转送了三四批同志。临别时，他们激动地说："你们处在白色恐怖中来营救遇险的同志。难呵，千万保重！"

三是中共桂林办事处人员。国民党发动内战，要我们党在一些地区的办事处限期撤离，桂林办事处就是其中的一个。国民党特务武装"押送"桂林办事处彭少彭同志等 3 人到了武汉，当时平汉路因战争中断，所谓"押送"，随时都有遭到暗害的危险。在这个紧要时刻，被"押送"的同志到武汉联营书店求援。彭少彭同志非常机智地甩掉了跟踪的特务，以购地图为名来到联营书店找负责同志，仅在买卖地图的极为短暂的几分钟内，要求设法发一消息公诸报端，向全国说明中共桂林办事处人员正由国民党送往解放区，于某月某日途经武汉。这一消息在武汉报纸无法刊登，只有寄往香港登出这个消息。后来这几位同志安然到达解放区。

## 五、六一惨案的冲击

蒋介石不顾全国人民的强烈反对，于 1946 年 7 月发动了全国规模的内战，武汉成了国民党反动派实行“总体战”的华中堡垒。随着内战的部署，蒋管区加强了法西斯统治的一切措施。但反动派的高压并没有巩固自己的统治，相反地促使了广大群众的觉醒。蒋管区人民兴起的“反饥饿、反内战、反迫害”的民主爱国运动，逐浪高涨，风起云涌，国民党反动派对群众进行了极端野蛮的镇压。1947 年 5 月 20 日在南京发生了殴伤和逮捕百余人的五二〇血案后，武汉立即掀起了反迫害、反内战的游行示威，以武汉大学学生为首的学生队伍和各界进步人士组织了浩浩荡荡的群众队伍，从武昌到汉口，在美国驻汉机构门前高呼“赶走美国佬”的口号。南京血案激起了整个蒋管区人民的无比愤怒，斗争浪潮使反动派恐惧万分。

反动派为了镇压更大规模的以反对蒋政权为目标的群众运动，公然下令于 6 月 1 日在各大城市同时进行大逮捕。武汉的反动派为了邀功请赏，比别的地方更加卖劲。当武装军警在武汉大学逮捕进步师生时，遭到了拒捕，发生了冲突，他们竟用机枪扫射，当场打死学生 3 名，打伤多人。这个新的血案的发生，引发了整个蒋管区人民的愤怒声讨，成为全国著名的六一惨案！

### 搜　查

武汉联营书店就在六一惨案中遭到了空前的洗劫。全店主要工作人员马仲扬、金思明、尤开元、王仁林、李行方、宋禾 6 人被特务逮捕了，书店被迫暂时停业。以后每年的六一，当孩子们庆祝国际儿童节的时候，我便在特殊的感受中纪念六一惨案！

1947 年 6 月 1 日的前一天夜晚，联营书店的工作人员被演剧四队邀请去看他们演出的《日出》。结束时，已经是夜里 10 点钟了。雨后的马路上，一群青年人哼着《到敌人后方去》的歌曲，走回积庆里宿舍，和平常一样休息了。“嘭！嘭！嘭！”突然响起一阵急促的敲门声。这个不寻常的声音告诉我，敌人已经来了。地下党组织早已提醒过的这一天终于到来了。

当我暗自从楼上的窗口往下看时，黑压压一群人拥满了一巷子，我们的宿舍已经被敌人包围了！这时，我把放在枕边的一份党内文件收藏在乱书堆中，冷静地准备着这群疯狗冲上楼来。果然，门被砸开了，几十个人端着冲锋枪冲上楼，把睡着的人一个一个拉起来，绳捆索绑。我们每个人胸前都对着枪口。他们像群土匪，翻箱倒柜。

我向这伙强盗严厉地提出:“你们是干什么的？为什么非法闯入民宅？”

“我们奉命搜查联营书店，你们被拘留了！”一个小头目前来答话。

“我们犯了什么法？你们是什么机关？有什么证件？”

“你要证件吗？”那个小头目拿出了一张盖有方印的“证件”,只看到“武汉行辕”和“宪兵司令部”。

在另外一个房间里，这群特务把一个12岁的孩子反捆着手，用枪口对着他的胸口。这是我们书店里最小的练习生，是个非常机警而又顽强的孩子。我们把这个小弟弟叫小陈。他们逼小陈：“说实话，不然把你吊起来，书店的枪在哪里？武器在哪里？机器在哪里？”

“我们不打仗，没有枪，没有武器……”

“胡说，机器呢？”

“什么机器？我只知道有很多的书！”

“小共匪！受过训的！”

“你们才是匪呢！半夜里来绑人！”

他们的枪口又对着一位年轻的姑娘，并恶狠狠地问：“你是什么人？”

“我是马仲扬的爱人，家属！”

“家属？！什么名字？”

“家属！苏克尘！”其实，我们还未结婚。她的沉着而充满自信的回答，打消了敌人一大半怀疑。随着，特务又指向旁边的一位女同志：“她是干什么的？”

“是医生，我的姐姐，来给我看病的。”她这种从容不迫的态度，使敌人嘀咕起来。一个说“一起带走，一起拘留”，另一个说“监狱满了，没处放了”。结果这两位女同志幸免了。

他们经过一番紧张的搜查，连老鼠洞都捅一下，除了拿走一些书和私人信件之外，没有查出他们希望得到的东西，最后连我们贴在墙上的时事测验名单也没有放过。他们得意的是抓走了我们 6 个人。留下来的只剩下苏克尘姐妹、工人老蒲和小陈。

我们被捆绑着就要被拉走了，作为告别，我向留下来没有被他们抓走的几位同志说："不要怕！你们把书店看好，任何人都不能闯进去！等我们回来！"一个特务凶狠地说："不准你们出门，不准串亲访友，不然也把你们抓起来！"

一辆破旧的囚车停在积庆里口。当我们走出巷子时，一长列武装排在前，一群又尾随于后，我们一行似乎成了"要犯"。上了囚车，特务们拉着我们奔驰在深夜的马路上。拉一个地方，又换一个地方，真的牢房已满，无法容纳。这一夜不知他们抓了多少人！

## 审 讯

当我们被关进一个厕所改成的临时牢房时，已到了黎明之前。这是宪兵司令部设置的监牢。这个牢房的一角，放了一个由美国奶粉罐头盒改制的尿桶。在阴暗的墙边堆着一团杂草，这就是睡的地方。这间暗房本来有个窗户，却被木条钉死了。迎接我们的就是这间充满霉气和臭气的房子。

从我们被拉上囚车的时候起，我便集中精力考虑如何迎接这场新的战斗。对付敌人的"审讯"，将是这场新斗争的第一个课题。趁着被关在一起的机会，我们彼此议定了这样几点：（1）"口供"力求简单，把第一次讲的牢牢记住，死不改口；（2）凡属于店里的事情，统由经理去应付，店员概不回答；（3）个人的事情则由个人去对付，别人的事，一概说不知道。后来的斗争证明，这个部署对我们是非常重要的，它达到了统一指挥的目的。

这个部署之后，天已亮，我们就被分别隔离了，接着就是被分别"审讯"。这是一场连番的战斗。敌人采取的是"疲劳战术"，他们轮流"审"，不让你有任何休息。提问跳跃，毫无程序，故意使你记忆混乱，疲于应付；从早到晚，连续追问、诱骗和毒打，交替使用。我则集中了全身精力和智慧来对付这群凶狠的敌人，使我终生难忘的一些片断，辑录于下。

一个曾潜入延安抗大的老特务，叫牛俊彬，面对着我，一番狞笑之后，开始了对话：“今天你受了委屈，特请你来谈谈。对于贵党，我是比较熟悉的！”

“哪里有用冲锋枪和捆绑请人的？你问什么就直说吧。你说的‘贵党’我不懂，无法谈！”

“据我们了解你是共产党，而且是地下联络站的负责人！”他那双射出凶光的眼睛盯着我，我蔑视地一笑。

“你笑什么？！”他追问。

“我笑这情报不值一驳，我笑你相信这样的情报！”

“你说是不是？你是不是共产党？”

“我是做书店生意的，除了我经销的书刊外，什么也不知道！管它地下联络站还是地上联络站，我没听说过。你说我是共产党，你们拿出证据来！”

“哼！你要证据吗？看！这就是你卖的书！”他指了指旁边的一堆书。他顺手拿了一本《托尔斯泰传》摔在我的面前！“你不是共产党？！这是什么？这是托洛茨基传！托洛茨基是共产党的头子，懂吗？”我差一点没笑出来。这个蠢猪，竟把托尔斯泰当成了托洛茨基！

我说：“卖书的人不一定看书。我们经营几千种书，内容没看过！不清楚！”

“你不清楚？这又是什么书？”他一下子把一本《新民主主义论》摆在我的面前。我两眼盯住了这本书，的确是毛主席的著作，我们也确实出售过。我考虑着该如何对付这突然的袭击。我冷静地说：“我们卖这本书并不违法呀！这是经过政府允许的。”

“胡说！什么政府允许的？”他歪着脖子看着我。

“你看一看是哪里出版的就清楚了。这是重庆出版的读物！并不是解放区出版的，这是重庆的政府允许的。何况这本书从来也没有明令查禁过，怎么就不能出售呢？你若不信可看一看书的背面，不是印有‘图书审查证’吗？我们卖这本书有什么不对呢？”

没等我说完，对方一阵子拳打脚踢并连声喊叫着："你真狡猾！"

书的证据抓不住，又提出了人的问题。

"你说你不是共产党，你下边的人自己承认了。宋禾说他是武汉大学学生运动的领导人！"

"他承认你就去问他去！我只知道他平日连算盘都打不好，还看不出他有那么大的本领去领导武大的运动！"

"他要到解放区去你知道吗？他同共产党有通讯联络你不知道？"

"我不知道，我不管他这些，我只管他在书店会不会做生意、算盘打得好坏，其他的我不知道，也不了解别人通信的内容，因我无权拆阅别人的信件！"

他停了停又问："据我们了解，平日你们同学生来往很多，你联系了不少危险分子。你今天还约了一个民盟的人呢！"

这个问题突如其来，单刀直入，使我暗自吃惊。因为我确实是约了这么一个人，可是这个特务怎么会知道的？他是在吓唬人，还是我约的这个人有问题？我一时无法判断，于是决定硬顶回去："我们书店有这么些店员，都被你们抓来了，谁同共产党有来往我不知道。至于读者中的学生确实很多。凡是喜欢读书的大学生、中学生都常到书店里来买书，来看书。除学生外，还有各界的人。凡是到书店来的读者，我们都会客气地约他再来。这是我们书店的习惯。做生意嘛，特别是卖书，怎么会不欢迎人家再来呢？至于哪位读者是民主同盟的，谁被我约着再来买书了，我不得而知，因为这同买书无关！你们既然知道，请告诉我他叫什么名字，看我认识不认识此人？！"

又一阵毒打，使我两眼闪着金星，身体失去了平衡！每遭一次毒打，我都严正地提出："你们就是用这个办法来对待被审讯者吗？！这样，你们就不必问我了！"

"问谁？"一声刺耳的恶叫！

"问你们自己！因为只有你自己回答的使你最满意！不符合你的答案就痛打！"

一阵沉默之后，他接着说："你承认了不是就没事了嘛！"

"我本来就没有事，叫我承认什么？"

"你没事，你能担保别人都没事吗？"声调虽有些变化了，但狡猾的眼神中仍射出凶光。我迅速地思考着他的下个"节目"又是什么。

"你们店里有个叫尤开元的吗？他同苏联人有联系，你知道吗？"对于这个问题，早在我的意料中了。

这是一个非常难于处理的问题。因为尤开元确有其人，就是6个被捕者之一。他的俄语很好，由于书店经销莫斯科版的出版物，他常和苏联领事馆的人员打交道，就是这么一种关系，特务早就注意了。但在我们被捕的现场，特务登记每个名字时，尤开元同志突然改成了"张彬强"。这样，就在我们6人中，少了尤开元，多了个张彬强。这样一个改动，立即变成了双方注意的焦点。敌人提出这一问题，是想把它作为突破口，找联营书店和苏联领事馆的关系，同时推及同共产党的关系。我们当然也清楚，把尤开元隐蔽起来，冒了极大风险，只要敌人一查，很难保住。而且我们5个人事先都没有这个思想准备，确有保一人而全被动的局面。可是，我们用什么办法叫敌人把假象当真相呢？幸好我曾借机暗自叮嘱过尤开元同志："名字既改，就一改到底，你就说新来，什么都不知道！"于是我生气地说了下一段话："你别提尤开元了，一提他我就有气。都像他那样，我们书店就别做生意了！由于他个人对我有意见，同我争吵一通之后，工作不交代就一走了之！"

"他到哪里去了？"

"他怎么会告诉我？我怎么会知道？"

"为什么在张彬强的铺下，搜出来的都是尤开元的东西？"

"尤一气走了之后，我急告总店马上派人来接替尤的工作。张彬强就是新来的接替者，他睡的床铺就是尤的原来的床铺。"

敌人没有继续追问下去，就这样弄假成真了。

已经是夜晚了，他们轮换也感到疲劳了。不知为什么，我毫无乏意，对他们的每句话每个动作，我都聚精会神地、审慎地加以对付。斗争出智慧。

我当时是个经历了不少苦难的青年，六一这一天的“舌战”，凝结着我 25 个春秋的智慧。这一天“审讯”的最后，那个自称到过“抗大”的老特务说：“你第几次坐牢？很有经验！”我告诉他：“第一次被你们逮捕。我说的都是老实话，老实话都是自己经历过的事！你干这种营生，听老实话不习惯，这大概就是你说的‘经验’吧！”

## 探 监

这一天，既没有吃一点东西，也没有喝一口水。转到牢房里，却得到很大的安慰：“囚友”送来了水，也送来了吃的；忽而又听到说唱《三国演义》的；有声有色，颇不寂寞。忽然一个人凑到我的身边说：“我在这里被关了一个多月，今天就出去了，你有什么需要我办的？”我写了一个纸条“安全勿念”，托他送联营书店。

当我坐在牢房一角，回味这紧张的一天时，一个喊声突然响起：“马仲扬，有人探监了！”我立即站起来，走到一个被木板钉死的窗口前，看到隔着 5 米远的木栏门外站着我们书店里年纪最小的只有 12 岁的小陈，他对我说：“你好吗？啊……我给你们送吃的来了。苏姐在外边，他们不让她进来。”多么亲切啊！这个就是面对枪口而不屈的孩子，我们平时都把他当作小弟弟。不知为什么，我的话哽在咽喉。在这个时候向这个孩子说什么才好啊！“我们都平安，告诉苏姐，把书店看守好，等我们出去……”“你放心，你还说什么？……”我们两人面前，除门、窗之外，又横着插刺刀的枪。一个厌恶的声音响起：“不准说话，走开！你是什么人？”“家里人，被你们抓来一天没吃东西了！送吃的。”在泪眼模糊中，小陈这孩子带着稚气的顽强，被强拉走了。多么想看一眼“苏姐”啊！可恶的敌人，把她隔绝在门外。这是唯一的一次探监，也是在我们被捕期间唯一一次看到亲人。

## 转 牢

夜深了，我们又从各牢房中集中到院子里。有一个“囚犯”跟我说：“你们高升了，不知转移到哪里去！”

还是那个老特务，把我们押上了一辆囚车，拉到武汉警备司令部的一个监牢。

在这个监牢里，我们看到了国民党正式监狱的一般状况。我们6个人被关在一个只有几平方米大的房间里。窗户被钉死了，没有阳光。这个房子的一半铺着稻草，这就是我们的地铺。放了几块砖头作枕头，稻草里虱子、跳蚤在迎接它们的新主顾。夜间，蚊子也在执行它们的任务。每到吃饭的时候，我们都皱起眉头，发了霉的糙米，又煮得不熟。吃不下，也睡不好。我们常常哼着“太阳出来又落山，监牢永远是黑暗……”的歌曲。每天“放风”一次，四面都架着机关枪，“囚犯”中有的拖着脚镣。现在我们就排在这很长的行列里，每天到厕所呼吸一次新鲜空气。由于我们不能适应这种生活条件，没有两天，几乎都病倒了！多么想透点消息啊！同外边隔绝了，同书店无法取得联系了。

在这里一个星期，只是草草地被问了一次，我们又被押解到利济路的“军人监狱”。

这是一次示威“押解”。我们6个人乘一辆卡车，卡车四角都站着枪口指向我们的“保护者”。车在光天化日下行驰。途经中山大道，马路两侧多少人以奇异的眼光看着这辆车；车过交通路口，多么渴望看看书店和亲人啊！刚刚过了交通路，在马路一旁，我看到了低着头迈着沉重脚步的“苏姐”。她虽不是联营书店的工作人员，可是现在她却承担着“营救”我们的任务，以“家属”身份到处奔波着。她默默地沿着马路走着，正在走向看守联营书店的岗位。营救和守店的两副重担，落在了这位年轻的姑娘身上了！

**政治犯**

车到“军人监狱”，我们被引向一所楼房。来到这里，却别有一番天地了。

这所似乎是仓库的楼房关押了300多“犯人”，从9岁的孩子到70多岁的老人，有青年妇女，也有老太太，据说都是共产党“嫌疑犯”：一个讨饭的畸形儿，因有1块银元被怀疑为共产党的“探子”；一位中医老大夫，因为给一位老教授看过病，据说老教授是民盟的，他有“民盟”嫌疑被捕；一个药店老板被捕的原因是打听药品在解放区的出售价格；有两个青年因唱《古怪歌》和《茶馆小调》而被捕。大批学生是六一惨案的“危险分子”；

也有中原军区突围时的我军战士和工作人员。所有被关在这栋楼里的都被称为“政治犯”。

我们一到，便被这些“政治犯”们围起来问长问短。“国民党又吃了败仗吧？”“听说外边游行、示威、罢课、罢工！”“‘六一’打死了3个大学生，是真的吧？”七嘴八舌，气氛大不一样。还有说书的、唱戏的、下棋的，也有算命的、相面的，还有诬蔑解放区、辱骂共产党的……这里像个闹市，也像个自由论坛。

来到这里第一天，管监的就告诉我们可以写个条子，写明地址、姓名，去向家里要东西了。把6人的名字写出去，按人送东西，这是件煞费苦心的传递。留在家里的人对我们6人是熟悉的。但是对我们在狱中用的名字，特别是没有尤开元而出现了张彬强，是没有听说过的。如果送东西出现破绽，很可能牵连我们全体。这个名单由我亲笔写出，写给我的“家属”苏克尘同志，让她收到条子，看到我的字迹，只能按照我开列的名单送东西。果然，我们收到东西时，是按我开的名单送进来的。

在这里几十人睡通铺，挤在一起，颇不寂寞。我在这里长了不少见识。一个很有经验的中年人，满脸胡须，是我的近邻，当别人都忙于闲扯的时候，他凑近我：“把你包东西的废报纸借我看一下行吗？”我把一张包过菜的废报纸给了他。他看完后跟我说：“你睡铺旁边的，是个假装的‘犯人’，小心他的‘殷勤’！”我以怀疑的眼睛看着他：“你进来好久了？怎么……”他已看出我的神色，坦率地说：“我是个八路军，从延安一直打到广东，返回时，我在湖南被捕了，前不久由湖南解来，这里的人都知道我是个八路军；你不要接近我，你新来，我向你打个招呼，别上当！”

## 释 放

我们在这个有趣的环境里刚刚习惯了的时候，突然被通知：“你们可以出去了，一场误会！和你们同时被捕的都放了！”这是六一惨案过去半个月的日子。

原来在六一惨案中，武汉反动派逮捕数千人，塞满了所有监狱还不够，临时牢房到处都是。武汉大学3个大学生遭到枪杀之后，引起了更大的风潮，震动了全国。反动派制造的血案唤醒了更多的人罢工罢课，游行示威，连国民党上层都对枪杀学生不满，反动派内部也是互相埋怨。邀功请赏不成，反而搬起石头打了自己的脚！为了掩盖国人耳目，反动政府推卸罪责，某某撤职，某某跳江，从报纸上看，都是一片混乱。这种形势是大释放的根本原因。

武汉地下党组织和三联书店的领导黄洛峰同志通过各种渠道，积极地进行了具体营救工作。书业界由张静庐先生组织 10 家书店联名具保，请武汉书业联合会负责人王龙章出面交涉。这样，我们从“军人监狱”里被释放了。

## 六、关门改业还是继续坚持?

我们回到书店，就立即准备开门营业。可是，问题来了。在书店被关闭期间，一场屈服于反动派压力的舆论在书业界流传着，改组武汉联营书店的协议也正在进行着：书店经理要换人，人员要调离，经营方针要改变。联营书店只剩下一个招牌了！在这坎坷不平的道路上，真是一个斗争结束，一个新的斗争又起。

当有人以联营书店董事会的名义向我宣布所谓“协议”时，我以经理和受害者代表的身份严厉地驳斥了这种说法，指出：“这是趁火打劫，是对我们的出卖，我们无法接受。不管是哪里做出这种决定，都是错误的！董事会对我们的遭遇未做任何慰问，反要我们撤离岗位，真是岂有此理！我们郑重声明：联营书店工作人员，无论调进调出，必须经过我们同意，否则，被调离者恕难从命，对调进者恕不接待！”

“啊，你不知道啊，营救你们出来可难哩！以后更难办啊，年轻人当局怀疑，同行不信任！也是为了你们，免得再被他们抓去！”

“对我们的关心，表示感谢！对我们今后工作的难处，可以这样预料。但是，我们既被抓去过，也就不怕再被抓！联营书店过去怎么办，今后仍然怎么办，不能根据别人的意见经销书刊。正因为这样，我们必须坚守这个岗位。”

这场对话结束了。过了很久我才摸清所谓“协议”的原委，这使我对民族资产阶级的性质有了具体的认识。有斗争有团结，缺一不可。正因为我们同他们进行了坚定的斗争，才有了以后的较好的合作，也才逐步地引导着他们跟着党走。

经过地下党组织的研究，又得到三联书店的支持，按照我们的意见，联营书店继续坚持下去。宁愿敌人把书店打掉、封掉，也不能自行关门停业。宁让敌人斩首示众，也要反对暗害和自杀。因为前者可以唤起群众记着这笔账，而后者则默默无闻销声匿迹！我们出狱的第二天，联营书店重新恢复营业，并通过广告登报的形式告诉了武汉人民。门一开，读者挤得水泄不通，认识的和不认识的，都以关怀的心情向我们表示慰问和支援。狱中的难友们也来了，连那位根本不知道“民盟”是什么组织的老中医也特地赶来买书，改变自己的“死脑筋”！从来往的读者中，我们受到了鼓舞，增添了斗争的勇气。纵然有那么几个盯梢的走狗，也被川流不息的人群挤到一边去了。他们本来是来进行威胁的，可是在群众怒视下，他们却成了过街老鼠了。

## 七、一张“黑名单”

联营书店经过六一惨案之后，同革命者的联系更加紧密了。我们经常得到直接的或间接的忠告：有的告诉我们不妥的书刊；有的告诉我们在店里说话应注意场合；也有的向我们建议为保存长期斗争的岗位，把脚根站得更稳些；还有的向我们传送反动派当局的动向，特别是同书店有关的反动措施。我们确实得到了很多鼓舞和支持。这些人往往同我们并不熟悉或者根本就不认识。

不久，刘邓大军强渡黄河向大别山进军的消息传到了武汉。这个振奋人心的喜讯，把武汉反动派吓得胆战心惊。1947 年 10 月 10 日《中国人民解放军宣言》的广播，提出了“打倒蒋介石，解放全中国”的口号，大大提高了武汉人民的觉悟，使革命者更加活跃起来。武汉反动派成了惊弓之鸟，他们神经衰弱，草木皆兵。

联营书店处在敌人注目的第一线。为了坚持同反动派斗争，我们在同业中不能不广泛地展开交往。除了由反动派直接掌握的书店外，我们结交了一大批朋友。如龙门书局的潘柏年、陆浩明同志，开明书店的应培瀛同志，就同我们建立了更为密切的联系。在紧要关头，他们可为我们掩护、隐蔽，甚至我们秘密发行的地下书刊都可以暂时存放在他们那里。在书店的斗争方面，再加上“上海杂志公司”“新亚书店”以及“商务”“中华”等，我们大体采取一致的步骤。在文化界，“演剧四队”“演剧六队”是我们相互支援、互通情报的朋友，还有几家报馆的进步记者都成了我们的声援者。

1948 年 7 月，在六一惨案一年之后，一位朋友辗转相告，在武汉警备司令部传出的一张“黑名单”上，我“名列前茅”，希望我迅速躲避。接着，地下党组织通知我暂往上海。这就是我离开武汉到达上海的原因。

在上海两个月后，党组织要我返汉。回武汉后知道，武汉反动派对大别山区、中原军区、江汉军区日益增长的声威恐惧万分。他们对成批捕人已有六一惨案的教训，彼此推诿，不敢带头，个别被捕者亦可用钱赎买。看来反动派在给自己找后路了。

## 八、一场“捉放”斗争

1949 年春天的武汉，解放大军压境，反动派垂死挣扎，充满着黎明前的黑暗、恐怖和混乱，同时也遍布着革命群众的活跃事迹。这集中地反映在许多传奇式的故事上：不少反动派头子收到了“停止作恶，立功赎罪”的警告信；某警察局被两青年袭击，警察局长被捆绑，其他人缴械求饶，两青年从容不迫，并指令警察不得继续危害人民，临行前借走枪支，还要局长陪送出境，留名是“青年游击队”；在街头巷尾出现各种布告，有的是指名反动派头面人物再不回头就受人民审判，有的是号召武汉人民自卫，也有的是手抄的新华社记录新闻，还有的是人民解放军的“三大纪律八项注意”。署名也是各种各样：有的是某某司令部，有的是某某委员会。这些故事有的是事实，也有的是人们议论中虚构的。几乎大多数人都在议论，反动派在恐慌中议论，群众却在兴奋中议论。

3 月份的一天，联营书店管总务的吉健生同志被保长叫到旅馆里，一个武汉警备司令部的特务要他按照户口报联营书店的人员，特务指名店员胡良平有问题，要立即带走。特务气势汹汹，直奔联营书店，要经理交出胡良平。

这是一场非常惊险的“捉放”斗争，再一次考验了联营书店工作人员互相配合机智斗敌的艺术。

联营书店门市部是在交通旅馆的楼下一层，门市部面向交通路，侧门外是一条巷子，门市部后面则是极为狭小的两个房间，一是经理室，一是留宿门市部的工作人员的宿舍。

吉健生同志随特务从侧门进入经理室，这幕剧就是在这里开始的。

吉首先对我说：“这是警备司令部的，他要逮捕胡良平！”接着又转向特务说：“这是我们经理！”

特务假意寒暄：“啊！经理，我是保长介绍来向你了解一个人……”

“了解谁？有证明吗？为什么没有警察局的介绍？”

“保长是由警察局指挥的，我们是指挥警察局的！看，有关胡良平的材料……”他瞪大了眼睛，狡猾地向我笑了笑。我看到他拿出了盖有警备司令部大印的一张公文。

“你是向我了解呢，还是找他本人了解呢？”我提高嗓门：“老吉，你到前边门市看一看胡良平来了没有，告诉他警备司令部的人要找他，如果他在的话，请他把工作交给别人代替一下……”还没等我说完，特务急不可耐地说：“呃，呃，你怎么这样喊，就说经理找嘛！”其实，胡良平就在距我 3 米远的柜台上，这时吉健生一面机警地指使小胡立即躲开，一面高声回答：“胡良平不在，等一等可能来上班！”我向特务说：“他不在，请你在这里等一等。”

时间过去了一个小时，特务等得不耐烦了，一再追查胡良平是什么人介绍到书店的，有没有保人。我告诉他：“是招考进店的，书店规定，不管钱的，用不着保人！”特务蛮横地说：“你把胡良平放走了，不然他怎么不来？”我告诉他，“你来抓人，我事先毫无所闻，你突然进来就坐在这里，我一直未动，怎么是我把他放走呢？我用什么办法把他放走？”他一直纠缠着，非要我同他一道去首义中学（胡良平母校）查询。在一辆双人乘坐的三轮车上，又有了一番令人玩味的对话。

我问："胡良平究竟犯了什么法？"

特务："他啊，不得了，到处散发共党的传单，是个危险分子！你怎么要这样的人？"

"青年学生，看不出危险，挺爱学的。"

"你这个经理，光知道做生意！"

"做生意难啊，物价天天涨，谁有钱买书？"

"怎么，你那个书店每天那么多人进去，生意还不好？怕我向你借钱吗？"

"进书店的人都去买书吗？像你不是也到了书店吗？现在的时局，谁有心买书呢？谁给自己添麻烦呢？卖书的人算倒霉了！生意做不了，还得陪着你去干这个……"

"大家都是出门在外的，谁愿找你的麻烦！我们也苦啊！每天跑断了腿，还闹不到一双鞋袜钱，有什么办法呢！"特务苦笑着说。

"鞋袜钱倒不难，既是出门人，总得想条出门的路！"

沉默了一会，我们彼此在回味这些话中的话，我盯着他，他笑了笑，正要说什么，车到了首义中学，出来接待的是学校的教务主任。我介绍说："我是联营书店的，他是警备司令部的，他要查一查你校毕业生胡良平……"特务未等我说完，抢着说："我们都是书店的，只想了解胡在校的情况！"那位教务主任回答说："学生毕业后，我们学校不存什么，没有可查的东西。"什么也没问到，我们就这样回来了。在回来的路上，又经过一番要价和还价，结果达成：除请他一桌筵席外，送"鞋袜费"银元 50 块，他向上回报胡良平离汉，没有抓住。

从我和特务乘车离开联营书店时起，全店工作人员顿时紧张起来。刘起白、金思明同志在店里稍作安排之后，立即雇另一三轮车尾随于后。他们盯视着我的下落，是被捕还是被害，以明究竟。我回到店里时，多少人含着眼泪把我抱起来："又是你亲自上阵，舍己为人！"我只是说："对付他们我比小胡有经验，舍己是对的，为人嘛，不，为我们，为这个店！”

第二天，像《单刀会》里的故事一样，我带着沉甸甸的一袋银元去赴宴了。鼠群狗友，有男有女。当我支付了这笔“赎买费”之后，那个特务酒醉直言：“这是第一次，下次我再找你！”过了不到一个星期，他又到书店要了一次钱，我没出面，由其他人应付过去了。

关于这件事的过程，我向地下党组织汇报时，得到了党组织的赞许：“好，只要保全了同志，保全了书店，就是我们的胜利！敌人已经人心惶惶，要钱逃命了。”

## 九、坚守这个据点

形势的发展比人们预料的快得多。南京国民党政府自蒋介石宣布下台之后，一面派出代表团到北平和中国共产党谈判，一面又不接受中国共产党提出的和平谈判八项条件，反而于 1949 年 4 月 1 日，在他们控制的南京再一次制造了流血惨案。国民党特务打死了游行示威的学生 2 人，打伤了 100 多人。这一惨案激怒了蒋管区的人民。武汉反动派并没有因为他们面临的惨局而停止对人民的血腥镇压。他们一方面加紧搜刮，准备逃之夭夭，一方面又加紧破坏，到处搜捕。

关心联营书店的同志们和朋友们，直接或间接地向我们传递各种消息，他们获得了反动派准备逮捕我们的情况，冒着风险来送信，又冒着风险掩护。在武汉临解放的一个多月时间里，我成了一个深居简出的游击隐士。今天在这位朋友家里留宿，明天到另一位朋友那里做客；有的是资本家住房，有的是国民党军队的机关，只有这种地方住下来才平安。有一次，一位朋友告诉我，要立即躲开联营书店，他们准备再一次逮捕联营书店的负责人。哪里可以藏身？哪里是“防空洞”呢？进步者不行，同情者也不行，只有在敌人的阵营里找比较平安的地方。于是，我到了一个国民党通讯兵部队，找了我的一个同乡，他是个军官。这个同乡非常重视乡土情谊，他知道联营书店在武汉的处境，曾大骂六一惨案的肇事者。我很坦率地告诉他是来避难的，他非常热情地接待了我。他说：“这里，他们进不来，有我在，你放心。别人问起，就说我的同乡，我的客人。”

我住的是国民党通讯兵独立营。从这里可以看到国民党军队逃离武汉的动向，军官家属早已撤到湖南或广西去了，他们的大批通讯器材正在装箱南运。我的那位同乡虽然每天作我的义务通讯员，但只能带点联营书店的情况给我，其他的就很难求于他了。我在这里住了几天。临别时，我对这个同乡说，做坏事有账，做好事也总有人记着。

我回到书店时，武汉地下党正发动广大群众坚决反对反动派的搬迁和破坏。一场轰轰烈烈的护厂护校护物资护治安的群众运动广泛地展开了。地下党交给联营书店的同志们的任务是：一定坚守这个据点，只要群众拥护，一定胜利！这就是当时我们的信念，也是我们的誓言！

（本文原载于《武汉地下斗争回忆录》，湖北人民出版社 1980 年出版，有删节）

# 地下油印小报《新华电讯》

孙昌前[①]

1948 年秋，我军席卷鄂北，控制了江汉平原，进逼武汉。但武汉由于是国民党“华中剿匪总司令部”所在地，白崇禧坐镇于此，新闻封锁严密，口舌钳制甚紧，全国的军事政治形势难为人知。加上国民党长期妖言惑众，共产党“共产共妻”“杀人放火”的谣言在武汉还有一定的市场，使一部分中小资产阶级和市民对党存在疑虑。此时，江汉区党委城工部在武汉的地下工作已迅速开展，特别是“新民主主义先锋队”和城工组建立后，同志们迫切要求及时了解形势发展情况和党中央的声音，以便武装自己和开展宣传工作。

于是，在余杰同志的领导下，城工组决定在武汉出版地下油印小报，印刷文件、传单。

当时，我们一无钱，二无设备，三无地点，要出报纸谈何容易？我那时在武昌艺专读书，结识的都是穷学生，连吃饭的钱都感到困难，哪来钱办报？记得这年 7 月初，余杰同志弄来一份《新华电讯》，是新华社香港分社编的，要我翻印。我的父亲是药业同业公会（资方的协商办事机构）的义务职文书，他那里有旧油印机。我就利用这个条件翻印了两百多份，纸是将一周的早点钱省下买的，印完后还编了号。现存的一份编号为“1557”，号码是虚张声势，吓反动派的，“兵不厌诈”嘛。但出了这一期就没有可能再出下去了，主要是没有消息来源。

---

① 本文作者时为江汉区党委城工部城工组成员，社会公开身份为武昌艺专学生。

9月，商业专科学校何光明同志从解放区回汉，要求参加城工组工作。何光明家中很有钱，在小夹街开了一个大海味号。我们估计他具有购买短波收音机的条件。于是，余杰同志叫我将何和王蔚林（国立湖北师范学院学生）找来，在我家秘密集会，指示我们3人负责地下小报的出版工作，由何光明设法买一部收音机，何与王两人负责抄录新闻，我负责编辑、刻版和印刷。余杰同志说："如果我们有一张报纸去联系群众，就增加了群众对我们的信任，就便于组织群众了。"我们当时读过《整风文献》，懂得一点宣传、报刊工作的重要性，就一口应承，坚决照办。于是，余杰同志就告诉我们短波的波长、收录的时间，还叮嘱我们：抄录完毕后，将短波关掉，改为长波，拧到本市电台的波长处，以免特务突击搜查时发现收听"敌台"；刻字完毕后，抄录的电讯稿要马上烧掉，以免敌人认出笔迹；刻字用仿宋体，或者多换几种字体；印完后，蜡纸废纸一张不剩地烧掉。并指出："这是地下工作的纪律，除了你们3人，谁也不能告诉。"那时我们都是20岁左右的学生，毫无顾虑，只有一颗为党为人民为革命胜利不惜牺牲生命的雄心，所以毅然担起了担子。为了出版报纸，我们虽然都是在校学生,但很少去上课,即使上课也只是为了有个学生身份好作掩护而已。

何光明虽然是"少爷"，但身上也没有什么钱。只是由于曾跑到解放区，家中一心想把他软化在家里，所以不敢严管。他提出买收音机玩，家中也答应了。那时，电子管的七灯收音机是高级奢侈品，非富贵之家莫备。即使买得起，也没有短波线圈（被国民党剪去了）。于是，何光明在南京路口一家无线电修理行买了一部旧的有短波线圈的。谁知搬回去一接上电源，变压器烧了。原来那时江汉路以下使用的电压是110伏，而小夹街一带使用的是220伏，经过好久才修理好。有了收音机又缺油印机，我父亲所在的同业公会虽有一部，但不能经常用，更不能白天用。于是，我想了个办法，用零号砂纸代替钢板，买一条旧橡皮带作压印工具，在砂纸上写好后，蜡纸覆在涂有油墨的玻璃板上，再将白纸盖在蜡纸上，然后用橡皮带轻轻一刮，字就印出来了。《新华电讯》的最初几期就是用这种办法印制出来的。不久，王蔚林将他在武昌高中时办读书会购置的油印机捐献出来，加上我还有 4000 张（40 刀）绘图用的“十折纸”，印刷出版的条件基本具备。

事也凑巧，何光明家里在汉正街与利济路交接的吉安里买了一栋房子。吉安里又窄又长，巷子两边高墙耸立，住户很少，行人几乎绝迹。这栋房子（5号）是砖木结构的老屋，既旧且黑，也没有电灯，颇有些阴森怕人。在 2 楼半转弯角处，有个小厨房，穿过厨房，下 3 级楼梯，有一间可能是供佣人住的小黑房，10 平方米大小。如果把厨房的里门关上，就是在厨房里也较难知道这里另有天地。小黑房有个很小的窗子，窗外也是一条小窄巷子。有一条路灯线从窗外通过，为我们提供了“偷电”的电源。何光明遂以这里安静好读书为理由，搬了进来。这就是我们的“出版社”和“印刷厂”了。

余杰同志规定：这里是新的接头地点，每星期六来碰头，取走刻印好了的《新华电讯》。当时我们还约定：进巷子时要坦坦荡荡，大大方方，径直向巷底走去，过 5 号门时，斜瞄下花格门，如门上有白粉笔画的圆圈，则表示安全和有人在内，可以反身扣门而入。如果是写的“王八蛋”之类的童体字，则表示有危险，切莫入内。这个地方很安静，不惹人注目，如果不是老熟人，连巷子也发现不了。就在这栋房子里，我们一直干到武汉解放。

《新华电讯》是 8 开油印小报。蜡纸上每个小格刻一个字，单面横印。我也不懂编排技巧，反正重大新闻放在头条，直文书写，版面结构尽量做到版块交错，有时还插点小题花，以示美观。每期印三四百份，印完后，大部分交给余杰同志，我们只负责分发给我们联系的地下新青年团员。从 1948 年 9 月底起，到武汉解放前夕，一直坚持出版。一般是每周一期，记录下的新闻一条不漏地原文照登，估计出了 30 余期，总印数在 10000 份左右。可惜现在只收集到 5 期，即 1948 年 7 月 20 日的翻印本，1949 年 1 月 1 日的第 19 期（误刻为 29 期）、1 月 26 日的第 23 期、1 月 31 日的第 24 期、2 月 20 日的第 27 期。

1949 年 4 月，在我撤退到解放区前后，印刷出版的工作就主要由何光明负责了。这时的收、刻、印、发都是单线联系，相互之间均不照面。这在一定程度上保证了在白色恐怖下秘密出版工作的安全。

但是，事情不总是那样一帆风顺的，在地下秘密印刷工作中，有时也会碰到一些“意外”，需要我们保持高度警惕，临危不乱，才能化险为夷。例如有一次，我们正在小黑楼印刷时，偷电的电线忽然走火，巷子里大呼：“电线失火了！”一看，正是我们的电线走火。我们赶紧将油印工具藏起，将蜡纸等毁掉，消灭一切证据。刚刚处理完毕，警察就来了。我们泰然自若地承认“偷电”错误，警察以为是一般性的偷电（当时穷家小户大都偷电，不足为怪），骂了几句就走了。

《新华电讯》有一定出版日期，遇有紧要的消息，我们就出传单（号外）。如《城市政策与工商政策》《中共七届二中全会讨论事项》《华东军区解放济南约法七章》《南京政府向何处去》《将革命进行到底》等，我们都出了临时增刊。5月初，我们收到《中国人民解放军布告》（约法八章）后，马上印成大张，分发给地下团员四处张贴。我们还将《城市政策与工商政策》印成小册子，投寄到各大工厂、商店、公司，以安定人心。邮票都是大家忍饥挨饿省下的钱买的。

武汉解放前夕，国民党准备逃跑，企图将敌伪财产——房屋卖掉。我们得知这个消息后，来不及请示江汉区党委城工部，就以新华社的名义，根据《中国人民解放军布告》拟了一份消息：“劝告各大商家切勿上当，所有官僚资本的敌伪财产我们都要没收。”这条消息揭穿了国民党反动派的阴谋，使一些民族工商业者没有上当。

（本文原载于《武汉城工史料（四）——中共江汉区党委城工部史料专辑》）

# 在秘密的宣传阵地上

王晓鸣[①]

1948 年 12 月初，中共中央中原局组织部城工科在武汉的内线领导方敬之同志指示我们，要在武汉建立一套秘密收听解放区广播和印发宣传材料的工作系统，并把这个任务交给我去完成。我接到这个任务后，想到首先得设法弄到一台灵敏度高、收听性能好的收音机。

当时，我正在武汉《华中日报》当新闻记者，就利用这个合法身份，有意识地结识了武汉电声无线电行一个姓张的技术工人。这个无线电行出售的收音机大多数是由他装配的。和他熟识后，知道他是一个没有什么政治背景的老工人，凭技术吃饭。由于当时法币贬值，物价暴涨，每月工资入不敷出，他对现状有不满情绪。12 月上旬的一天，我去汉口汉正街他家里去找他，闲叙一阵之后，开始就收音机问题试探着问他。我说："我四川家乡有个亲戚来武汉，托我在武汉给他买收音机。他的要求很高，不仅要能收听国内各地的电台，还要能收国外的电台，既可以用喇叭放音大家听，也可以插上耳机一个人听。这种收音机在武汉能不能买到？"他毫不犹豫地回答："前几年我装配过，我们无线电行也有卖的。从前年起老板就不让装这种收音机了，市面上也买不到。"我装着不理解的样子问他："为什么老板不让装呢？难道他不想赚钱？""不是我家老板不想赚钱，您家不知道，警察局有通知，不准装有这种短波的收音机，查到了，要受处罚的！

① 本文作者时为中共中央中原局组织部城工科工作人员，社会公开身份为《华中日报》新闻记者。

就是买了这种收音机的，按规定要登记，短波也要被剪掉。你想想，谁敢违抗警察局的规定？”他回答我说。

我继续试探说：“我们四川没有这种规定，我那亲戚是小城市的人，买了这种收音机不在武汉用，怕么事？”

“那也不行，老板这关通不过！你想想，老板不会为一台收音机去冒那被查出来受罚的风险。”他明确地告诉我，在他们无线电行里买不到。

最后，我只好用出高价的办法进一步试探他。我说：“我那亲戚是我们家乡的一个大财主，他肯出高价，麻烦您家给老板通融一下，偷偷地帮他装一台，只要把收音机交给我，您家就没得事了，以后就是在我们手里被查了出来，我也不会连累您家的。”

他听我说可出高价，犹豫了一下说：“看在您家的面子上，我去想想办法看。”

我见他答应想办法，便问道：“装一台这样的收音机需要多少钱？”

他说：“不瞒您家说，通过老板在无线电行里搞不成，只有我自己偷偷在家里为您装。现在纸币不值钱，论价钱就要讲现洋（银元），我还得到处托人搞材料，就得多花几个。装一台这样的收音机……”他一边说一边好像在算账，最后说出个数字：“需要一百一二十块现洋。”

我清楚地知道他是在敲竹杠，但是，为了工作需要，也只好挨敲了。幸好我和爱人彭克静 1948 年初回天门渔薪河岳母家时，岳母给了我们 400 块银元。这笔钱在鸡公山花了一部分，现在手里还有 200 来元。我决心做下这笔买卖。于是我对他说：“老张师傅，那就麻烦您家帮忙了！您家经济也不是很宽裕的，买材料要花钱，我去给我那亲戚说说，明天给您家先送点钱来作定金。”

他也就慨然答应了。第二天，我给他送去了 60 块银元的定金。

1949 年 1 月上旬，我带钱到他家去取货。他把收音机打开，给我试听。这台收音机外形并不怎么美观，但灵敏度很高，选择性也很好，不仅可收听到南京、上海、广州等地的电台广播，还可以收听到香港、日本的广播。他让我将耳机的插销插进一个小孔内（这个孔叫做断路拾音孔），果然喇叭无声了，而耳机里却能很清晰地听到声音，我很满意。接着我向他请教了室内室外天线的几种接法，再一次对他表示了谢意，雇了一辆三轮车，将收音机拿回我的住所。

我住的地方在江汉二路一家木工作坊的楼上，门牌号忘记了。这是一座木、瓦结构的老式房子，上下两层，楼下是一进两间的铺面，一间陈列着出售的普通家具，另一间则是制作家具的作坊。房主是一个老木匠，雇了两个助手，自做自卖。楼上是相隔的两间，分别由两个楼门进出，各不相涉，临街也是一道窗户。楼上这两间房子，中间由一道木板壁隔开，一间是房主和他的女人，还有一个小女儿三人居住，另一间则出租给我。老式房子多年失修，隔壁有的地方可以透过光亮。我租下这间房子以后，便在四周墙壁上糊上两层报纸，再在报纸表面糊上一层裱墙花纸，既解决了隔壁窥视的问题，又使房子焕然一新。那时，我爱人彭克静还在渔薪河联络点，没来武汉。这个地方，除了方敬之同志外，别人谁都不知道。我是新闻记者，每天一早便出去跑新闻采访，白天很少在家，大都是晚上 10 点左右才回来。房主见我对他没有什么吵扰，每月又有 3 块银元的房租，对我这个房客还是较为满意的。

我从老张师傅那里取回收音机的那天，回家较早。晚上 8 点钟，我到报社匆匆写了两则新闻，发完稿便回到江汉二路住所，拉上窗帘，急不可待地从箱子里取出收音机。由于安装室外天线容易暴露目标，我按老张师傅说的方法装接室内天线，将收音机后面的拖尾天线用一根长长的铜丝接上，密密地缠绕在电灯线上，通过电灯感应来的电磁波增加收听效果。我装好天线，插上电源和耳机，打开电源开关，把波段开关拨到短波段上，全神贯注地慢慢拨动着调谐旋钮，突然在耳机里传来了解放区人民广播电台（好像是邯郸人民广播电台）的广播声，我高兴得心都几乎跳出来了，迅速拿起笔在纸上记录正在广播的“淮海战役胜利结束，我人民解放军击毙国民党军兵团司令邱清泉，生俘国民党徐州‘剿总’副司令杜聿明，歼灭国民党军队 50 余万人”这一振奋人心的消息。记录完，关上收音机，我读了一遍，发现记录中有不少错漏。好在 10 点钟以后，广播中还要播一次记录新闻。我休息了片刻，到了再次广播记录新闻的时候，又打开收音机，仔细地收听，一字一句地在记录稿上校正着，补充着。经过这次试收实践，以后每晚我就只在播报记录新闻的固定时间打开收音机，抄收解放区电台的新闻广播。

宣传材料来源解决了，接着需要解决印刷问题。当时在武汉印刷界我们还没有可靠的城工工作关系，无法用铅字印刷，只能用油印。但油印仅凭我个人无法胜任。我考虑到王庆龄和沈自中都是我们在武汉发展的可靠的城工同志，我决定把油印任务交给他们去完成。

当时王庆龄同志在湖北省政府铨叙处工作。她有时住在汉口昭明里她大表婶家，有时又住在潞安里她二表婶家，每天早上去武昌上班，下午下班才回汉口。我在试收解放区广播新闻的第二天，就带着整理好的收听记录乘船过江到武昌省政府铨叙处找到王。见面已经是上午快下班的时候了，我约她到一个僻静处，向她谈了我在昨晚收听到的淮海战役胜利结束的消息，她高兴得几乎跳了起来。我对她说："这个振奋人心、打击敌人士气的消息，需要马上传播出去，就是目前解决不了印刷问题，你看怎么办？"

她提出用油印。我说："谁来刻蜡纸？我是不会刻的，而且还需要长期刻下去，这就需要有可靠的人来负责这项工作了。"

她说："这好办，我会刻，就是刻得不好。我有个朋友叫汤池，他的蜡板刻得好极了，不知能不能让他刻？"

我向她了解了汤池的情况，认为可以让他刻，并告诉她，绝对不能让汤池知道他所刻写的材料的真正来源和我们之间的工作关系。我把记录稿交给她，约定次日晚 7 时去汉口潞安里 1 号她二表婶家里碰头，取刻好的蜡纸，并交给她另外需要刻写的宣传材料。我问她有没有刻写笔和钢板、蜡纸，她说可以解决。后来我才知道这是她省吃简用，用自己微薄的工资节约下来的钱买的。

我离开王庆龄同志，从武昌回到汉口，到一家文具店买了一架油印机，雇了一辆三轮车，带上油印机去汉口民主一街沈自中同志家里。他家大门面对大街，隔壁是安仁里，从安仁里进去便是他家后门。进后门，上一个木制的楼梯，便是一间小阁楼。这个地方较僻静，沈自中就住在这阁楼上。他当时是南京中央大学学生，没有社会职业，住在家里。我把油印机搬到他的阁楼上，向他谈了淮海战役胜利结束的消息，他也非常兴奋。我告诉他："今后我们经常都会有党的宣传材料要翻印，我给你带来了一台油印机，翻印任务交给你，你看怎么样，有困难吗？"

他态度十分积极，回答我说："印油印，没有什么困难，我这个小阁楼还僻静，只是我刻不好钢板蜡纸。"

我说："蜡纸已有人刻了，到时我把刻好的蜡纸给你送来，你只负责印，你看如何？"

他毫不迟疑地欣然答应了。我和他上街买了纸张、油墨，离开他家已是下午 4 点多钟了。这一天我还没有为报社作过什么采访活动，晚上到报社如何交差？我在一个小饭馆里匆匆吃了两碗热干面，便去《大刚报》社找晏冲，从他那里抄录了两则当天采访到的新闻，然后又到一个小报（记不清是《辰报》还是《正义报》）找该报的记者陈真书，她是我的四川同乡，我在她那里也抄录了两则新闻。就这样，改头换面写了几条新闻，交给采访部主任张健，就算完成了当天的任务。发完稿，回到我的住处，搬出收音机，又开始我的收录活动。

次日下午，我按照和王庆龄约定的时间，带着晚上收听的记录稿，到潞安里 1 号交给她，并带走她刻写的蜡纸，然后赶到民主一街把刻好的蜡纸交给沈自中油印。

宣传材料少的时候，由王庆龄自己刻写；宣传材料多的时候，由她和汤池分头刻写。

宣传材料印出来了后，我从沈自中那里把印好的材料用一个最大的旅行提包装好，雇一辆三轮车，运到王希哲、李培华两同志住的地方，他俩是专门负责宣传材料发行工作的。他们将我送去的材料分别装订、包装好，然后发出去。

为了避开敌人的检查和拦截，材料发行采取了两种方式。

一种是由我们在武汉的城工人员将宣传材料送给我们联系的所有城工

工作关系，通过他们在周围的群众中秘密散发传阅。当时，几乎每一个同志都成了我们秘密散发宣传材料的传递员。

另一种则是邮寄。我们把通过调查材料得来的，以及在报纸上经常见到的一些武汉社会知名人士和国民党党、政、军重要人员的名字，列具了一个名单，将我们的宣传材料用信封装着，或者卷在旧报纸中，用多种笔迹写上他们的名字、地址，分别在汉口、武昌、汉阳三镇的街头邮筒或邮局寄发。对于有些不知姓名的单位负责人，如医院、学校、商号、公司、工厂等等，则在信封或报纸卷上写上某医院院长先生、某商号经理先生、某工厂厂长先生亲启的字样。

1949 年 1 月，方敬之同志回中原解放区另有任务。2 月，中原局组织部城工科派张春阳同志来武汉领导内线工作。我向他汇报了我们在武汉这段时间的工作情况，他对宣传工作提出两点意见。

一、这项工作仍由我兼管，但不能由我亲自收录广播。理由是江汉二路我住的地方环境比较复杂，不宜在这里设置秘密的广播收听点，时间长了，可能发生问题；由我亲自收录则会使我陷到里面，影响我在其他方面的工作。因此，收录工作须另觅地点，另找专人负责。

二、刻印散发宣传材料，需要建立两条线，即汉口一条线，武昌一条线。这样做是为了防备万一，如果一条线的工作出了问题，还有另一条线可以继续活动。

根据张春阳同志的意见，大约在 1949 年 2 月中旬，我将收音机转移到武昌彭刘杨路王济群同志那里。他也是我们在武汉发展的一个可靠的城工工作人员，当时在湖北省财政厅当一个小职员。我把收音机交给他，并布置收录的任务，告诉他收音机的使用方法。他对这项工作不仅欣然接受，而且在收录过程中十分认真，每天广播的全部记录新闻，他都一字不漏地记录下来，每次都整理抄录成一式两份。我定时去他那里取回，由我和小金（即靳彦俊同志，当时化名金耀宗）同志阅后，研究决定需翻印的材料，然后将这两份收录稿一份由我交王庆龄刻写后，再由我交沈自中印刷。另一份则由小金带去武汉大学，交我们在该校的城工工作同志李燕景负责组织刻印、散发。他那里是我们新建立的另一条宣传材料刻印、散发工作线，一般由小金联系。有时小金同志因别的活动不能去武大时，即由我去联系，或由李燕景派李洋到我们指定的地方来取。

1949 年 3 月底、4 月初，我去武昌王济群处取收录稿。他告诉我，他的活动，邻居似乎有所察觉。最近邻居经常问他晚上忙些什么，为什么总是很晚都不睡？他虽然以失眠、看书支吾过去了，但很担心发生意外。我考虑一下他所谈的情况，估计一时还不致有什么问题。我叫他沉住气，等我们研究后再说。我回来和小金同志分析了这个情况，为了预防万一，决定将收音工作转移，另找安全可靠的地方。次日，我去武昌从王济群处将收音机带回汉口，送到汉口牛皮巷喻世英、张秀英同志家。原拟由他俩负责收录，后来考虑到他们居住的环境不宜进行这样的活动，遂决定转移到汉口三元里汪友芬同志处，由他负责收录。

汪友芬系南京金陵大学的学生会主席，1948 年即与李献文同志有联系。1949 年 2 月他来到武汉，原拟送他去中原解放区，但由于工作需要，党组织让他留在武汉，并吸收他为我们在武汉的城工工作人员。他来武汉后，借住在三元里一个亲戚家。他亲戚家是一座单门独院的小洋楼，由于当时革命形势发展很快，在敌人反动宣传欺骗下，他亲戚全家已逃离武汉，汪友芬一人住在那里，为其看管房子。这是一个比较僻静的地方，居住环境及其主人的身份对我们的收录工作都能起到掩护作用。汪友芬负责收录工作，一直坚持到武汉解放前夕。

那时候，我们在武汉秘密刻印、散发的宣传材料，主要是收录而来，也有少数是由交通线路从解放区带出来的。现在回忆起来的，除新华社每天发布的关于人民解放军胜利进展的消息和揭露国民党反动派一些反革命动态消息外，还有新华社的社论、专论、评论，党中央声明及毛主席所写的一些文章，例如《中共中央对时局的声明》《南京惨案与和平谈判》《将革命进行到底》《评战犯求和》《战犯名单》《评国民党对战争责任问题的几种答案》《真和平与假和平》《我们的任务》《新民主主义论》《中国革命与中国共产党》，等等。这些宣传材料在武汉各阶层中流转传阅，对武汉人民给予了很大的鼓舞。

当时战斗在这个秘密阵地上的同志们经常处于高度紧张而又艰苦的状态中，常常因碰到意想不到的事情而饱受虚惊。每当提及战斗在武汉秘密宣传阵地上的岁月，我的脑海中总会浮现出同志们在艰苦、紧张中战斗的情景。

王济群同志曾告诉我，他每次开始收录之前，照例要检查他住地周围，看看有无发生意外和被敌人发觉的可能；收录时既要警惕被人发觉，又要聚精会神地收听，而不使记录发生错漏，差不多每一根神经都绷得紧紧的。我当然也有同感。

王庆龄同志刻写蜡纸，多是晚上在潞安里她二表婶家进行。她当时寄居在那里，自然是不能在她住宿的房里刻写，只得趁家人都睡静以后，做好表婶家女佣人的工作，让女佣人把她锁在一间储藏室里，点着蜡烛，在微弱的烛光下刻写。她就这样极其吃力地经常坚持刻写到深夜。我问她有没有感到艰苦，她回答我说："为了革命，再艰苦也感到愉快。"

王希哲、李培华同志当时留在武汉工作，是以收容河南南逃学生的嵩云联中教师的身份作掩护，住在一个十分简陋的地方，在法币不断贬值、物价飞涨，经济又很拮据的情况下，过着十分艰苦的生活。他们每天喝稀饭，全靠两条腿来回在武汉三镇奔跑着，将宣传材料投进各地街头邮筒和邮局的信箱里，却深感自得其乐而毫无怨言。

他们都是多么好的革命同志啊！

（本文原载于《武汉城工史料（五）——中共中央中原局组织部城工科史料专辑》，有删节）

# 鄂省政府员工反饥饿、反迁移、反破坏斗争侧记

陈剑函[①]

一任专员便长民，绿衣信使变财神。
推门尽是弹冠客，谋道求诸粤海滨。

这首打油诗于 1949 年 3 月在国民党湖北省政府内广为流传，四句诗各有所指。它的背景是：人民解放军淮海战役大捷以后，革命风雷一日千里。当年 2 月国民党湖北省政府改组，驻汉口的第九补给区司令朱鼎卿当上了湖北省政府主席。在他的班底里，原湖北省邮政管理局局长许季珂任财政厅长，故有“绿衣信使变财神”的嘲弄。当年不少省政府公务人员习惯称许为“财神爷”。“找‘财神爷’要钱吃饭”则是新中国成立前夕湖北省政府公务人员在党的领导下开展反饥饿斗争的生动写照。这场斗争，领导多头，目标一致，配合默契，相映生辉。我作为当年参与这场斗争的一名普通成员，以自己的所见所闻，将这场斗争记叙如下。

## “找‘财神爷’要钱吃饭”

1949 年 2 月下旬，省政府秘书处第一科缮校室负责人陈道皋调我到“张任移交办公室”（即张笃伦主席移交办公室，以下简称“张办”）当总收发。

① 本文作者时为江汉区党委城工部外围组织“新政治学会”成员，社会公开身份为湖北省政府“张笃伦主席移交办公室”总收发。

在此以前的1948年11月，我已经省建设厅科员柳泽民（同乡）介绍加入了江汉区党委城工部余杰同志领导的外围组织——“新政治学会”。

大约4月中旬的一个下午，柳泽民告诉我：“现在解放军大军压境，省政府准备迁往鄂西。建、财两厅同仁明天找‘财神爷’，要他发‘迁移费’‘应变费’。我们提出要钱吃饭，以打乱他的‘应变迁移’计划。你跟秘书处相好的同仁联系一下，要他们一上班就到大厅集合。10点钟以后，你在总收发室的门口等我，有什么动静随时联系。”我把这个消息告诉我熟悉的同仁，有的表示到时参加，还有几位同事答应“明天见”，当然，也有徘徊观望、心存疑虑的人。

第二天上午，我同第一科和缮校室的公务人员先后来到省政府大厅，这时，民、财、建、教、人事等各厅处的职员也陆续到达，有七八百人齐聚在省政府三重大厅。约9时许，忽然从财政厅厅长室挤出一个人来，大声宣布：“‘财神爷’抓到了！我们正开始谈判！”人群里爆发出雷鸣般的掌声。我对许季珂虽闻其名，未见其人，很想了解谈判的动静，于是好不容易挤进了厅长室。我站在许的办公桌旁，只见他肥头大耳，大腹便便，一只朱砂手夹着一支“大前门”香烟，皮笑肉不笑地满不在乎。回头再看反迁移的公务人员，鹄形菜色，对比鲜明，这怎会不激起反抗！谈到开始谈判，我以为是像开会一样各就各位，侃侃而谈，谁知是几十名公务人员挤在许的办公室里，把许围得严严实实，水泼不进，我站在一旁默不作声，听知情而又不知姓名的公务人员与许季珂谈判。

职员问：“省银行还有多少银元？你都要拿出来，让我们有碗饭吃。”

许答：“兄弟上任不久，两袖清风，哪有银元。”

职员又问：“真的没有？”

许笑容满面，直是摇头。有位职员拿着一张纸头，说省银行还有多少银元、镍币，要他签发。许若无其事地说：“这笔钱早支了，我不能签空头支票。”人群中有人发火了，指着许的鼻子骂道：“你绿帽子不戴要戴乌纱帽，戴乌纱帽，又不管饭吃，我们要登你的报。”

许似乎害怕登报，赶忙站起来说：“不要登报，有话好商量，好商量。”

许软下来了。谈判的人也见机行事地说："只要你签字付款，我们不登报，给你面子。"说完把纸放到许的面前。许不慌不忙，把手伸向口袋，我满以为他是拿笔签字，谁知他拿出来的竟是一包"大前门"香烟，"和颜悦色"地撒了一个满场。有人点头弯腰擦火吸烟，有人怒不可遏，把烟扔在地下，踏得粉碎。许一点也不介意，照常喷云吐雾，若无其事。这就激起了建设厅一名年约三十上下雇员的极大不满，他跨上一步，一耳光把许打得仰面朝天！人群中乱了！有人叫："不准打人！"有人高呼："就是要打！"我又吃力地挤出了财政厅，记起柳泽民约我 10 点钟在总收发室等他的事。我一去，柳神情严肃，板起面孔悄悄地"训"了我一顿："谁叫你到厅长室去的？那里的事有人管。你不守纪律，接烟的有的是厅长的亲信，有的是我们的人。"总收发室在省政府大门口，距厅长室有长廊、圆门、入室，转弯才是厅长室，柳对厅长室的谈判情况了如指掌，使我吃惊！末了，柳告诉我："你在这里等着，过一会儿'胡先生'来了你再走开。"关于"胡先生"的来历，留在后面交代。

## 利用档案进行调查研究

1949 年 3 月 1 日，我正式到"张办"上班。第二天，柳泽民约我作了一次长谈。柳讲："你这个职务并不重要，但这个岗位太重要了！移交的档案都要经过你收发，你这里是新旧交接的中转站。最近朱鼎卿准备逃往鄂西，要把档案搞走。万一他们把档案搞走了，那个损失就是无法弥补的。"又说："我要做点调查研究工作，需要查阅档案。你要为革命做件有益的事，那就是我要哪个卷宗你就给我哪个，下午晚一点交我拿走，第二天一早送来。"我与柳早有联系，自然遵办。

国民党政府的文牍主义令人吃惊！移交的档案真多，有时堆满两桌，柳要的档案，建、财、人事较多，民、教极少。当年的卷宗均编有号码，柳的消息很灵，只要档案到了"张办"，他就拿着一张小纸头给我，少则两宗，多则五卷，我按号码清出转交给他。有时我按他指定的卷宗作摘录，随卷附上。他很精细，所"借"档案隔夜还来，从不误时。有一天柳问我：

“机密档案你也收发吗？”我说都由我编号发出。又问：“有没有不经过你的手移交的呢？”我说：“只有一次，那就是监印室高元勋股长打听到朱主席来省政府办公，他用红绸子包了‘湖北省政府’‘湖北省保安司令部’等各种印信，提到‘张办’来，他给我打了招呼：说要亲自交给朱主席。他没行文，我没登记，除此以外，再没有不经过我的手移交的档案了。”柳喜形于色地说：“那太好了！”

当时的工作也够忙的了，白天办地上的“张办”移交，晚上要办柳的地下“移交”。特别是号码不能搞错，卷宗要做到“完璧归赵”。他来我往，倒也平安无事。

20多天以后，柳突然约我外出，要我介绍“张办”全部工作人员的政治态度和表现，越详细越好。我告诉他：“‘张办’只有4人，负责人是秘书处的沈科长，他是张主席的内侄，为人有‘大少爷’的派头，每周来两三次，与孔庆圭密谈一阵后和我打个招呼就走了。孔庆圭是第一科二股股长，实际是‘张办’的负责人，所有移交的档案文稿由他起草‘代行’。最近他到处拉人去鄂西，缮校室唯一的打字机他要装箱启运，打字员陈心正要‘搬迁费’，孔要上了登陆艇后再给钱，陈要先给钱后上船。缮校室的负责人陈道皋一贯厌恶孔的行为，明不支持，暗又反对，孔无可奈何，不了了之。孔也曾找我谈过话，答应先给一部分银元安家，然后和他一起走。我讲家有父母妻子弟妹7人，我居长，不能成行。孔要我考虑几天答复，后来我还是那几句老话，他愣了一会儿说：‘那就不提了。’”我对柳接着说：“还有一位姓周的科员，他自称跟张主席当了20多年的出纳，与我私下谈话，总是讲第三次世界大战就要发生，共产党‘长不了’，要我看远一些。周负责管保险柜，柜里有公章及张主席的私章、机要档案及银元。”柳听了我的介绍以后，郑重地说：“对孔庆圭要提高警惕，我们接触过多，难免蛛丝马迹引起孔的怀疑，你也要特别注意安全，少出头露面，明天我介绍一位‘胡先生’与你联系。”

“胡先生”，中等身材面黄肌瘦，三十上下年纪，与我见了一面就走了。我与柳约定：“档案取还，还是由我拿出为好。因秘书处的人都知道我是‘张办’的职员，收发档案是我的职责，不会引起怀疑，你有事可请‘胡先生’找我。”从此就由“胡先生”与我接触，见面总是那两句老话：“柳先生外面等你。”“柳先生请你去一下。”往后连这句话也不讲了，他只在我眼前晃一下，我就知道柳有事找我。有一次，柳要两宗密件档案，属船舶和某一企业的卷宗，被周锁在保险柜里，柳请“胡先生”找我，我也无法取出，急得没法。柳和我商量，他给我 2 块银元，找一名铜匠配钥匙取出，我开始不知深浅地接受这一任务。后一考虑，省政府大门、后门有卫兵持枪把守，又是白色恐怖时期，铜匠是否合作？他怎样进来？这的确是个难题。我向柳建议：稍候几日，等孔庆圭起草了公文，我就可以名正言顺地找周要附件（即档案）。过了几天，孔起草了公文，我拿着公文当着周的面“清”附件，周开了保险柜交给密件档案，我下班后立即送给柳泽民，2 块银元也退回给他。

还有一次，柳要我搞一份秘书处从秘书长到工友的花名册，按“进步、中间、落后、反动”4 种类型摸底排队。我讲：花名册只有文印室有（属缮校室领导），该室贴有“机要重地，闲人免进”的条子，不可硬取。不过负责人叫胡承业，是位老人、好人，他是我已故的叔父陈瀛洲（前秘书处一科一股股长）在恩施（抗战时期）从工友中提拔的，一向把我们当晚辈看待，我找他要，是会给的。随即，我找胡要了一份花名册，柳和我依类划分。划完后放在我家屋上瓦缝里好几天，柳才取走。这些来往联系，大都是“胡先生”约我与柳会面的。我俩议事，胡不在场，但胡给我以安全感、信任感。时至今日，我还不知道“胡先生”的真名实姓，但他给我留下了难忘的印象。

## 两起干扰的插曲

“胡先生”来接岗后不到 3 分钟，发生两起干扰斗争的插曲——

一是许季珂被打了一耳光后，原来关起房门坐在主任秘书办公室里的财政厅 4 位科长、秘书挤出了人群。走在最前面的是秘书李视祥，他气急败坏，口里不住地说：“殴打厅长，成何体统！”他一连说了两三次也无人理他。当看到建设厅的墙上贴有“我们要民主”“我们要吃饭”“反对迫害”“拥护《双十协定》”的标语时，他用手指着说：“这是共产党的口号，殴打厅长也是共产党叫干的！”他说得唾沫横飞，惹人气愤。一位40来岁的职员顶上去了：“李秘座，我们要钱吃饭就是共产党，国民党不吃饭？我们这多人，哪一位是共产党，你说哩？”这话问得非常艺术、有策略，因为当年省政府职员多数参加了国民党。这一问，把李视祥顶得哑口无言，骑虎难下。旁边又有人冷嘲热讽：“秘座，‘财神爷’给你几根金条？你动这大的肝火？”“秘座，你吃饱了，回家养神！”本来不善言词的李视祥被大家奚落得无地自容，自讨没趣。此时李的一位同伴出来解围。他拍着那位职员的肩膀说：“老弟，谁是共产党？江流天地外，山色有无中。”说完和李一起无可奈何地走了。“转来！”那位职员也不甘示弱地说：“朱门酒肉臭，路有冻死骨！”他也用两句唐诗送走了这些不审时度势的人。

二是许季珂挨打了后，听说省政府警卫队长意欲干涉，我和不少公务人员感到忧虑。一会儿，有人来报信说：已派人与警卫队长谈好了，说明我们要搬迁费、安家费是要钱吃饭，不涉及其他。要来的钱，也有警卫兄弟们一份，我们有福同享，有祸同当。警卫队长答应不介入了。消息传来，秘书处杨校对和其他几位职员立即到大门和后门做卫兵的工作，我也尾随在后。卫兵站在我们的立场，谈话者给他们提了两条建议：一是佩戴省政府证章者才准入内；二是没戴证章，但有省政府职员打招呼者也可进入，其他一概不准入内。卫兵点头同意，立即枪上刺刀，严加戒备。后来国民党宪兵妄图进府干扰也被拒之门外，这就保证了“谈判代表”与“财神爷”展开针锋相对的斗争。

## 和特务的斗争

第一天的斗争打开了局面，第二天连心存疑虑、徘徊观望的职员也参加了，三重大厅挤满了人群。忽然，有人高喊：“我们内部混进了特务，他们要抓人了！赶快清查本部门的人员！不是本处的人不要站在一起。”柳泽民立刻找到了我：“你赶快把秘书处的人认清一下。”说完他就跑了。

随着这一呼喊，千人百众，顷刻人以群分，共有七八个块块，各自清点人数。当年，省政府各厅处的公务人员一律佩白底红字“湖北省政府”证章，所不同的是秘书处有“秘”字和号码，财政厅有“财”字和号码，余以类推。特务虽戴有与我们相同的证章，但游离于我们之外，一下子就孤立起来，暴露在光天化日之下。很快，又有人高喊：“我们在后院凉亭边抓住了一个特务！”紧接着有三四个职员像拖死猪一样把特务拖到大厅示众。我见到这名特务披头散发，鼻青眼肿，穿的西装连袖子也扯到胳膊外了。最有趣的是一位浠水籍姓陈的理发师傅也抓到了一个特务，因为省政府员工的头他都摸熟了，千人各面，一望而知。当他见到这个“屁股后面长个‘疱’（手枪）”的不速之客，冷不防一把将其抱住摔在地下，又是一阵打骂。此刻，大厅里又有人高呼：“不要打特务了！要他交代是谁派来的！”这一高明的主张，立即被大家采纳。大厅里的那个特务被人带到秘书处第二科的方向去了，自有人去审问，详情就不得而知了。还有几个特务惊惶失措，宛如一群丧家犬，翻墙跳院，落荒而逃。

特务是怎样混进来的呢？事后听说，半个月前，朱鼎卿给人事处批了10个证章的条子给省警局，特务因此而混进省政府。

## 到省参议会请愿

百足之虫，死而不僵，特务虽被赶跑了，但人群里又风传抓人了。我问柳泽民是真的吗，柳答：“是真的，究竟抓了谁还不清楚。”过一会儿，柳又告诉我：“我知道的有两人，现在的任务是抗议、放人，你见机行事。”此时，公务人员齐聚在省政府三重大厅。不一会儿，省政府二楼主席办公室的走廊上，一个身着军便服、腰佩短枪的军官虎视眈眈地匆匆而过，接着，被抓的六七位职员安步走过走廊，楼下的人鸦雀无声，一派深情地注视着被抓去的职员。猛然，一位被抓的职员高举右手向楼下的员工致意，人们报以暴风雨般的掌声，经久不息。

送走了被抓的代表，一位职员登高一呼：“他们抓人了，我们到省参议会请愿去！”话一落地，早有一批人带头飞奔，我也跟着跑到省参议会去了。此刻，已是下午 4 点多钟了，我想茫茫人海，到哪里去找议长呢？找到了，他支不支持我们呢？脑海里闪出许多问号。几分钟后，有十几位职员前呼后拥地把艾毓英副议长请出来了。当他听完职员代表诉说以后，即席讲话，大意是：公务人员要钱吃饭是正当的，省政府抓人是不对的，大家要求放人是应该的，我和大家一起要求省政府放人。艾是第一个公开站出来支持这场斗争的省级官员，他的讲话简短而有理、有力，全场立即报以热烈的掌声。艾讲完话后，有人提议："如果艾副议长和我们一起交涉放人，省政府不放人怎么办？"坐在台下右角的一个矮个儿、戴着眼镜的教育界代表站起来讲话："省政府不放人，我们教职员全体罢教，再不放人，组织全体学生罢课。"大家又报以持续的掌声。

我们满怀胜利的希望又跑回省政府。建设厅秘书张云冕、丁寿石不顾个人安危，昂首阔步地走上过去"主席训话"的讲坛讲话，台下员工使劲地鼓掌。那几天里，某些临场指挥的职员总是在节骨眼上说三两句话，给大家的行动以启示和鼓舞。张、丁不畏强暴，不怕被抓，给当年在场的公务人员以难忘的印象。他们的讲话，就是为了鼓舞斗志，不达目的誓不罢休。最后，丁寿石以轻松的语调慰问大家："奔忙辛苦，今晚回去安度周末。"随即神情严肃，郑重其事地道了一声："晚安！""晚安"，多么平淡无奇的礼貌语言，可是身在特定环境的公务人员，谁都知道这是提醒人们要倍加警惕。当时，白崇禧颁布了"十杀令"，武汉警备司令刘舫印发了所谓"通匪"、"匪谍"、"窝匪"就"格杀勿论"的布告，一式两份，赫然地贴在省政府的公告栏上，白色恐怖笼罩着黎明前的武汉。就拿我家来说吧，那是 4 月初的一个深夜，有 4 个国民党官兵手持上了刺刀的枪，闯进武昌先贤街 57 号的我家"查户口"，他们在不到 10 平方米的室内，翻箱撬屉，床上床下，全屋搜查，一无所获而去。当夜我们夫妻认为"查户口"是例行公事，并不惊慌。第二天我询问邻居陈南山（与我均在一科工作）家及隔壁邓、艾、张三家，他们均未波及，这引起我和柳泽民极大的惊讶和关注。柳嘱我向科长报告。我讲："说不得，原来的第一科科长晏文章是个好人，从不讲共产党半句坏话，他还有意地袒护不参加'军训'的职员。

新来的朱科长反动透顶，三两天就要大骂一次共产党，威胁跟共产党走的‘没有好下场’，不能跟他谈。”几经商量，还是向监印室高元勋股长报告了。高要我用省政府大信笺写上“本府职员住宅”6个大字，并由他盖上“湖北省政府”大印贴在门上。此刻，丁寿石道“晚安”，真是暮鼓晨钟，发人深省。过了几天朱鼎卿在建设厅破口大骂“张云冕、丁寿石是两个大坏蛋”。稍后，张云冕被省政府撤职，全省政府公务人员均对他寄予无限同情。

## 一曲胜利的凯歌

外有大军压境，内又众叛亲离，3天以后，省政府在内外压力之下，不得不释放了职员代表。许季珂一败涂地，终于被迫答应省政府公务人员的要求，签字付款。第一次到银行取款时我没有去，缮校室打字员陈心正随同各厅处代表去了。他回来对我说，他们带了许季珂的批文，还带了警卫队几名士兵到省银行取款，银行负责人避而不见。提款代表与他通电话说“钱是厅长‘批’的，武装护送是厅长‘派’的，请银行付款”，仍然遭到拒绝。代表们被激怒了，有人喊道：“在此非常时期，你们胆敢抗拒上级，后果自负！”随即向警卫示意要他们“砰、砰”朝天放了两枪，枪声透过电话话筒传到受话人的耳里，对方立即答应开库付款。代表们将银元、镍币搬到三轮车上，由卫兵护送回府。由于还有一部分铜元要推代表去取，我征得柳泽民的同意，会同第一科杨校对及各厅处代表七八人去取款。走进金库，我向办公室扫了一眼，桌椅东倒西歪，行员垂头丧气，满地狼藉，一片凄凉，给人以死气沉沉的印象。我们拿到的只是10文、20文、1分值的铜币，七八个木箱，随即搬回省政府。

过了几天，按人头每人分得银元3元及若干镍币铜币。这3块多钱所值不多，却说明了得道多助、人心向党这一真理。它是党领导下矛头直指鄂省反动当局的“反饥饿、反迁移、反混乱、反破坏”斗争的一曲凯歌。

（本文原载于《武汉城工史料（四）——中共江汉区党委城工部史料专辑》）

# 回忆在汉口地方法院的一段斗争历程

王千弓[①]

## 一、打入敌人内部，开展合法斗争

1948年4月底，我到汉口地方法院去报到。我的公开职业是“实习推事”。当时，上级党组织交给我的任务是：打入敌人心脏，进行细致调查研究，掌握敌情，以合法身份开展对敌斗争，有计划有步骤地瓦解、分化敌人，为迎接解放做好准备。

汉口地方法院位于中山大道利济路下首法院的办公楼内，还设有汉口检察署和汉口高等特种刑事法庭。这是国民党反动派镇压共产党和爱国志士的“三位一体”的专政机关。

初来汉口，人地两生，身居虎穴，环境复杂。我固然有“实习推事”合法身份的有利条件，但能不能开展活动、怎样开展活动，仍是我天天都在考虑的问题。经过一段时间的工作，我对法院的情况有了一些了解，思想顾虑逐渐消退，信心增强了。我发现，在敌人最反动的营垒里，也有比较进步的分子和同情我们党的分子。特别是在敌人濒临灭亡、革命战争取得决定性胜利之际，敌人营垒的分化瓦解日益加剧。我坚信，只要按照党的要求，耐心细致地工作，党交给我的任务就一定能够胜利完成。

1948年6月，发生了“肖惠事件”。肖惠被捕，牵连到十四五人。8月中旬，又发生了传讯拘捕武汉大学等学校进步学生的事件，这两个案件

① 本文作者时为武汉地下党员，社会公开身份为汉口市地方法院实习推事。

均由汉口高等特种刑事法庭承办。这段时间，是敌人对革命和进步力量进行镇压，迫使部分党员和进步力量暂时撤离武汉的高峰期。案件发生后，党组织要我想方设法摸清敌人意图，了解被捕人员在审讯中的供词和表现。当时法院里还没有发展一个党员，也未建立党的外围组织，我只好凭借“实习推事”的合法身份，打着求教和通过典型案件学习“六法全书”的幌子，在审讯时参与旁听，并和主审推事从法律观点上对案件进行探讨。这样，我就较快地把有关情况提供给党组织，使党组织能据以制定出对敌斗争的正确策略，揭穿敌人的阴谋。除肖惠被判无期徒刑、4 人被判有期徒刑外，其余以无罪开释；被拘捕传讯的武大等学校进步学生全部无罪释放。在宣布释放的那一天，特种刑事法庭的大门口，群众自发地以热烈掌声夹道欢迎，给了敌人沉重的打击。

在艰苦的斗争中，我对有些进步分子有了比较深入的了解。又经过反复的考验、审查，10 月初，发展汉口地方法院的魏鼎同志和武昌地方法院的田济漪同志为党员，并通过他们分头开展工作，由我负责，建立江南、江北的联系。到 1949 年初，武汉地区法院系统已发展党员 9 人，并建立了“新青团”“新建协”“武汉民主妇女联谊会”等党的外围组织，成员约有 15 人。我们发展工作的重点是中、下层职员和一些来法院实习的大学生。对上层的统战工作，我们也比较重视。这样，在敌人的营垒里形成了一支革命的力量，在分化、瓦解敌人方面，特别是在“反迁移、反破坏、反疏散”方面，开展了有力的斗争。实践证明：法院里的党组织是在斗争中建立的，对敌斗争是勇敢的，是有战斗力的！

## 二、小小印刷厂，发挥大作用

1949 年元旦之后，王伯谦同志参加钱瑛同志在香港主办的“城市工作干部学习班”（为接管和管理好城市训练干部）学习后返回武汉。他以教员和我“兄长”的身份在我处居住，代表地下市委职工工作委员会，直接领导法院地下党的工作。当时，我住在法院附楼厨房隔壁楼梯拐角下一间约 8 平方米的小房里。这房屋有门无窗，没有光线，阴暗潮湿。好处是很隐蔽，不引人注意。这个小黑房不仅成为印刷厂的重地，还是地下党负责人的“会议室”哩！

这一时期，地下市委负责职工运动的刘实同志和其他方面的负责同志常在我那个小黑房召开会议。法院门口有国民党士兵站岗，院内有我和其他同志放哨。搞过地下工作的同志都知道，在敌人心脏里开会是最安全的。他们的会有时开得很长，甚至整天都在小黑房里度过。他们饿了吃烧饼，渴了喝开水，过着清苦乐观的革命生活。这些领导同志不惧危险、艰苦斗争的革命精神，大大地鼓舞了我的斗争意志，对我教育很深。

为了进一步开展对敌斗争，经上级党组织批准，我们办了一个小小印刷厂。印刷厂的全部财产，不过是一小块钢板、一支刻笔、一盒油墨、一把猪鬃刷、一卷蜡纸和一块玻璃板。

我们的印刷工作是很艰苦的。白天，我把刻钢板的同志反锁在黑房里工作，晚上印刷。为了便于传递，方便携带，我们的字迹都刻得很小。没有油印机，我们就把油墨涂在玻璃板上，铺上刻好的蜡纸，上面再盖上非常薄的白纸，再用猪鬃刷一张一张地印刷。

我们的印刷品内容很广泛。有的是从收音机中收听到的重要文章，如《将革命进行到底》《新民主主义论》的有关章节；有的是争取敌方人员的宣传品；有的是瓦解、分裂敌人的信件。凡是要投递的宣传品或信件，我们就秘密带往武昌、汉阳等远离汉口地方法院的地方投递，以迷惑敌人，掩护自己。一时投递不完的信件或宣传品，我们就连同印刷工具一起藏入法院档案室卷宗架的背后。敌人根本就没有想到，闹得他们终日惶惶不安的共产党“宣传品”和“印刷厂”，就在他们的眼皮底下。档案室的保管员董若兰同志是我党的同情分子，承担了很大的风险。

1949 年 3 月，国民党彻底崩溃的大局已定。法院敌人手忙脚乱地清理各类材料、卷宗，我们才将“印刷厂”转移到附近一个私人开的染房楼上，继续工作，坚持斗争。

临近武汉解放的前 1 个月，我们通过地下党的关系，找到交通路一个小型印刷厂。经过我们的工作，那里的工人表现了极大的革命热情。在他们的帮助和掩护下，铅印了各种彩纸的《中国人民解放军约法八章》，在武汉解放前夜和解放当天广为散发，迎接了武汉的解放。

## 三、利用“应变会”的合法形式，开展“反迁移、反破坏、反疏散”的斗争

辽沈、淮海、平津三大战役之后，革命形势以高屋建瓴之势迅猛发展。国民党军事上的失败，迫使蒋介石玩弄和谈阴谋。敌领导集团内部人心惶惶，惊恐万状。当时，为掩人耳目，“高等特种刑事法庭”已经宣布撤销，“特刑庭”的庭长唐守仁也转任汉口地方法院院长。

为了适应形势的变化，敌人提出要随时准备“应变”，还提出要把工厂、机关迁移到长江以南；对不能迁走的，要进行破坏；对工厂工人和机关职员进行疏散。唐守仁自知双手沾满革命者的鲜血，为了保住自己的脑袋，积极筹划南逃，还胁迫一些庭长、推事等一同迁往湖南，继续进行反革命活动。上级党组织了解这一情况后，立即指示利用“应变会”合法形式，充分发动群众，与敌人开展针锋相对的斗争，打乱敌人的南逃计划。

我们遵照党的指示，积极行动，在全体党员和积极分子的共同努力下，揭穿了敌人的阴谋。群众觉悟了，认识到南逃是死路一条，只有保护法院的全部财产，迎接全国解放，才是唯一出路。经过串联，有了群众基础，在周密的计划下，党员陈泽杰同志摇着铃通知大家开大会研究“应变”问题。除唐守仁之外，其他大小职员都到会了。经讨论，一致同意成立“应变委员会”，并选举了组成人员。在“应变会”上，我们适时地提出“坚守岗位，反对南逃”的口号，群众纷纷响应：“我们是汉口地方法院的，我们不到湖南去！”“我们走了，家眷谁照应？”这场群众性的合法斗争，使唐守仁极端孤立，最后只得带着极少数亲信灰溜溜地逃走了。连他最喜爱的唯一一辆小汽车也因为司机拒绝开车，没能带走。

唐守仁为了使其南逃合法化，就找“应变会”负责人研究谁来代理他的院长职务。我们将计就计，推荐了民庭庭长徐洪涛同志。徐洪涛当时已是候补党员，这样法院的领导权就牢牢地掌握在我们手中。在与敌人进行

斗争的过程中，我们又一次取得了重大胜利。

在敌人的专政机关里都可以开展反迁移、反破坏的斗争，那么，在一般工厂和单位里，更应该是没有什么疑义的了。这次斗争是在王伯谦同志的直接领导下进行的。他及时总结了经验，在党内进行了推广，对其他单位利用“应变会”合法形式进行斗争起到了借鉴作用。

## 四、运送枪支，支持电信局护厂斗争

我们掌握了法院领导权，开展工作就比较方便了。当时法院的法警队配备有武器。法院的“赃物室”里，保存着收缴刑事犯罪分子的20响手枪、左轮手枪和勃朗宁手枪等约十五六支，同时还有一部分子弹。主管这个“赃物室”的保管员是我们党的一个同情分子，通过我们的工作，这个法院的“赃物室”终于成为共产党的小“武器库”。

武汉解放的前10天，地下党的领导人通知我准备5支枪和一部分子弹，支持电信局的护厂斗争。我们在“赃物室”里选了5支最好的枪，一支一支擦洗干净，并转移到我的房间里。一天黄昏，一辆黑色的小轿车驶到法院侧门口，从车中走出一位穿西装的人，他就是电信局地下党的领导人李循棠同志。我提着装有枪弹的手提包，送到车门口。这时天比较黑，外边看不到汽车里的活动，李循棠同志就把枪支一支一支地放在后排座位的脚踏地毯下，以防备万一在路上遇到敌人的搜查而发生意外。李循棠同志坐着车，带着枪弹顺利地离开法院。这些枪支就这样进入了电信局，送到反迁移、反破坏的护厂队的工人同志们手中，为保护国家财产起到了一定作用。

## 五、组织联防，迎接解放

武汉解放的前半个月，法院、孤儿院、市立医院等3个单位的地下组织利用“应变会”的形式进行联系，组成了保护财产、迎接解放的“三院联防”。当时我还负责领导医院系统党的工作，为“三院联防”提供了必要的条件。

在法院后面有个看守所，关押着一批刑事犯罪分子（政治犯已在4月的所谓“和平谈判”中释放或转移了）。我们担心这些刑事犯罪分子逃跑，搞暴乱，影响社会治安，破坏护厂、护院的斗争，妨碍迎接解放的工作，因此，对看守所采取有效措施，严加防护。我们在法警队的基础上，充实了一些党员和外围组织的同志，把“赃物室”的枪支也分给大家，利用法警队合法身份保护法院，防卫看守所。

我们组织“三院联防”，实行轮流巡逻值班。因为相距较近，且在同一条线上，我们相约夜晚定时用手电筒几亮几暗联系，一方有事，三方支援。由于我们的法警队穿有刑警制服，持枪巡逻，所以孤儿院、市立医院的群众放心，直到武汉解放，一直没有出现什么问题。

临解放的前几天，上级党组织通知我们要在法院设置一个临时指挥所，要准备一个会议室、一部电话和一定的保卫人员。由于电信局地下党同志的努力，武汉解放前夕电话一直是畅通无阻的。我们在法院选择了一个隐蔽的房间作为会议室，并设法安装了一部电话，布置了专门的保卫人员。在武汉解放的前两天夜晚，刘实同志就在这里直接指挥电信局和其他单位的护厂斗争。解放那天，地下市委的曾惇、江浩然、陈克东、张文澄、刘实等同志都到法院开会，研究解放后如何会师和如何结束地下市委工作等问题。

在武汉解放的当天早上，全市处于真空状态，敌人已经南逃，解放军尚未进城。一个曾在肖惠案件中出卖过我们党组织和一些同志的叛徒企图逃跑，在四官殿轮渡码头上，我地下党员发现了他，当场将其扭住，并立即通知我们。我们及时出动一辆警车，挂着“武汉市临时人民法庭”的牌子，将他逮捕，并在地下市委的指示下，由我直接对他进行了审讯。这个叛徒曾经是个小学教员，被敌人诱捕之后，出卖了同志，并在汉口市警察局“特高科”当了特务。“特高科”是专门捕捉、审讯共产党员和进步人士的特务机关。在人民法庭的审判之下，这个叛徒得到了应有的可耻下场。

天亮了，解放了。我们怀着极其喜悦的心情，和南下同志开了会师大会。之后，我们在党所分配的岗位上为建设社会主义新中国而工作。

（本文原载于《武汉地下斗争回忆录》，湖北人民出版社 1980 年出版）

# 武汉被服厂的罢工斗争

李启新①

1947年冬和1948年春，国民党军政部联合勤务总司令部被服总厂（简称武汉被服厂）的工人，在中共武汉地下市委②领导下，开展了大罢工斗争。

被服总厂设在武汉市硚口，包括谌家矶、武昌两个分厂，共有8000多工人，是国民党中原战场军需供应的重要基地。工厂管理的大权完全掌握在军统特务手里。国民党员、三青团员、工贼充塞各课室和生产工场，特别是直辖武汉行辕稽查处的督察室，私立公堂，在豢养的打手和武装厂警配合下，勾结流氓，任意绑架、关押工人，对工人进行残酷的压迫。厂方还经常制造种种骗局榨取工人血汗，广大工人群众怒火满腔。

当时被服厂没有我们党的组织。我是一个普通工人，1944年从黔桂路逃难到重庆后，两年中，我逐步认识到只有中国共产党才能救中国。1946年，我回武汉到申新纱厂做工，认识到民族资本家不是我们斗争的对象，我们真正的敌人是国民党反动派。1947年8月，我离开申新纱厂，进被服厂金木工场当模型工。在这里，我认识了钳工张彦，他在重庆参加了地下党的外围组织民主工作队，1946年随地下党的同志来到武汉，比我早4个月进被服厂。他虽不是党员，但较长时期接受党的教育，思

---

① 本文作者时系国民党军政部联合勤务总司令部被服总厂工人。

② 当时武汉地下党组织的正式名称为“中共武汉市工作委员会”。1948年7月，中共武汉市委（地下市委）正式成立。编者注。

想觉悟提高较快。我进厂不久，有一天，他引用地下党一位领导同志的话对我说：“军事工厂工人所受的压迫特别重，国民党反动派对工人控制很严，不容易发动，一旦发动起来，就是一支很大的力量。”他经常勉励我密切联系群众，刻苦学习革命道理，钻研业务。从此，在他的带领下，我苦钻技术，密切注视工人弟兄的思想动态，有意识地在工人中交朋友。

## 一、官逼民反

1947 年 9 月初，厂方出了一张布告，要求全厂职工提前在 10 月底完成年计划和追加任务，并允诺发给每个职工 40 万元奖金。当时物价飞涨，工人处在半饥饿状态，都想得到这笔奖金。估计这数目，将能买到 3 石米，多少可改善点生活。特别是缝纫和裁剪两场论件计算工资，为此男工和女工每天工作 14 小时，甚至 16 小时。有的人给缝衣针扎穿了手指，有的人累得吐血。缝纫工丁元庆大腿长疮，脓和血渗过裤子黏在座位上，一站起来，撕得裤子吱啦吱啦响，都不轻易离开机器。女工郭秀英怀孕已足月，还照常上班，要分娩了，来不及回家，就在厕所生孩子，把婴儿放在厕所墙脚边，又回到工场继续操作。10 月底，工人们完成了厂方要求达到的全部任务。苦难的生活中出现了一丝喜气，大家以为 40 万元到手了。可是，到发放工资和奖金时，一张新布告出来了，上面写着：“戡乱时期国库空虚……职工奖金（包括裁、缝两场的计件工资）碍难照发。为顾念职工生活困苦，先垫发每人 10 万元，其余部分俟 12 月末和年终奖金一并发给。仰体时艰。等因奉此……”工人们一看，肺都气炸了。“血汗白流了！”“累死累活白干了！”当场有人愤怒揭露：“职工的奖金厂方早已领下了。联勤总部的奖金，是按照各地物价高低定的。南京每人 160 万，上海每人 100 万，武汉每人决不止 40 万。年生产计划一向是根据实际需要和工人生产能力制定的，偏偏在计划生产之外来个追加任务，这是估量工人做不到，以便借口扣发奖金！”“这简直是喝人血，吃人肉，骨髓里榨油呀！”“现在‘老四’（湖北人民对新四军有感情，称他们‘老四’。当时通称中国人民解放军为‘老四’）过了黄河，刚到大别山，‘国库’就‘空虚’。到12月末，‘国库’不更‘空虚’？难道40万加年终奖金能从更‘空虚’中变出来吗？物价这么飞涨，到那时就是能兑现，40万又顶什么用？什么‘戡乱’，什么‘时艰’，管你怎么恫吓，这回非要厂方对这张空头支票承担责任不可。”

11月5日厂方又下达了冬季任务，要求工人赶制单军衣。第二天（6日）裁剪场的工人带着气愤情绪，到工务课领裁衣样板。武汉大流氓杨庆山的小兄弟工务课长刘松鹏一见，开口就骂：“你们不要调皮，老子要100条狗难找，要100个工人，只要在门口贴张招工条子，马上就会有1000个人来由老子挑。”工人弟兄窝着满肚子火，被他点着了，一起和他对骂，并吆喝许多工人把工务课包围了。厂长徐福海闻讯赶来，大声叫骂：“你们这帮穷鬼，有饭吃还不知足，吃饱了来闹事。再闹，老子把厂关了，饿死你们这些穷鬼！”工人们气愤地怒吼：“我们累死累活，哪个吃饱了？只有你才吃饱了，成千上万人的血汗把你喂饱了！”“我们的奖金到底是多少万？这些钱哪里去了？”徐福海恼羞成怒：“要造反啦？关门，关门！你们跟老子滚！”工人们高声呐喊：“关厂了！厂长撵我们啰！”“不做啰！到马场宿舍去呀！”一千多人冲出厂门，缝纫场工人见裁剪场罢工，也往马场宿舍跑。

马场宿舍离工厂约两里路，原是日本侵略军遗弃的养马场，其中只有疗养院、福利会是砖瓦房，其余都是用芦席盖的马厩。除了少数工人散居在硚口附近，所有单身工人和大部分有家属的工人就住在这透风漏雨冬寒夏热的马厩里。宿舍大门前挂着“国民政府军委会联勤总部职工疗养院”的漂亮招牌，门口有警卫站岗，旁边是警卫连的驻地，四周围着铁丝网。但是它有一个很大的广场，是工人集会的好地方。裁、缝两场的工人都跑到这里来商量罢工的事，他们决定马上到行辕请愿。

裁、缝两场工人自发地罢工了，我们金木场应该和他们一致行动。但我和张彦都是刚进厂的，不便公开商量，即使出面说话，大家不一定买账，只好试探地说：“别人都罢工了，我们要不要一致行动？”“同在一个厂里做工，不能不有个表示啊！”青年工人（彭再兴、小杨等）马上响应：“我们也不干活了！”

老工人对奖金问题虽然不满，但胆小怕事：“军事工厂允许你罢工？”

“将来他们罢工胜利了，40万元奖金要不要？”

木工张师傅说：“奖金还是要啊！”

“要，那就应该和他们一起干！”

“一起干？你们一个人吃饱全家饱，我拉家带口，都去喝西北风？”

张彦和我下午下班后，出厂门见到缝纫工刘德清、裁剪工宗幺。他们告诉我们，晚上他们在马场宿舍开会。于是，我和张彦都去了。到会的人数虽不多，但情绪很高。会上决定，把去行辕请愿的情况告诉全厂工人。

他们这次到行辕请愿，效果很好。他们把厂方一向对工人横加践踏、任意打骂、无端克扣工资和奖金的种种罪行，都透彻地进行了揭露，迫使行辕的接待人员不得不表示“同情”，不得不允诺一定要“合理解决”。

第二天（11月7日），《大刚报》省市新闻栏刊登一则《被服厂工人四百余昨赴行辕请愿》的消息，真实地反映了这场官逼民反的“工潮”。当时我感到奇怪，敌人的报纸怎么站在我们工人一边说话？后来才知道报馆里有我们的人。

## 二、血流遍地

11月7日上午，罢工的工人未见到国民党华中军政首脑机关武汉行辕解决问题，正准备再去行辕请愿，突然发现一个形迹可疑的人混在工人队伍中，几个工友上去和他周旋，在他身上搜出了匕首。“有工贼！”大家连忙跑去把他捆绑起来。宪兵马上出来，勒令群众把人交给他们，群众不答应。工友们仍按计划动身去行辕。这时，厂部秘书钱汉章和督察戴续林两个特务押着一辆满载武装厂警的十轮卡车来。他们一下车，就指挥厂警在宿舍门口架起机关枪，对准赤手空拳的工人。见群众继续往外冲，特务就下令射击。厂警朝天放了一排枪，工贼想趁机逃跑。青年工人蔡绍倪上去帮组长丁海泉的忙，抓住工贼不放。特务扑上来抢人，他俩死死地拖着工贼继续往门口跑。两个特务同时开枪，当场打死蔡绍倪，打伤丁海泉，把工贼抢走了。“打死人了！”“快冲出去上行辕！”工人像决堤的洪水，冲上中山大道。厂警从卡车上跳下来追打工人。霎时，中山大道沿路洒满了工人的血。工人被捕的被捕，冲散的冲散，到达行辕时，仅剩下 300 余人。

枪声响后不久，缝纫工孙武林跑到金木场说：“马场宿舍打死人了！”我和张彦赶紧把全场的人召集起来。张彦说：“缝纫、裁剪工人被打死了，他们的事就是我们的事，我们生命都没有保障，还干什么？”大家也叫嚷着：“还跟他们干，太划不来！”“不干，走！”说走，大家都走了。我们连忙喊：“明天不进厂，到老食堂（一个废弃的屋子）开会，有话明天说。”厂门口加了岗，阻止工人出厂。其他辅助工场的工人也都跑出来了，大家一哄就冲出了厂门。这时，马场广场上已经没有人，只有疗养院门口有两堆人围着躺在血泊中的丁海泉和蔡绍倪。

我已和张彦约定，让他先去向党汇报，然后去长堤街我弟弟老三家碰头。等他一出厂门，地下党的邓祥同志早在那里等着他。他立即找我：“组织上想见见你。”

在武圣路一个茶馆里，我和地下党的同志们第一次见面。刘实同志简单地问了我的经历和现在厂里的情况后说：“你们要密切注意斗争的动向，想办法把金木场的工人发动起来，要和罢工的工人取得联系。”我们约定第二天见面后再谈。

11 月 8 日，我和张彦在满春路拐角的一个小茶馆里和地下党的刘实、邓祥围着一个方桌子讨论。他们说：“我们搞斗争，就是要有理、有利、有节。人被打死了，敌人输了理，我们一定要和他们斗到底。缝纫、裁剪两场的工人已经起来，这是非常有利的条件。要取得斗争的胜利，一定要放手把全厂工人发动起来，依靠工人群众中的积极分子。要成立一个‘一一·七’血案治丧委员会。口号一定要提得响亮，要能起号召作用。可以发动每个工人捐 1 万元，8000 工人就有 8000 万，有钱才好办事。但是，你们千万不要管钱。办丧事应符合当地人民的风俗习惯，越土越好。”最后决定，由张彦争取当一个群众公认的代表，出面领导斗争。我配合张彦工作，并担任交通。从此，我随时向组织上汇报情况，把上级的指示和意见带回来。

11 月 8 日《大刚报》发表了 7 日被服厂工人到行辕请愿和厂方提供《发生事件经过》两则新闻，实际上揭露了行辕与厂方狼狈为奸，所谓“同情”“合理解决”完全是欺骗。紧接着，行辕宣布 7 条措施，除对与死伤者不可推卸的抚恤养伤责任略加敷衍外，其余各项都是对工人杀气腾腾的威胁和恫吓。甚至还借保护工人安全为名，派宪兵进驻马场宿舍，对工人实行武装监视。

这件事就这样完了吗？工人的血白流了吗？不，工人的血决不能白流！

## 三、真假代表

我和张彦根据组织上的指示，为成立“一一・七血案治丧委员会”在工人群众中分散活动。为了选取一名公认的工人代表，11 月 8 日，我们先在旧食堂召集金木场的工人开会。会上，张彦首先发言：“裁剪、缝纫两场的工人弟兄被打死的打死，打伤的打伤，我们是一家人，他们有事我们去看看，送点东西，表示一下心意，将来我们有什么事情，人家才会关心。大家说对不对？”

“对！要表达我们的心意，就得找到他们的代表，同时，我们也应该派出自己的代表！”

张彦马上阐明自己的观点：“对了！我们不但应该派代表参加，而且还要说服他们不能马马虎虎地同厂方妥协！”

“你说得好，我们就推选你做代表，你去找他们！”

“好！就推选张彦做代表。”

张彦一点不含糊：“既然各位老师傅相信我，推我当代表，我一定按照大家的意见办事，你们有什么话，尽管对我说。”

这时，厂方把福利会的头头、厂部秘书和流氓等组织起来，拼凑了一个所谓的“工人代表会”。传说，厂方给每个死者家属 5000 万元抚恤费，“工人代表”已同意。一部分所谓的“工人代表”还在一个旅馆里密谋复工的事，妄想破坏罢工斗争。

我们得到这一消息后，由张彦以金木场代表的身份，邀集其他工场的积极分子一道去找“工人代表”。他们在新安市场的平安旅社里找到了“工人代表”。张彦一进门就自我介绍：“我是金木场的代表，我们场里200多人派我来对死难的工人弟兄表示哀悼……”所谓的“工人代表”表面上对他们表示“欢迎”。张彦把各工场同去的工人向他们介绍后，便询问他们：“你们准备怎么搞法？”余某某回答：“我们准备请孔庚老先生来调停，帮工人说说话。”张彦说：“我们工人的事情，还是工人自己来办为好。你们在这里不跟工人见面，就怕大家不买账呐。”余某某点点头：“这倒是……”其实他们既怕和工人见面，又怕工人不买账，巴不得有个更好的招牌。“你说，怎么办好呢？”“人死了，办个丧事总应该吧，成立一个治丧委员会吧！”余某某一听是治丧，不是罢工，连声称好。“不过，办丧事要花钱，厂里给么？”“全厂8000多工人，一个人出1万，就有8000多万，怕没有钱？”潘某听到有8000多万，连连点头：“那好，那好！”张彦钉上一句：“叫‘一一·七’血案治丧委员会好不好？”余某某、潘某都说：“可以，可以。怎么个组织法？”“办丧事嘛，只要一个管钱的，一个办外交的，一个搞总务的就行了。”张彦推说自己不会管钱，推给潘某，并指着余某某：“我看你很会办外交，你就搞外交吧！我搞总务，跑跑腿，打打杂。”在场的人都同意这么办。

## 四、发动群众

与此同时，我和彭再兴、小杨到现场去摸斗争动态。工人都分散在宿舍和广场的各个角落。丁海泉、蔡绍倪的遗体移放在从大门通向宿舍的大过道里，这里挤满了人。蔡绍倪遗体旁边，蔡拐子在向大家介绍死者的生平：“他从小就死了爹娘，我这个做叔的把他抚大，把他搞进厂，替他订了亲，眼看就要办喜事，日子都定了。出风头吵，玩命吵，不听说啊，一条命就值5000万，有什么法子啊？”张毛在一边帮腔：“不这样，怎么办？人家厂长说了算，你想什么就什么，没有那个话，胳膊总扭不过大腿！”这时人丛里跳出一个大汉，指着蔡拐子说："蔡拐子！他是你的侄儿？你敢说是你的侄儿？！"蔡拐子厚着脸辩护："他姓蔡我姓蔡，他不是我的侄儿，你是我的侄儿？"大汉鄙视地说"流氓,他是你的侄儿？！你的侄儿是5000万！死人头上还捞一把，他根本不姓蔡！"蔡拐子涨红脸："你！你！"张毛见周围都是工人，怕蔡拐子吃亏："算了，算了，别伤和气！"把他拖走了。据说，死者是顶蔡绍倪的名字进厂的。因为他进厂不久，所以他的真实姓名和身世谁都不了解。当时我们全力以赴对付敌人，疏忽了调查工作，直到现在，也没有把那位年轻烈士的真姓名查出来。

丁海泉负了重伤，弟兄们把他送到普爱医院，外国医生不肯抢救中国穷工人，他是抬回来以后死的。在他的遗体旁边，有个我认识的人哭得很伤心。我上去招呼："老王，怎么回事？"他满脸泪痕："咳，老傅啊！你看，他死了！"我问："他是你什么人？""姐夫哥。"一位老人跟着走过来，老王向我介绍："这是我叔，丁海泉的岳父。"王爹爹老泪纵横地向我哭诉："我老两口就一个独姑娘，他是我上门女婿，这一死，我老夫妻和外孙都没指望了……"我安慰老人："王爹爹，丁海泉不会白死的。你有侄儿，还有我们这些工人，不能看着你老为难！听说厂里给 5000 万元抚恤费，你同意了？"老人说："今天是有两个人，自称是代表，催我们赶快安葬，拿出 5000 万元要我姑娘（丁海泉的妻子王桂卿）盖手印。我姑娘说：'我不能作主，这是大家的事，不是我一家的事，你们真是有钱买得活人倒地呀？！钱我不接，手印不盖！钱有什么用？我的人被打死了，我要报仇！'"我说："对呀！就是要报仇，我们工人这样不值钱？别说 5000 万，我们全厂 8000 多工人，一个人出 1 万，就有 8000 多万，我们要的是争口气，俗话说杀人抵命，欠……""欠债还钱"的话还没说完，老人悲愤地举着拳头大声喊："对了！我们要求杀人抵命！！"喊声激励了在场的工人，大家放声高呼："杀人抵命！""杀人抵命！""我们要求杀人抵命！"怒吼声像一颗重磅炸弹爆炸了。

"杀人抵命！"成了全厂工人的战斗口号。

这时厂方送来了棺木和装殓的衣服。王爹爹一看，便和王桂卿嚎啕痛哭起来。老王踢踢棺材，什么话也没有说。小彭摸着棺材板气愤地说：“这薄板子只能给狗睡！”“不要！”“我们自己出钱重买！”大家把棺材甩在一边，几脚把它捅烂了。群众当场捐钱买来了棺材寿衣，装殓死者，请来照相馆的人给现场和死者照相“留纪念”“做证据”。还有人提议，把所有受伤的工人，包括抓到督察室挨打受伤的人，找出来一起送医院治伤。还有些人主动站出来保护现场。

群众发动起来了，急需组织起来，发挥他们的积极性，领导他们坚持斗争。正在这时，张彦回来向大家汇报了治丧委员会的情况，群众听了都不大满意，因为所谓的“工人代表”，他们都不信任。张彦抓住群众的心理，召开大会，进一步发动群众。他及时指挥大家挖坑埋柱子，把大幅帆布钉在柱子上做成幔帐，把烈士的棺木围在幔帐里面，抬来桌子，点上香烛，挂上血衣，请来念经的和尚和奏哀乐的吹鼓手。当和尚开始念经时，南洋烟厂的女工在哀乐声中送来挽联，向烈士三鞠躬，顿时，增添了悲哀的气氛。

与此同时，武汉地下党把支援被服厂的斗争作为一项中心工作来抓，调配了很大一批力量深入武汉各厂矿企业、机关、学校，组织发动群众进行募捐筹款、送挽联、参加悼念、写慰问信、报道斗争情况等。比如，一纱厂侯杰同志在两天之内连续送6次挽联，被警察传讯，几乎遭到反动当局的迫害。韩伯村同志帮助一些单位制作了许多慷慨激昂的挽联。无数党员和群众，白天黑夜在街头、在工厂、在油印机旁、在秘密集会上为被服厂工人的罢工而奔走操劳，大大地鼓舞了我们的斗志，坚定了我们胜利的信心。党组织还要我们把公开斗争和秘密斗争结合起来，严密注意特务活动，防止那些“举红旗”的人。同时要求我们把追悼会的规模再扩大些，内容更充实些，会场布置要庄严，要体现出工人阶级在残酷的剥削和压迫下起来斗争的正义性，要给人一种工人阶级有力量的感觉，要使参加活动的人都受教育。我们的人不能白白地死，死了人，就要跟敌人算账。党组织还帮我们拟定了一些口号。其中有一条是：“你们死了，我们亲眼看见，我们永远记得。”还为我们起草了《告全市父老书》。我怕原稿落到敌人手里，又重抄了一遍，留下原稿，把抄件交宗幺去治丧委员会取钱付印。

## 五、护灵守灵

自从事件发生后，厂方的人一直没有出面。他们收买了一批流氓，在工人中散布流言蜚语，并威吓工人。有一天，敌人突然派了 200 多名宪兵开到与马场宿舍紧邻的子弟学校，扬言开什么紧急会议。我们估计敌人可能是来抢尸的，妄想毁灭罪证。我们当天组织了护灵队，守卫在灵堂里，外面有我们的工人纠察队昼夜巡防。正当我们布置追悼会的会场准备召开大会时，一位码头工人急匆匆地跑来对我们说："你们厂里请了青红帮的杨大爷（即大流氓头子杨庆山）到我们码头上说话，他们出大价钱要我们凑人，今晚到你们这里抬棺材。你们赶快做准备吧。"在场的群众非常感激他，给他端水递烟，热情招待。不料一个搞不清面目的人竟恶意地冲着来人说："不行！我们为生活，你们也为生活，你说要多少钱？！"说得那位好心的码头工人转身就走。

这个问题还没解决，又传说厂方准备放火。张彦立即召集少数积极分子研究对策。大家讨论得很认真："放火？这是个圈套。点个火引子，目的在抓人，抓纵火犯。""他放火不会在厂里放，一定是在工人宿舍放，他们恨不得烧死我们！""宿舍一起火，大家一定去抢救，码头工人一出动，灵堂没有人，他们想怎么搞就怎么搞。""对啰！放火、抢棺材是一回事。这边放火，那边抢棺材，同时抓人。如果我们不作好准备，到那时人被抓了，棺材抢走了，家也烧了，真是鸡飞蛋打。""万一码头工人来了，我们不能不阻挡，一阻挡，势必自己人打自己人。""我看，首先跟码头工人讲清楚，我们是一家人，不能胳膊往外扭！"经过大家分析，我们估计敌人完全可能策划这样的阴谋，需要动员全厂工人来防止这个恶性事故，便召集全厂工人开大会。张彦把这两个情况向大家讲明，然后说："工人靠做工吃饭，工厂是我们的家，没有家就没有饭吃，我们只有保护工厂，不会放火。特务、工贼就不管这些，他们总想制造事端，给我们扣罪名。只有一个办法，谁都不进厂，就是工厂烧起来，也不去救，这样就赖不到我们头上。总之，谁进厂谁倒霉。”纠察队长刘德清说：“张代表，这事交给我们纠察队。”“对，大家听纠察队的。家属们应该组织起来，家属住宅也要注意防火，防止坏人破坏。”张彦说完就和一批青年工人跑到马场对面的广场上去宣传，他跟围着他的人们像谈家常一样地说：“有人说码头工人来抢尸，我不信。我知道码头工人最讲义气，他们是梁山好汉，抵抗强暴，帮助穷苦受害的人的，是专打抱不平的人……”

刘德清则把纠察队员分配到厂房所有出入口，和厂警一起站岗，阻止工人进厂。家属、女工也组织起来，在宿舍四周巡逻，防患于未然。傍晚时分，纠察队抓到一个身藏武器的坏家伙。群众估计这和放火抢尸分不开，于是大家警惕性更高了，进一步加强了防护。我们把通向马场广场的四个马路口把守住，还规定了一套发现情况如何抵抗、如何接应的办法。所有护灵人员人手一根木棒，身上还带包石灰。只要抢棺的人一来，先撒石灰迷住他们的眼睛，再讲道理。还估计到抢棺可能要开汽车来，大家找来铁锤，制作空心锥子，准备用来砸烂汽车马达和输油管，戳穿它的轮胎，使它发动不起来，开不走。为了防止敌人截断电线，电工师傅施荣根、顾亚成爬上电线杆，把街灯线路接到灵堂，同时在灵堂里装上几个大灯泡，照得和白天一样，有来犯者，我们很容易发现。幔帐里面却一盏灯也不装，护灵人员在暗处，敌人看不见。大家一直忙到夜晚 9 点多钟。这时，彭再兴拿给我一张《告父老书》传单，我越看越不对头。原稿不过如实反映了被服厂工人被迫罢工的情况，呼吁社会人士主持公道，给予正义的支持。而这张传单却印的什么“……山东解放军已经反攻，我们赶快起来罢工、罢课，进行配合……”，这不等于一张自供状吗？如果落到敌人手里，正好给我们扣个“与共匪里应外合”的罪名来进行镇压。斗争的前途、几千人的希望、政治影响都将不堪设想。这事非同小可！我必须马上向组织上汇报，想办法挽救。可是，马路上已经戒严，交通断绝。张彦在广场演讲后，已带一批人去做码头工人的工作，他还没有回来，我又不能走开。我问小彭：“我是叫宗幺拿去印，怎么你把它拿回来了呢？”他说：“潘会计讲，宗幺有急事，要我拿去印。听说明天就要用，我没顾上看，便赶紧去找印字馆。

现在印出不少，我看了也觉得不对头，才拿给你看。”啊！原来“潘代表”插了一手！可是，现在问题还不在于追究责任，而在于马上去印字馆毁掉印版和传单。印字馆在五彩，离硚口有三四里路，受宵禁戒严的限制，不能到那里去。小彭突然问我：“你信不信得过我？”“我们工人弟兄，有什么信不过呢？”“要是信得过我，把它交给我。”“你想怎样做，跟我讲讲，我看行不行。”“你不管我怎样做，一切照你的办就是了。”我只好把存留的原稿交给他。等他一走，我又后悔起来，别看他说得好，到底才 18 岁呀。好容易熬到天亮，抢棺的事情没有发生，张彦他们高高兴兴回来了。他们这一夜和码头工人进行了商谈，工作做得很漂亮。就是那张该死的传单叫人担心。我把工作交给张彦，准备去找组织。不料小彭一摇一晃托着个沉甸甸的纸包回来了。他一声不响地把纸包放在桌上，我打开纸包一看，只见是一大卷传单，内容和原稿完全相同。这时，我心里的一块石头才落了地。他是怎样完成这个任务的？汉口老街商店都有后门，前门在甲街，后门在乙街。他利用这个特点，谎说家里有人得急病，要请医生，敲开一个商店，前门进，后门出，就这样避开了戒严的军警，到达了五彩。他好话说尽，要求印字馆老板毁掉印版和传单，但是那位老板只是淡淡地说：“那张传单是你们自己拿来印的嘛！”小彭只得晓以利害：“如果那张传单落到宪兵、警备司令部手里，该我们坐牢、杀头，你是承印人，一样跑不了。”老板着了慌：“怎么办？没有人手，时间来不及呀。”小彭说：“我帮忙，先把印出来的一烧，把原版拆掉，照现在的底稿印 1 万份。”老板说：“来不及，圆盘机踩一脚出一张！”“印多少是多少。”小彭和老板拆版、排版、踩圆盘机忙了一夜，抱回了这 1000 份传单。

党组织对我们这一天的工作很满意。见传单少了，又想办法在其他单位印了许多油印传单送给我们。

追悼会会场布置得庄严肃穆。大家经过努力，把马路那边的壕沟用粗大的杉树搭起来，上面铺上厚松板，使宿舍门前的马路和壕沟连接起来，一直延伸到壕沟那边的广场。另搭上两个帐篷，一个是治丧委员会本部，另一个是来宾休息的地方。这样大的会场至少可容纳 1 万多人。灵堂前面竖起了牌楼，牌楼上端缀着一块几丈长的白布做的横幅，上面写着“你们死了，我们亲眼看见，我们永远记得”16个斗大的字。牌楼两侧，是一副触目显眼的挽联。上联“杀人抵命”，下联“严惩凶手”。再往两边就是各单位送来的许多挽联。如：

“我们罢工是为了吃饭，你们杀人是为了什么？”

“国法何存举世打风昌炽，天理何在遍地杀机潜伏。”

“坚决找凶手算账，齐心为死者报仇。”

“为肚子不饱去请愿竟遭此荼毒，无人性两足兽敢执枪杀我工友。”

“说是严办实是不办他们想马虎了事，既为死者也为活人我们要坚持到底。”

“再莫谈保障人权实纸上谈兵，说什么劳工神圣骗工人出力。”

……

四五百副挽联，还有花圈、横匾和祭帐，从灵堂一直摆到两里路外的武圣路口。灵堂上方有烈士遗像、烈士倒卧在血泊中的现场照片、血衣……下方供桌上点起大蜡烛和檀香，还有10来个和尚在旁边念经。灵堂前面是马路，马路上方用黄蓝白三色布搭起与牌楼一样高的天棚。整个灵堂在天棚覆盖下，光线比较暗淡，显得庄严而肃穆。在地下党的组织和发动下，参加我们的悼念活动的有：著名的四大纱厂（申新、裕华、一纱、震寰）、两条铁路（粤汉路和平汉路）的江岸机厂和车辆厂、南洋烟厂、汉昌肥皂厂、三十兵工厂、海军造船厂、鄂南水电厂、恒顺机厂、既济水电公司、福新面粉厂、汽车修配厂的代表，还有许多中小企业和人力车、码头、马车、建筑等各行业的工人，以及电信局等单位的职工、文化团体工作人员、进步人士、公务人员、学生……他们几百人一队、几十人一队，庄严地到灵前肃立志哀。追悼大会开始，由张彦致悼词。他满怀激情地倾诉了军需工人被剥削被压迫的痛苦，淋漓尽致地揭露了厂方对工人血腥镇压的罪行。他慷慨激昂的讲话，获得了成千上万群众的共鸣。整个会场上愤怒的口号声和抽咽哭泣的声音交织成一片。

## 六、硬压软欺

追悼会规模之大、礼仪之隆重，在汉口武昌两市是空前的。两名被反动派视为比猪狗都不如的“穷鬼”工人，死后获得这样的哀荣，大长了工人的志气。敌人对如此大规模的追悼会所造成的政治影响既气又怕，同时又不甘心，极端痛恨。追悼会后的第二天，武汉警备司令阮齐亲自出马，在几千工人面前叫嚣：“我是警备司令部的司令。我的职责是维护地方治安。政府的法令是不许罢工的，你们为什么要罢工？”他这耀武扬威的恐吓遭到工人的有力反驳：“我们罢工是为了吃饭，你们为什么杀人？”“罢工违反治安，我有权过问。再说人死了，尽摆着，有什么光彩！”“照你说，当官的无故杀人才算光彩？”阮齐支吾几句，乱了阵脚，便溜到厂警卫连办公室去了。这时张彦来到阮齐站过的地方，说：“弟兄们，看清楚了吧！这叫官官相卫！政府的官，工厂的官，一个鼻孔出气，都是镇压我们、屠杀我们的刽子手。我们不怕。只要大家团结，就有办法和他们斗争，就会得到人民的支持，就能替死难的弟兄报仇，就会胜利！”我大声叫喊：“你的话说到我们心里了，推选你当我们的总代表！”会场响起暴风雨般的掌声，大家一致高呼：“赞成！”“同意！”就这样，张彦成了全厂工人在大会上正式选出的总代表。特务、工贼眼红了，一个道貌岸然的中年人跑上去，故意把张彦的身体挡住，向天空举着拳头，疯子一样叫嚷：“我们要为工人报仇，我们要严惩凶手，我们要……”台下几个小喽啰齐声吆喝：“我们推选你做总代表！”小杨理直气壮地站起来高声喊道：“我们已经选出总代表了！”群众一致附和：“我们有了总代表了！”那个小喽啰见势孤力弱，便改口说：“他做个副总代表总可以吧！”张彦明知他们捣鬼，却毫不在乎地伸过手和“副总代表”握手：“我们一起干吧！走，找阮齐去。”这可难倒了“副总代表”，他心里发怵，态度迟疑。张彦硬拖着他往警卫连办公室去，广场上又响起一阵掌声。这时，阮齐从厂警卫连办公室溜到子弟学校去了。张彦只好和“副总代表”以及武昌分厂的代表余少清去子弟学校找阮齐谈判。与我同住一个独身宿舍的老熊和一些积极分子很不放心，对他们说："我们都在门口，广场上还有几千人，你们一定要把谈判的情况随时告诉我们。"张彦说："好。我们把大家的要求带去，如果达不到目的，决不自作主张！"这话既说给群众听，也说给"副总代表"听。群众放心了："总代表，我们信得过你！"

他们走到子弟学校门口，正好两个军官在讲话。当张彦走过时，其中一个故意说："这样闹法，一定是共产党在煽动。"另一个说："他妈的，真不怕死。"再走进礼堂，厂方的人，长袍马褂、西装革履的绅士都围着张彦献殷勤。"张先生来了！""张先生请抽烟。""张先生坐。""张先生请喝茶！"把个"副总代表"和余少清冷落在一边。张彦想："余少清也是工人代表，为什么没有人应酬一下，光对付我?！难道姓余的也是他们的人？这些蠢材也太露骨了！"这时，阮齐满脸微笑向他招呼："张先生来了，欢迎！"并若无其事地轻轻把手枪放在桌上，顺手指着身边的座位："张先生，请这边坐。我说，代表们，人死了不埋，确实有碍卫生，请你们劝说工人，将死人埋葬了复工，其他条件都好说。你们说是不是？""副总代表"连忙说："好好！我们去说。"张彦说："工人们是要请你下令，严惩凶手，为死难工友报仇。我们是代表工人来表达这个意见的，你同意或不同意，我们只能把你的意见带回去，告诉工人们。"这时厂方的人连忙张罗，一会儿三桌酒席摆上了。阮齐不回答张彦的话，向他身边的座位一指："张先生，在这边坐下来说。"张彦说："我们是来谈判的，不是来吃酒的！"这句话被余少清接过去，他退到门口喊："我们是来谈判的，不是来喝酒的。"声音很大，广场上的群众都能听见。老熊把几个烧饼塞到他怀里说："吃人的口软，得人的手软，要是饿了就吃烧饼，工人代表吃工人的饭，香些！"广场上的群众纷纷议论："想收买我们的代表。""逼代表签字！"有人大声呼叫："出来谈！再不出来，我们大家一起进去！"阮齐慌忙对张彦说："张先生，你去对工人说说。"张彦说："好！我去对工人说去！"几个军官将张彦等送出子弟学校。群众围了上去，张彦说："阮司令要我们把死难工友埋葬后复工，你们同意不同意？"群众齐声怒吼："不同意！我们要杀人抵命，严惩凶手！"几个军官慌慌张张退回去了。

不一会儿，一辆小轿车从子弟学校开出来，阮齐溜走了。

11 月 14 日早上，马路上出现了标语：“我们要吃饭，我们要做工！”“不要上共匪的当！”落款为“被服总厂全厂工人”。这显然又是敌人分裂工人队伍，涣散群众斗志，为他们进行镇压制造的反动舆论，必须狠狠地打击和揭露。张彦为此召集了全厂工人大会。他理直气壮地说：“11 月 13 日，全厂弟兄在这里开会，大家把我和老陈推选出来担任正副总代表。正式成立了‘一一·七’血案治丧委员会。宗旨是抗议厂方无理屠杀工人，口号是杀人抵命，严惩凶手。现在出现了一个‘被服总厂全厂工人’的组织，口号是‘我们要吃饭，我们要做工’‘不要上共匪的当’。既然有两个组织、两种不同的宗旨，那么，我们不妨摊开来谈一谈，看谁有道理，我们就服从谁。大家看好不好？”全场一片喊好声。“既然大家认为好，那就请‘总厂全厂工人’的代表到这个台上来，申述你们的宗旨！”众目睽睽之下，没有人敢上台来。大家再三催促，还是没有人出来。张彦说：“现在我提议，以这个台为界，凡是‘一一·七’血案治丧委员会的人，请站到左边；凡是‘总厂全厂工人’的人，请站在右边！”人们纷纷往左边站，就连明牌的工贼也削尖脑袋往左边钻。台的右边空空如也。张彦说：“现在明白了！那个‘被服总厂全厂工人’的组织是个假把戏！我们根本不承认它。这是坏人造谣，诬陷我们。大家说怎么办？”台下接二连三地喊：“把那些标语撕掉！”“盖掉它！”“有人再敢干，抓起来。”张彦问“副总代表”：“你看怎么样？”他只好回答：“就这样办吧！”散会后，工场代表率领一班群众，带着铲子、浆糊和标语传单，销毁和覆盖了反动标语。

这天下午，一个规模不小的乐队奏着哀乐来到灵堂。后面有人抬着彩亭，里面放着一块红绫匾，匾上有金色镂刻的“正气长存”四个正楷大字，上款是“丁海泉、蔡绍倪二烈士千古”，下款是“国民政府敬挽”。彩亭后面跟着两个颇有身份的人。一个是鬓发斑白、身穿长袍马褂的瘦老头儿，他就是湖北省的著名绅士孔庚；另一个是年约五十的军人，提一个光亮的黑皮包，呢子军服上缀有中将军衔。这两个不速之客，是我们第一次遇到的大人物，他们居然也到灵堂来悼念。军人脱帽，向两位死者遗像三鞠躬；

孔庚还三拜九叩首地行大礼。然后他们就去灵堂隔壁的子弟学校，叫工人代表到那里和他们谈判。工贼在下面散布说那个中将是蒋委员长①派来的高级参谋，还叫他赵高参。

张彦和代表们来到子弟学校，厂方的人过来介绍："赵高参，受国府委派，从南京坐飞机来武汉的。"赵高参也表明来意："蒋委员长最爱工人，得知丁、蔡二位烈士殉职，非常难过，特派兄弟来向烈士悼念。同时，代表国府来处理这次工潮！"他旋即拿出一张预先写好的纸："请张先生签个字。"张彦接过一看，一句话没说，把它放到桌上。高参暗示身边的警卫，同时对张彦说："张先生，你是聪明人呀！"警卫人员的枪栓拉得直响。守在门口的群众这时吼叫起来："出来谈！不要关在屋里谈！"赵高参悄悄挥开警卫，微笑着说："不用着急，考虑一下，谈的时间还长呢。"说着就将张彦等代表送出子弟学校。群众高呼："请长官出来说话！"赵高参只好到广场，站在台子上，向广场上群众扫视一番。一些不信邪的人偏偏大喊大叫："莫上当啰！""他说代表国府，有什么证据呢？""向他要证明。""拿不出委任状不跟他谈！"赵高参无可奈何，从大皮包里取出委派令，亮了又亮："我这不是假的，你们放心！"群众一个接一个地喊："我们相信你代表国府，你打算怎么办？""你既然代表国府来给死者吊孝，就该下命令捉拿凶手，判处他们死刑。""下命令撤徐福海的职！""你代表国府就该主持公道！"……忽然老熊捧着二位烈士躺在血泊中的照片，走到赵高参面前："你看，你不是假的，我们也不是假的。"然后一本正经地捧着烈士血照和赵高参肩并肩站着。赵高参不知他要干什么，正要把委派令往皮包里塞时，老熊喊："慢点！照个相留着将来好查对。"照相馆的人早已把镜头对准他们两个，咔嚓照了一张，引起大家哄然大笑，

①1932年3月，国民党四届二中全会决议重新设立军事委员会，推选蒋介石为军事委员会委员长，这是蒋介石被称为"委员长"的由来。1946年5月，国民党政府明令裁撤军事委员会所属各部会以及行政院军政部。1947年4月，由蒋介石任委员长的国民党最高国防委员会亦停止工作，此后蒋介石已不再有"委员长"职务。但当时很多人仍以之前习惯称呼蒋介石为"蒋委员长"。编者注。

把赵高参弄得啼笑皆非。

他们随即又来通知，请代表 2 点钟后去原地谈判。我急速去找组织，研究谈判条件。根据群众的要求，拟定了 8 条：

（1）逮捕凶手，执行枪决；

（2）撤销徐福海厂长职务，交付法办；

（3）死者都是黄陂人，必须按当地风俗，摇独龙送殡，到江岸车站上车，送回原籍安葬；

（4）死者抚恤费各 1 亿元；受伤者按伤势轻重，分别发给养伤费 3000 万、4000 万、5000 万元；

（5）罢工期间工人工资照发；

（6）立即按当时（10 月）物价补发被克扣的 30 万元（原 40 万元，除开垫发 10 万元）奖金；

（7）复工后，工资按市场物价随时调整增加；

（8）保证人身安全，不得任意打骂、开除工人。

谈判进行了一下午，敌人坚决不同意枪毙凶手、撤销厂长职务。群众也坚持不肯放弃这两条："不枪毙凶手，我们还能在厂里做工？""杀人不抵命，那还了得！""至少也要法办！""就是不马上枪毙，也要杀杀这帮家伙的威风。""那个徐福海，不叫他滚蛋，留着他欺压我们呐！""非滚蛋不可！"……

我向党组织及时汇报了谈判的分歧点。党组织指出，群众对 8 条要求 1 条也不肯放弃，是坚持原则。经济上要解决问题，政治上也要取得胜利才好。如果坚持枪毙凶手、撤厂长的职，形成僵局，敌人采取别的办法反扑，就比较麻烦。不是有人认为，就是不马上枪毙，也要杀杀他们的威风吗？这个意见可以考虑。把"执行枪决"改成"交付法办"行不行？厂长问题，反正叫他滚蛋，撤职免职都是滚蛋，把撤职改为免职好不好？我们节制一点，敌人才肯妥协。斗争一开始，我们讲有理有利，现在要讲有节了。回去再和群众好好商量一下。

11 月 16 日，代表们根据党组织和群众的意见，继续和敌人谈判。敌人果真作了让步，表示同意了。但是，到了签字的时候，赵高参突然提出新问题："送殡形式，棺材运到黄陂，都可以，但要把送殡路线改一改。棺材不从江岸车站上车，而从玉带门车站上车。时间要提前，最好是今天。"为什么在凶手和厂长问题上都能让步，偏偏在出殡路线上斤斤计较呢？他们估计到，依我们条件大出殡，抬着棺材，由马场宿舍到江岸车站，要经过武圣路、六渡桥、江汉路、大智门……一条最热闹的中山大道，行程 20 多里，必定轰动全武汉。而从马场宿舍到玉带门车站，不过 2 里多路，怎样闹也无伤大雅。时间要提前，无非是赶快悄悄地把两具棺木打发走。代表们坚持要按照本地风俗，头天晚上举行大堂祭，第二天大出殡。棺木必须由江岸车站上车运往黄陂。

谈判又没有成功。

## 七、出殡前后

我们准备拖，让和尚照旧念经，乐队继续吹吹打打，全厂几千人，反正不上班，30 个一群，20 个一伙，轮流去灵堂悼念，让国民党前线的官兵到时候没有被服过冬，骂他们的娘，倒他们的戈。我们决心这么干。赵高参沉不住气了，第二天一大早派人来传达他的意见："同意把棺材送到江岸车站上车，但要求明日（11 月 18 日）一早动身。怕你们时间来不及，去硚口上头时送殡队伍不抬棺材随行。你们同意，就请代表去签字。"敌人又让一步，代表们就去签了字。他们很快履行了第一、二两条协议，17 日一早，以国民党联勤总部名义免除徐福海厂长职务的布告在硚口一带张贴出来了。接着由几个宪兵把五花大绑的凶手钱汉章、戴续林从厂部押到灵堂。工人群众一见，马上一拥而上，冲到他们面前举起拳头高喊："严惩凶手！""杀人抵命！""枪毙屠杀工人的刽子手！"凶手被押着在灵堂走了一圈，他们沮丧地垂着头，威风确实扫地了。连看热闹的市民群众也同声称快。工人弟兄更是斗志昂扬地高喊："工人弟兄们，团结起来！""团结就是力量！""团结起来就能胜利！"

谈判宣告胜利结束。下一步就是当晚的堂祭和次日一早出殡的问题了。

党组织指出：大出殡实际上就是抬棺游行，目的就是教育我们自己，教育广大人民，扩大我们的政治影响，一定要给人留下深刻印象。党组织还给我们出了许多具体的主意。比如，为了揭露敌人的罪行，使广大群众铭记国民党反动派暴政的结果，应该特别突出那些血衣、现场照片和那个横幅标语。连如何使游行队伍从头到尾自始至终情绪饱满，游行时喊什么口号，都细致地作了交代。我带着这些意见回来，已是夜晚 9 点多钟。堂祭完了，灵堂拆了。血衣、杀人现场的照片都还在，唯独那个横幅标语找不到了。第二天派人去买布，准备重新制作，奇怪的是所有商店都营业，就是布店不开门。派人到远处去买，都空手回来。这使我不能不怀疑是敌人把它偷走，甚至不惜下命令让全市布店停止营业来防止我们重新制作。要是这样，这条标语非打出去不可。我首先想到那个“副总代表”。只有去找他，用他的手重新把横幅标语写出来最合适。我找到他说：“副总代表，丁海泉的老婆要求把她丈夫临死说的‘我是怎样死的，你们要对得起我’这句话写出去，请你帮忙写一写。”他推说没有布，不肯写。“布的问题好办，用白报纸写好，然后贴到竹架子上。”他没法推托，提起笔乱写一通。我说：“你是‘副总代表’，你这样写，当心苦主来找你的麻烦！”他知道苦主后面是几千群众，没有办法，只得老老实实地写。我来个“得寸进尺”：“死者的话有了，我们总要有个答复吧！”“什么答复？”“就把‘你们死了，我们亲眼看见，我们永远记得’那条标语写上吧！”“那……怕不好吧！”“有什么不好？追悼会都开了上十天，谁没有见过？马马虎虎对付对付算了。”他犹豫半天，终于硬着头皮写了。

这里刚办完，那里赵高参派人送来用红绫做的一丈多高的旌表，上款是“丁海泉、蔡绍倪二烈士千古”，落款“国民政府敬赠”，当中是什么“劳工神圣”。旌表是封建统治者对忠于他的臣民的一种褒奖形式。丁海泉、蔡绍倪是他们要褒奖的人吗？他们恬不知耻地唱着“正气长存”“劳工神圣”的颂歌，把自己打扮得“最爱工人”“最同情工人”，无非是为了欺骗世人。送殡的队伍已经集中，我和张彦以及一些骨干分子需要留在现场和码头工人一起装置棺木，不能同去硚口。那些工贼、特务装得很虔诚，拥着旌表，抬着“烈士千古”的彩亭，带领送殡队伍上路，假心假意地扮演自己不喜爱的角色。硚口一带工厂的工人都在路旁设祭，口号此起彼伏，接连不断的鞭炮声震天作响，大大地显示了工人阶级的威力，这对于工贼、特务们不能说没有一点刺激。当去硚口的队伍刚走，汽车队一个工人就来报信：“他们准备两部汽车来运棺材。”张彦对我说：“棺材一搬上车，开跑了怎么办？”“无论如何不能让搬上汽车！”在场的人准备睡到棺材上去，工贼和特务来了就拼命。也有人出主意，在棺材上缠几道铁丝，接上电线，他们一来就通电！码头工人却说：“不怕！”他们把扎龙杠的木料堆在马路上，使汽车开不过来。不一会儿，果真开来了两部大卡车。从车上跳下的人说：“赵高参讲，棺材装在汽车上，再扎上彩，比摇独龙排场些！”真是诳鬼话！张彦干脆回答：“我不同意。”司机准备把车开回去，张彦把他拦住：“你们在这儿等等。”两辆卡车被扣留下来了。码头工人加快速度，把棺材装置成两个庞然大物，分别扎起32人抬的木杠，谁也没有本事搬得动。两副棺材都套上了鲜艳的绣花棺罩，顶上安着一条栩栩如生的大木龙。写着丁海泉遗言的横幅嵌在木龙头上，被衬托得格外显眼触目。

去硚口的游行队伍返回马场广场之后，抬棺游行、万人上路的场面展开了。四班乐队分别排列在死者遗像、灵位，烈士现场的血衣、血照及其他彩亭前后，持挽联、花圈、小旗的游行队伍也间隔穿插其中。两副龙棺后面是赵高参派来“运棺材”的两辆卡车，现在载着家属和体弱的女工姊妹。队伍最前面由纠察队员组成的自行车队开路。这时赵高参又派来一队骑自行车的宪兵，我们就让他们配合纠察队行动。

10多里长的中山大道真是万人空巷，道旁两侧拥挤的人群构成两堵水泄不通的人墙。那斗志昂扬的游行队伍浩浩荡荡地从中而过，那“严惩杀人凶手！”“杀人抵命，反对迫害工人！”“我们要人身安全！”的怒吼，动人心弦。在这一派激情奋发的气氛中，“工人弟兄们团结起来！”“团结就是胜利！”“我们要活命，反对饥饿！”“我们要活下去！活下去！”的口号声响彻云霄。

## 八、水火煎熬

第一次罢工刚结束，地下党便着手在被服厂建立党组织。首先接收张彦和我入党，同时派来了王志明（小王）同志，他也是在重庆接受过地下党培养的。小王来后，拜刘德清为师，进了缝纫工场。因为我们 3 个都是新党员，组织上派邓祥同志兼任支书，我们分别任副书记、组织委员和宣传委员。小王接替我原来的职务，经常和组织联系。被服厂的地下党支部就这样成立了。

第一次罢工显示出工人团结起来的巨大力量。不过，我们没有很好进行总结，对敌人可能变换什么手法缺乏估计，以为 8 个条件兑现了 6 个，至于按市场物价调整工资和补发奖金，到月底发工资时自然会解决。

到 11 月底，敌人违反协定，不按物价调整工资，并且借口成衣是裁、缝两场工人做出来的，只给他们补发 30 万元奖金。辅助工场工人的奖金无故被克扣，这些工人希望和人数最多的裁、缝工人联合起来再罢工。

这时货币贬值，物价狂涨，对工人是天大的压力。别说扣工资，就是不扣工资也难以活命。到 1948 年 1 月底，每个工人的工资才增加百分之二十，远远赶不上飞涨的物价。

党组织要我们进一步发动群众，根据本厂情况，尽可能配合反饥饿、反迫害、反美帝的活动。同时估计罢一天工至少要减少上万套成衣，敌人前方部队到时候服装不能换季，必然影响战斗力，这对我们解放军是个有力的配合。于是我们决定再斗争。青年工人容易发动，老工人顾虑多些。但是，只要你揭开那些一瓢舀起来除了藕节、烂菜帮子，没有几粒米的锅；只要你走进那没有窗户、只有两个对开的门，用破家具、烂床单一拦就算一户人家的芦席棚；只要你走进那当中一条窄走道，面对面、背靠背，长不过两米、宽不到一米的三层铺的独身宿舍，你就知道工人过的是什么日子。我观察过，一个马车老板对他的马很爱惜，每天只让它从硚口到六渡桥跑三趟，跑多了怕累坏了它。每跑一个来回，要让它到广场上遛遛，半夜还要起来给它添料喂水，相比之下，我们工人过的日子连牛马都不如。只要我们做好发动工作，讲清道理，顾虑再多的人也没有不起来的。当然，也有个别人情况比较特殊。比如金木场老师傅刘鑫，他吃过小资本家不少苦头，进了被服厂，因为手艺全面，得到工场主任器重，使他对“国家工厂”存在若干幻想。我们就针对这个情况来帮助他。我们承认，一般小资本家爱打小算盘，刻薄、小气。他们的资本小，两台破机器，不小抠小算就要关门。厂子小，权力小；“国家工厂”大，权力也大，还不是不让工人活！丁海泉、蔡绍倪死得不冤枉吗？你手艺好，既不偷懒，又不耍滑，可还不是跟大家一样？刘师傅是个干脆的人，多的话没有，只说：“你放心，走着瞧！”在第二次罢工中，群众选他当金木场的代表，他积极承担了这个任务。我们就这样，今天这家，明天那家，使一些工龄长、技术好、有影响的老工人都成为第二次罢工中的骨干。加上第一次罢工中的积极分子，群众基础就更好一些了。

当时解放军已逼近武汉，平汉路的火车只能通到刘家庙，武汉周围的汉阳、黄陂、云梦……都有我们的武装力量。敌人大势已去，他们只顾准备后路，穷凶极恶地搜掠民财，苛捐杂税使许多中小工商业破产。法币不值钱，粮食一天几易牌价。有人曾做了一个小统计：每粒白米价值五角二分，不要多久，将涨到法币一元。报纸上天天可以看到“某某公司倒闭”“公教人员要求按市价配给粮食”“某某校学生罢课”“某某厂工人罢工”。大好革命形势给我们很大的鼓舞。

金木场翻砂工王泽善看到第一次罢工的胜利，劲头来了。他和谁都谈得来，消息很灵通。有一天他悄悄告诉我：“伙计，我们的工资才增加百分之二十，人家当官当兵的和汽车司机却增加了百分之百。联勤总部下面的三十兵工厂、海军造船厂，不论官兵工人也都增加百分之百。不信，我找人做证明。”他真把汽车队的一位司机找来，让他亲口对我们说。群众听了，十分愤慨：“又想从我们骨髓里榨油！”“这回非干不可！”金木场的车工老肖特别谨慎稳重，他说：“硬是要拿稳了再动，鸡飞蛋打的事干不得！”我们考虑了他的意见，先给厂方打报告，隔几天打一个同样内容的报告，连打5个，厂方无反应。

1948 年 2 月 24 日，支部通过金木场代表刘鑫、韩凤秋邀各场代表开会。会上决定：再打个报告，如果他们还不答复，26 日一定罢工，还是裁、缝两场先行，以便看动静。到 25 日，厂方仍然置之不理。

2 月 26 日，裁、缝两场按计划罢工了。

## 九、再接再厉

刘鑫找工场主任陶惠民，要他去把厂长请来谈判，否则我们也罢工。陶惠民一向器重刘鑫，答应去请示。这时王泽善来报告："汽车队长在打那个司机，骂他不识抬举，给你加了百分之百的工资，还要去通风报信。"刘鑫就带领金木场工人包围汽车队。队长见事不妙，正想逃跑，小杨一把将他揪住，大家拥上去，对他不客气了。他在陶惠民掩护下往厂长办公楼跑，工人在后面追。他看见新来的厂长魏剑白站在办公楼的阳台上，就大声朝魏剑白喊："他们打人！"我们的人也连声吆喝："请厂长讲话！"陶惠民劝我们回工场："厂长就去和你们谈判。"大家指着阳台说："他就在那里，要他下来谈嘛！"魏剑白怒气冲冲地把手一招："来！就在这里谈！"工人拥到办公楼，其他工场的人都来了，有两千多人，把办公楼包围了。督察室的特务、高级职员和他们的警卫如临大敌，陆续跑上阳台。

魏剑白有恃无恐地打着官腔："你们有什么事呀！"

刘鑫说："有！三十兵工厂和海军造船厂工人的工资增加百分之百，一样是联勤总部下面的工厂，为什么我们只增加百分之二十？"

韩凤秋补上一句："就是我们厂内也不一样，你们当官的、当兵的和汽车队，也增加了百分之百，这是什么道理？"

魏剑白再问："还有什么问题？"

"我们写的报告，你为什么不回答？"

魏剑白摆足了架子："好！我现在回答。三十兵工厂、海军造船厂和我们厂都属联勤总部管，这不假。但是，他们做武器，我们做被服，工资从来就不一样。当官的加百分之百，你们加百分之二十，这有什么办法呢？我们是官，你们是工人，怎么能比呢？"

工人们反问："那为什么汽车队加百分之百呢？"

"咳！他们是汽车驾驶兵哪，你们是工人，怎么能比？"

工人怒火冲天："你都有理！这比不得，那不能比，我们就该饿死？"

魏剑白看到工人发火，反而更加来劲："你们实在要比，那好。你们现在每月工资差不多一百万元，加百分之二十，就有一百二十万元，当兵的才二三十万元，加百分之百，不过四五十万元。你们是要百分之百，还是要百分之二十呢？"

工人们马上回应："我们不管这些，按市场物价调整工资，是南京派来的赵高参同意，签了字的。"

魏剑白却继续打官腔："赵高参同情你们，安慰你们，但是，加不加，加多加少是国家的政策。行了吧，我回答完了。"

大家哪里肯轻易把他放走。"慢着，问你，我们给你的报告，你看了没有，为什么不回答？"

魏剑白漫不经心地说："啊！这两天美国友人来啦，我陪他们去了，报告刚到我手里，我总得看一下才能回答吧。"

这家伙强词夺理，狡辩多端。支部认为我们应该出来说话，决定由我去和他周旋。

这时，魏剑白自以为得计："要我回答的都回答了，你们还有什么事呀，没有什么事，话就说到这里。"他转身要走。

我说："厂长！我有件事请问你。"

"说吧！"

"厂长刚来的时候，当着几千人说过，上至厂长，下至工人，都是工厂的主人；谁都应该享受主人的权利，谁都要尽主人的义务。我们工人听你的话，每天干 14 小时甚至 16 小时，手被针扎破了，马马虎虎包一下，人累得吐血也不休息，这总算尽了应尽的义务了吧！可是我们享受到权利没有呢？没有。我们的权利很简单，只要饿不死，活得下去。现在米卖多少钱一升，工人吃不吃得饱，你知道不知道？你厂长有权要求我们完成生产任务，也要尽点义务让我们填饱肚子活下去啊！你住的高楼大厦，吃的山珍海味，上戏院尽情娱乐，还美其名说陪美国友人。可是工人的死活，你毫不过问，这算你尽了应尽的义务吗?！你们加百分之百，我们加百分之二十，问你是什么道理，你说我们不是官而是工人。过去你说上至厂长下至工人都是工厂主人，这一句话，现在还算不算数？如果算数，你这个主人加百分之百，我这个主人加百分之二十，都是主人，为什么两样待遇？你又说当兵的加百分之百才四五十万元，工人加百分之二十有一百二十万元，要我们和当兵的换工资。我问你，当官的加百分之百是多少万？为什么不让我们和你们换工资？我们给你打报告，你说你陪美国友人去了，今天才到手，要等你看了以后才能答复。一个月前，我们就给你写报告，昨天的报告是第六次，以前五次内容都一样，你都陪美国友人去了吗？如果你看到了，为什么不答复？难道你只享受应享的权利，而不尽你应尽的义务吗？请你答复。”

群众挥胳膊舞拳头怒吼：“魏剑白，你要答复！”“你快答复！”

魏剑白眼睛恶毒地看着我：“好！我来答复，不过我在答复之前，有个情况跟你们说说。现在的时局怎样？天下大乱哪！不说全国，就说武汉吧，周围几十里是什么情况呢？都是共产党！武汉市内能没有他们的人吗？不说武汉，就在我们厂里，我不说你们也知道，希望你们不要上人家的当！”

张彦挺身而出：“你说什么？我们代表向你提问题，你就拿共产党来威胁?！徐福海制造了‘一一·七’惨案，我们被残杀的弟兄，血迹还没有干，你又想制造新的惨案，再拿我们开刀吗？”

他这一揭露，魏剑白连忙表白：“你们放心，我魏某决不会那么做。”

“你不会吗？”韩凤秋跳起来指着阳台上的卫队：“看！卫兵枪都上膛了！”群众一看，阳台上卫兵的枪口果然正对准我们。群众怒火冲天，刘鑫首先挺胸站出来：“打吧。”许多人扯开衣襟：“打吧！朝这里打！”所有的人都昂首挺胸，放声怒吼：“朝这里打！”“我们工人是死不完的！”“有本事的开枪吧！”

魏剑白回头对卫队喝道：“滚！”卫兵滚了，可是魏剑白这家伙马上哭起鼻子来：“各位师傅！我没有尽到自己的职责，可不能说我不顾大家的死活！我早就把这些情况呈报过国府，这次增加百分之二十，是委员长亲自批的，我有什么办法呢？我只有同大家一起去请示蒋委员长！”

“好！我们等你带我们去南京请示蒋委员长！”我一挥手：“弟兄们，我们回去！”真像操场上听口令一样，两千多人齐刷刷地转身就走。我仔细一想，不行。我们一走，他一变卦怎么办？“师傅们，等等，我们得问他一个时间啊！”群众回头来重新把厂办公室包围起来。“厂长，我们等你要等多久啊？”

“我赶紧办就是了！”

“好！我们等你，可是你要言而有信啊！”

由于人多心齐，大家把魏剑白的官僚气派横扫了一场。有人笑眯眯地说：“我们不是罢工，是等厂长领我们去见蒋委员长！”

我们和所有工场代表、积极分子回到金木场，研究了下一步的工作。首先确定这次罢工是解决第一次罢工没有解决的问题。我们应该有个集会的地方。大家选择福利会会址做办公室，把丁海泉、蔡绍倪两位烈士的灵堂在那里重新布置起来，让大家记住敌人欠下的血债，时刻想到要对得起死难的弟兄，踏着他们的血迹前进。我们召集各场代表开了一个短会，统一了认识，并决定由小顾、小杨组织纠察队，由张彦、小彭负责组织诉苦义卖队出外宣传。

2 月 27 日一大早，诉苦义卖队搜集了几箩筐破衣烂棉花、穿孔的鞋和袜、破铜烂铁，用扁担挑着，分别到市内各工厂区、轮船码头、火车站诉苦、义卖去了。

## 十、鬼蜮伎俩

我和老邵、牛青山、刘鑫、孙武林几个人在我们的办公室等候谈判。上午 9 点钟左右，厂方代表叶国青（副厂长）、刘松鹏和行辕、警备司令部的代表都来了。报社记者也来采访。

谈判还没有开始，只听得广场上有人鼓噪。我们几个到门外一看，只见工贼张毛带领一群人狂吼乱叫：“我们的代表滚出来！他妈的没有用，跟别人撑腰，还不滚出来？！”在人丛中起哄的还有上次罢工中的积极分子宗幺。

我大声问：“弟兄们，是怎么一回事？请说清楚，有事好商量。宗幺哥，你说是不是？”

宗幺倒是照实回答：“有人说你们金木场的代表会说话，工资加百分之百，我们还是百分之二十，我们的代表无能，所以叫他退出来。”

原来他们想挑起全厂工人来反对金木场的代表。这个板眼玩得巧，可惜时间没有配合好。我说：“宗幺哥，谈判还没有开始，你们怎么知道谁加得多，谁加得少？”宗幺不回答，只用眼睛瞅瞅张毛。我没有往下追，继续说：“现在我向大家保证，我们是代表全厂工人，不是代表哪个工场。要求工资加百分之百，全厂一律百分之百，如果厂方要两样待遇，我们决不和他们达成协议。我们这样要求，不是没有理由。上次罢工，大家提出工资随物价涨，要同军事工人一样待遇，赵高参签了字，我们就是要厂方兑现。现在我们厂的官兵和别的军工厂工人的工资都增加了百分之百，我们也要百分之百。今后我们厂的官兵和别的军工厂工人再涨工资，我们也要涨。我们就是本着这个精神同厂方谈判。谈判的结果一定随时告诉大家。如果大家不同意我们当代表，等开全厂工人大会重新选举也可以。”

我这么一说，没想到宗幺又站过来第一个喊：“你们代表我们去谈吧！听你们的。”接着有人喊：“又是坏蛋造谣言，我们要团结呀！”宗幺也跟着喊：“对！不能散心呀！”

我们回到谈判桌上来，叶国青首先发言：“昨晚厂部开会研究工资问题，大家觉得要有个依据。这个依据就是军事工厂也有重工业和轻工业的区别，兵工厂属重工业，被服厂属轻工业，工种不同，待遇应该不同。这是国府早有明令的。大家认为百分之二十少了一点，我们准备呈报国府，请求增加到百分之五十。有人提到我们厂也存在不同工种，例如金木场、发电场就是属于重工业，我们打算争取这几个工种增到百分之百。”

刘鑫立即起来指责：“原来是你们在搞鬼呀！难怪刚才外面那么闹，你们真有一套啊！”记者和行辕代表（一个青年人）弄得莫名其妙：“是怎么回事？”刘鑫把刚才那场风波一五一十地揭露出来，老邵补了一句：“就是叫我们工人互相干仗！”叶国青不说话，刘松鹏马上掩饰：“不是那个意思，可能有人把昨晚开会的情况泄露了。”警司的代表忙把话岔开：“继续谈吧，刚才叶副厂长提出的方案，你们认为怎么样？”

“我们不同意。”我先阐述要求增加百分之百的两个理由，再揭露所谓不同工种不同待遇，“实际上不同工种的工资差别，早在基本工资里体现出来了。例如金木场工人基本工资最低是一百万元左右，其他场工人的基本工资最低是六七十万元，按比例计算相差三分之一。如果金木场工人的工资增加百分之百，是两百万，其他场工人工资也增加百分之百，是一百三四十万，还是相差三分之一，这是合理的。如果按你们的规定，金木场、发电场加百分之百，是两百万。其他场增加百分之五十，是一百万左右，那就不是三分之一，而是相差一倍！这就不合理了。奇怪的是，为什么你们要这样搞！这叫国府制度吗？如果这是国府制度，我们代表全厂工人，表示坚决不同意！”所有参加谈判的人，包括报社记者、行辕代表，都认为我说得有道理。只有叶国青硬要坚持“国府制度”。谈判没有结果。

代表们各回各场，传达谈判的情况。让工人们认识到厂方在千方百计破坏工人的团结。

后来，厂方改变了手法，事无大小，都避免和罢工群众正面冲突，尽量在暗中窥探，制造陷阱，引诱群众落入他们的圈套。2 月 28 日，食堂停伙，所有单身工人喊着：“我们要吃饭，反对饥饿政策！”大家把总务课包围了，质问课长为什么停伙。总务课长解释说：“工厂停了工，大家进厂不方便，食堂怎么开饭？”“你们想饿死我们？当官的也不吃饭吗？”“走！找厂长去，到厂长家里吃饭去啊！”课长拦住大家说好话：“老师傅们，不要急，莫吵！我们打算给每个人发三斗米，有家属的三斗，单身工人也发三斗，你们自己去做饭好不好？现在正在造册，明天就发。”

警备司令部通知厂方和工人代表 3 月 2 日到他们那里谈判。我们有所警惕，一共去了 20 个代表，张彦和小王在家里组织群众，如果过半天我们不回来，就带领他们到行辕，控告警司扣留工人代表。

我们到达警备司令部，厂方和行辕代表（还是那个青年）、《大刚报》记者都到了。我们刚落座，电话铃就响了，我们能清楚地听到对方讲话声，说是被服厂工人暴动，把厂里的机器都砸烂了，还抢了粮仓的米。警司负责人声色俱厉地问我们："是怎么回事，你们知道吗？"我们代表一个接一个说："不知道。我们动身时，大家都在马场广场等消息，才一会儿工夫，怎么就暴动了？""不可能。工厂大门有警卫和宪兵把守，这几天食堂都不开伙，工人不进厂，是谁搞的暴动呢？"牛青山说："这件事要证实一下，是不是派人去看看？"那个行辕代表马上接应："我去，你们也派个人跟我一道去。"牛青山用手指着我说："我们就让这个代表去。"他向我使个眼色，意思叫我走："我们留在这里，等你们回来再谈判。"我只好和行辕代表乘吉普车先到马场广场。群众大多集中在那里，见我回来，都上来打听消息。行辕代表愣住了，但还不放心："走！到厂里去看看！"到厂里一看，什么事也没有。行辕代表一边骂，一边不耐烦地叫嚷："电话！电话在哪里？"他对着电话筒怒喊："快把工人代表送回来，一个不能少！"20分钟后，工人代表全部回来了。他临上吉普车时还不息怒："老子一定揭露这件事，这样的谈判，老子再不参加了。"

敌人万变不离其宗，一计不成，又请来武汉的大流氓杨庆山、周圣喻，让他们召集裁剪、缝纫、弹棉、袜巾等场的小兄弟兴风作浪，说什么"被服厂的码头被金木场工人占去了，我们哥们要争口气，把这个天下夺回来"。张毛、蔡拐子等一伙流氓工贼又活跃起来，跟着大哥起哄。但是，牛青山、孙武林、老邵、刘德清及其他代表在群众中有威信，工作得力，把金木场和发电场工人不接受厂方给他们的特殊待遇向工人进行宣传，使广大群众对金木场、发电场工人产生好感，认为他们大公无私、顾全大局，为全厂弟兄谋利益。敌人利用流氓、工贼打击、孤立金木场、发电场代表的阴谋又成一场白日梦。

过了不久，敌人对着我来了，他们利用介绍我进厂的彭华飞来当说客。他借着帮我送米去我弟弟家的机会，要我弟弟劝我："不要太傻了，厂里加我们百分之百，就趁这个机会下台，有什么风头好出咧！争得的好处是人家的，搞得不好，该他吃不了兜着走，坐牢、杀头都说不定！”王泽善早就提醒我：“彭华飞是工贼，当心他出卖你！大家都罢工，他常往车间跑。一会儿炉前，一会儿炉后，做出一副讨好的奴才相。还有个姓龚的常找他。姓龚的是什么人？国民党用飞机接来的！坐飞机来的人不当官，当个翻砂工。说他是工人吧！又不干活，东走西逛，还经常往警备司令部跑。”彭再兴也说过，第二次罢工开始，姓龚的来找过彭华飞。为了帮助彭华飞，我找他谈了一次话，他有所认识。过了两天，他对我说，他第二天就到合记翻砂厂帮忙，离开被服厂。后来他真的走了，敌人钻不到我的空子了！

接着顾亚成又跟张彦说，他要回上海。开始我们感到很惋惜。这小青年在第一次罢工中表现不错，现在又是发电场代表之一，特别在这斗争尖锐复杂，敌人千方百计分化瓦解、孤立我们的当口，他一走，可能在群众斗志方面产生一些不好的影响。支部决定找他谈一谈。我们问他：“是不是厂方要下毒手，你哥哥（厂里的高级职员，消息比较灵通）要你躲一躲？”“没有听说，他只说厂里批准了他的长假，这次回去就不再来了，所以一定要我一起走。”听他这样说，我们没有挽留他，但让小王专为这事去向组织汇报。

小王带回党组织指示：敌人的阴谋一次一次失败，很可能采取镇压手段。张彦和我都已列入黑名单，要我们注意安全，如有动静，会及时通知的。考虑到我们将要转移，决定将我们提前转正，还决定由小王做我和张彦的保护工作。

## 十一、深仇大恨

3月6日，张彦继续带着诉苦义卖队走了。行辕通知我们派代表去谈判。这次有6个代表参加，我们组织了近2000名群众作代表的后盾。

我们有准备地到了行辕，敌人也有准备地“迎接”我们。首先出面接待的是行辕秘书长刘膺古，他说他代表程潜。这个人举止文雅，不动声色，说话也和气：“你们的困苦，我们很同情，只因国府财经困难，不能满足你们的要求。希望你们能同意厂方提出的方案复工。”我们只得再申述一遍军事工厂工人之间待遇不公的道理。他和厂方的口径完全一样，提到几天来双方相持不下的关键：“你们有的工种不是也可以加百分之百？”我们又重申了原来的意见，并且严肃指出：“厂方坚持这么干，就是故意在我们工人中间挑拨离间，这是我们决不能同意的！”刘膺古表面上在做有计划的退让：“代表们，你们看，我大胆作主，熟练工种工人再增加百分之十，就是百分之六十，可以了吧？这次加了，下次还可以再加嘛。”

我们问：“金木场和发电场怎么样呢？”

“那增加百分之百是肯定的啰，他们是技术工人嘛。”

我们再次表示：“不同意。”

他沉默很久，看看表说：“我还要去参加另一个会。”起身走了。轮班来跟我们座谈的是稽查处处长陈大中。这个人却是另一副嘴脸，一开口就是：“国家的制度，所有公民都得遵守，你们为什么不遵守呢？要是一般熟练工人的工资也增加百分之百，那技术工人就得增加百分之一百六十了！那行吗？”

我说：“我们技术工人只要求和全厂工人一样，增加百分之百，不合理的不要。”

“能由你们要不要吗？这是国家制度！”

我问他：“你指的国家制度就是技术工和熟练工工种的待遇差别吗？”

“对呀！”

我反驳：“谁都知道这个差别在基本工资里早就体现出来了，为什么现在非要在增加工资的比例上再搞什么差别不可呢！”

陈大中拍起桌子大叫：“国家制度就是国家制度！”他见吹胡子瞪眼没有压倒我们，自己缓和下来。但是，两只眼睛恶毒地盯着我，嘴角挂着冷笑：“傅言法，你们搞运动，不是讲有理、有利、有节吗？我看你对有理有利是做到了，可是有节还没有做到。是时候了，应该适可而止！”他的话里，每个字都潜伏着杀机！

谈判没有什么结果，我们回到厂里和几个方面的代表交换情况。刘德清说，厂长魏剑白几次出进行辕稽查处，他隐蔽了近 10 天，今天第一次露面了。王泽善反映，厂里也有动静，杨庆山和周圣喻又来了。这次他们不是找小兄弟到工人中活动，而是和督察室的头子董某、黎某一起跟刘松鹏密谈。大家对这些迹象有两种不同的估计。一种是：他们诡计用尽了，可能要下手。另一种是：他们不敢下手，一下手假面具就戳穿了，这不过是向我们示威，进行恐吓。

小王回来，带来党组织的指示："大的形势是好的，但是敌人对被服厂工人可能下手。要我们作最坏的打算，并作好一切准备。"经过支部讨论，认为情况是严重的。可是，谈判还处于僵持局面，不能退让，不能收兵，否则就会脱离群众。于是，我们决定 3 月 8 日举行游行示威。

3 月 7 日这天，我正考虑当天的动员工作比较困难，突然，小彭拿一张报纸一面奔跑一面大喊："《代邮》《代邮》，被服厂工友请注意！被服厂工友请注意！"大家不知发生了什么事，有人跑去抢他手上的报纸，他紧紧护着不放手："你们听着，《代邮》上写的是，武汉被服厂工潮未了，若干市民对之甚为同情。本报昨日接获第一纱厂工人嘱代转交致被服厂工人函一件，内附法币 30 万元；又有名为'一个失业工务员王孝义'者，有慰问函一件并附法币 3 万元，嘱代转交；且有一小学教师写了一封慷慨激昂的信，对被服厂工人寄予深切同情。现款项与信件均留本报，因不知应交何人收受，希被服厂工友代表前来本报领取为盼。"群众的情绪一下子高涨起来，年轻人跳起来欢呼："交给我们收受！""这个代表好当，我去！"真是及时雨呀！我们趁这热乎劲，召集各场代表开了一上午会，将 3 月 8 日举行游行的组织工作和宣传工作都做了很具体的安排。最后决定：总厂队伍明天上午 8 点钟在马场广场集合；两个分厂的代表回去组织队伍，明天带队到汉口江汉关和我们会合。群众又恢复了第一次罢工时的劲头，有的准备纠察队用的木棒，有的用铁皮镂成空字做标语，有的写标语，忙得不亦乐乎。

支部又开了个会，估计这次游行很可能遇到军警干涉。我们讨论：如果出现严重情况，应该怎样进行斗争？要是敌人的力量过于强大，纠察队如何指挥群众隐蔽和撤退，保护大家的安全？会后我又和孙武林、刘德清等进行了一些细致的研究。

工作布置停当后，天已黄昏，我和张彦准备亲自去找组织汇报情况。刚走出街，就遇到三青团骨干分子钱钧武。他盯住我和张彦，但又皮笑肉不笑地和我们谈着话。我和张彦都特别注意。晚上 11 点多钟，睡在我下铺的小王轻轻地将床柱敲得咚咚响，这是我们事先约好的暗号，意思是有情况。这时，我们宿舍门口已有了哨兵，得赶快走。我们的宿舍都是用芦席间隔的，紧贴壁的也是一个和我们一样的床铺，我悄悄翻到隔壁，走出宿舍门。一个工人模样的人问我："到哪里去？"我回答"撒尿"，然后出门，钻过铁丝网上了街，穿过几条巷子，到了我弟弟家里。进门一看，邓祥同志正等着我。他告诉我，敌人今晚有行动。我把我离开马场宿舍的情况告诉他。他问："张彦呢？"我说："我估计他离开了。"后来张彦告诉我，他跑到韩凤秋家里去了。

第二天天刚亮，我就往马场跑。到马场一看，遍地都是乱七八糟的东西。灵堂里两位烈士的遗像、现场照片、血衣和许多挽联都不见了。经历了一场浩劫的工人和家属亲切地把我围起来："老傅啊！你幸好没被抓走。""昨晚你在哪里？"他们带着余悸、愤怒和忧伤对我讲："深更半夜，先听得轰隆隆、轰隆隆的声音，不一会儿摩托、吉普、卡车、大囚车一辆接一辆横冲直撞往这里开。""广场上、宿舍里灯光透亮。警察和宪兵的符号、领章都摘掉了，手里拿着枪，从车上跳下来，跟日本鬼子一样，发疯一般往独身宿舍、家属宿舍跑。""前面引路的戴着脸罩，指一个抓一个。""那都是见不得人的工贼、特务！我家的人就是照他们指点抓去的！""咋咋呼呼抓到人就往车上丢！嗐，哭的哭、叫的叫，你和张师傅住的那两个独身宿舍的人都抓走了！不肯走的用枪托子打、用脚踢，连拉带扯地押上车。""我家老牛从被子里拖出来，只穿条短裤，衣服都不让穿哪！你知道我家老牛的犟脾气，他要穿衣服，几个人上来把他一顿拳打脚踢，硬拖走了！""老金师傅父子三个，还不是一点什么没穿，都被他们搞走了！天啦！这是什么世道！老娘非找他们算账不可！"聚拢的人越来越多，张彦、韩凤秋、刘鑫、老熊、彭再兴等陆陆续续都来了，群众也迫切地把昨晚发生的事情向他们诉说。

突然，张毛出现在人丛中。只要这个工贼溜出去打个电话，敌人的囚车马上会开回来，少不了要流血。我立即和张彦商量，决定和他们斗到底。我一脚跨上走廊的长凳："兄弟姊妹们，我们到行辕请愿，向他们要人去，行不行？"群众同声附和："对！到行辕要人去！""到行辕要人去！"于是我将队伍整理了一下，浩浩荡荡开到了行辕。工人群众在行辕门前大声呼喊："请行辕长官查清事实！""为什么抓人？""我们的人犯了什么罪，为什么要抓他们？""快把我们的人放出来！""不放人我们不走。"

陈大中在喊声中出来，站在台阶上大声说："请你们的代表出来讲话。"我正要站起来，群众把我按下去。"我们的代表被你们抓走了。"陈大中不理，继续喊："请代表出来呀！"他连喊几声，我估计敌人知道我在场，所以我准备出来和他对话。群众却死死地把我按住，对我讲："他们就是要抓你，抓不到你，那四五百人，他们会放的，抓到你事情反而麻烦了。"同时，有人回答陈大中："我们没有代表，我们又不是来谈判，是请愿的。""你实在要代表，我们都是代表！"

在这种僵持局面下，敌人加紧活动。一个工人模样的青年人走到张彦面前，交给他一个三十兵工厂的新符号，说："我捡的。"说完就走，还一步一回头地往我们这边看。我们觉得很蹊跷，估计是寻找目标，或者栽赃。正好丁海泉烈士的妻子王桂卿抱着孩子在旁边。她说："交给我！"就从张彦手里把符号抢过去，塞在孩子尿片里，抱着孩子走开了。紧接着行辕侧边的马路上开来了 7 辆大囚车，许多没戴符号的宪兵、警察把我们从外面包围了。这时刘膺古、陈大中以及其他十来个官老爷都在大楼阳台上。张彦见这阵势，跑到台阶最高一层向大家说："弟兄们看！抓人的囚车来了，宪兵警察都没戴符号，跟昨晚一样，又要抓人了，大家准备跟他们拼吧！"群众愤怒地呐喊："拼啦！拼啦！我们什么也没有，只有命一条！""反正是死，不被你们打死，也被你们饿死！"可能敌人记起了"一一·七"血案的教训，悄悄命令军警、囚车撤走。这时发电场金师傅的老伴冲上台阶，对着阳台上的大官们厉声叫骂："你们这些狗官啊！我家金师傅和孩子们犯了哪条王法呀？你们连衣服都不让穿，就把他父子三个一起抓走了。这是什么青天白日啰？简直是暗无天日呀！老娘不怕下油锅，老娘要滚钉板告御状！你们这班狗官老爷，等着老娘给你们好看吧……”她越骂越有劲，路边的军警，门口的卫兵，谁也不敢来劝她，谁也不敢来阻挡，阳台上的狗官老爷谁也不敢出来回答，一个个悄悄地溜掉了，只打发小喽啰来说话：“你们这样不行呀！”工人回答：“我们要人！我们要行辕回话！”

这样一直坚持到下午2点，一个校官从里面出来说：“请你们回去吧！我们要他们今晚一定放人。”工人们立刻质疑：“为什么要到晚上？为什么现在不放？”对方则说：“不是我们不放，人不在我们这里，他们抓了人，总得问一下再放吧！”张彦对我说：“趁这个机会收兵吧，再拖下去，大家精疲力竭就不好了。”我想也是的，中午早就过了，大家肚子也饿了。于是张彦走到那个校官面前说：“我们相信行辕说话算话，我们回去等！”那校官似乎很恳切地说：“我们不会失信于你们的！”群众也同意回去：“今天晚上不放人，明天再来！”

请愿队伍浩浩荡荡朝硚口走着。当队伍走到水塔下生成里时，老熊来到我身边，扯扯我的衣服：“有人找你。”我跟他走进生成里，只见彭再兴在等我。他领我穿过许多小巷，问我有没有地方去。我弟弟老三那里是不能去了，于是想到小弟弟老五的朋友杜时敏。他是内河航运局的工程师、民主同盟盟员。这个人有些正义感，我们两次罢工，他除了自己捐钱外，又代我们筹募过一些物资和钱款，还带领一班公务人员参加追悼会。他老三是共产党员，在黄陂打过游击；老四是特务，是美军总部新闻检查处处长。所以，敌人不会到他家里去搜捕，在他家里住几天，也许比较保险。小彭陪我到杜家，杜时敏也热情留我。我要求小彭经常跟我联系，想法子把我的情况告诉组织。

小彭每天给我带来厂里的消息。让我最高兴的是：3 月 8 日晚上，被捕的 480 多个弟兄（包括王志明同志）都释放了，只有牛青山、孙武林还关着。据说他们表现很坚强，牛青山被打得吐血，孙武林被打得遍体鳞伤。两天以后，听说他们也被释放了。再就是 3 月 10 日，行辕召集厂方和工人代表（我们原来的骨干刘鑫、老邵等）进行协商，要求我们于 11 日复工；同意我们的条件——罢工期间工资照给，复工后全厂工人一律增加工资百分之百。敌人破坏工人团结的目的没有达到，斗争总算有了比较圆满的结果。

这次罢工持续了半个月，让国民党军用被服的生产受到严重影响，打乱了敌人的军需供应计划，推动了全武汉的工人运动，很多单位相继举行罢工。武汉的工人运动有了一个新的发展。

## 十二、曙光在前

3 月 11 日，杜时敏突然爬上阁楼，劈头一句："老傅，我这里你不能住了，赶快走！"他告诉我，昨晚在他弟弟房里看到美军总部新闻检查处的情报，其中一条说，武汉所有的报纸将在头版头条刊登悬赏通缉煽动被服厂工潮的首要分子傅言法、张彦等 20 人的消息，有的大报还将用号外形式提前出版。"我弟弟本来只知道你是被服厂工人、我的朋友，你来住几天，他不会多心。现在知道抓到你有赏，能放过你吗？即使碍着我的面子，不亲自动手，只要他歪歪嘴，马上就会有人拿着逮捕令到这里来。我给你准备了衣服，赶快化装走吧！"这使我十分焦急，现在只和小彭牵着一条线，这一来，连这条线也要断了。老杜紧催我："再等不得了，天一亮，我弟弟回来，你就走不脱了！"我只好把那不合身的衣帽穿戴起来，天没亮就离开他家。武汉的弟兄家里都不能去，更不能去找组织。只有去汉阳高家坂我小弟弟老五那里。我在路上买了一张小报，上面果真在头版头条登载捉拿我和张彦等的通缉令。

高家坂离汉阳 80 华里。早上乘小汽船，下午到弟弟老五家。他认识刘实、邓祥同志，我要求他到武汉帮我去接关系。他第二天动身，4 天后才从武汉回来："帮你接上头了！明天去汉阳月湖堤得月茶楼，有人在那里等你。"

3 月 16 日，我高兴地见到邓祥同志。他将我安置在恒顺机厂张兆潜同志那里暂住。几天后，刘实同志带了毛泽东同志《目前形势和我们的任务》的小册子和其他文件来看我，要我去长沙湘江煤矿做工，接头人是该公司的职员王昆仑。我到了长沙后，王昆仑介绍我到井下当矿工。下井才一天，刘实同志从武汉到长沙来了。一见面就抢步上来和我热情握手，先问我生活和学习情况，又告诉我：张彦同志已经安全转移。敌人自从那次大逮捕后，没有单独捕人，地下党组织没有遭受破坏，被服厂厂方也没有继续迫害工人。彭再兴、刘德清已经入党，组织上又派去了李虎同志，加上小王，新支部成立了。总之，他带来许多让我十分高兴的好消息。然后他又对我说："你们两次罢工都取得了胜利，敌人是失败的。你可能认为第一次罢工才算胜利，第二次罢工逮捕了这多人，你和张彦都待不下去，似乎不算什么胜利。说实在的，你们早已暴露，即使敌人不下通缉令，组织上也不会让你们继续留在那里。当然，第一次罢工，从经济到政治都是胜利的，特别是政治上的胜利。第二次罢工，看起来纯粹是经济斗争，敌人千方百计利用奖金和工资问题破坏工人团结，但最后还是同意了我们的要求。斗争总的目的不仅是为了增加几个钱，从关心群众疾苦的意义上讲，经济上的胜利也应该是斗争的目的之一。主要是通过经济斗争，彻底揭露了敌人的反动面目，提高了大家的觉悟。这还不限于被服厂的工人群众，就是对整个武汉的工人，都是有影响的。在敌人大逮捕后，武汉的工人起来罢工的有 20 多起，规模大的有南洋烟厂，持续不断举行小罢工的有第一纱厂；斗争最激烈的是建筑工人的罢工，宪兵进行武装镇压，他们赤手空拳把宪兵手里的枪夺过来毁掉；敌人控制最严的军事工厂，如海军造船厂，修船时磨洋工，每条船超过预定期限半年以上；三十兵工厂修大炮，巧妙地利用技术跟敌人斗争，当产品鉴定时，门门炮都能命中目标，一运到前线就不灵了。各具特色的斗争，一浪推一浪，都起来了。这不是政治上的胜利是什么呢？"他还告诉我，解放军已经开始全面反攻，以前总是说敌强我弱，现在应该是我强敌弱了！我们的解放军打得很好，真像秋风扫落叶，敌人望风逃窜。为什么解放军包围武汉这么久，不早点打进来呢？进来不是很容易吗？这是因为要和其他战场齐头并进。我们的罢工斗争，就是配合解放军牵制敌人。他这一番话，给我莫大的鼓舞，使我看到我这样一个普通工人，在党的领导下，和群众一起，才开始做一点点工作，就能和阶级的命运、国家的命运联系起来，心里实在有说不出的激动和高兴。更使我做梦也想不到的是，组织上决定派我以武汉工人代表的名义到东北去，将被服厂的斗争情况向党中央汇报！

刘实同志当天回武汉，要我也赶快回去等候消息。半个月后，组织上通知我动身。据说，原来决定让我从解放区走，曾经派人去黄陂探路，由于敌人检查很严，才决定我先从广州到香港。香港设有党中央的联络站，我必须通过那里才能去解放区。组织上嘱咐我，到联络站后，如果问到我的上级是谁，应回答小曾（即曾惇同志），问到再上一级是谁时，应回答是钱瑛同志。临走，我拿到组织介绍信时，才知道我已不叫傅言法，而改名李启新了。总之，组织上对我的行程做了十分周密的安排。我完全按照组织上指引的路线，在 1948 年 7 月底顺利地到达哈尔滨。在哈尔滨，我参加了第六次全国劳动大会，我被指定在大会上发言。我发言的结束语是："我是作为'国统区'代表之一来参加这个会的。我相信'国统区'这个词，很快就不会存在了！"

（本文原载于《武汉地下斗争回忆录》，湖北人民出版社 1980 年出版，有删节）

# 江岸铁路地下党支部的重建与护厂斗争

史汉生　蔡　杰[①]

伴随着京汉铁路的动工兴修，在汉口北郊长江堤下逐渐出现一个水陆联运的交通枢纽，这就是后来的江岸铁路地区。

以江岸机厂为中心，由机务、车务、工务、电务、检车、警务各段和材料、桥梁、工务修配各厂和江岸车站组成的江岸铁路地区，拥有 13000 多名员工。铁路局的各处、课管理机关集中在汉口市内，江岸是各厂、段工友集中地。其中，技术工匠多数来自福建马尾造船厂和江苏江南造船厂，称为“长牌工”。苦工杂役由被占去土地的当地农民和河南、安徽及湖北黄陂、孝感破产农民充当，称为“短牌工”。不论长牌短牌，也不论来自何方，同是背井离乡携家带眷到此谋生的穷人。除少数薪资较为优厚的人能拼凑起一间瓦石块住房外，大都只能用篾条茅草搭棚住家。从而北起吕家大湾，南至新马路（今黄浦路），东临长江大堤，西连汉（口）、黄（陂），大路之间便形成一片三镇最大的产业工人聚居点。迫害、盘剥、呻吟、呐喊代替了昔日这块沼泽湖荡地段的蛙鸣、鱼跃、荷雨、莺啼。

1921 年，中国共产党成立伊始，中国劳动组合书记部武汉分部就派共产党员包惠僧、项德隆（项英）、施伯高（施洋）、林育南（张浩）等来此宣传马列主义，促进职工团结，建立党的组织。先是创办工人夜校，继而建立工人俱乐部，后来因筹组京汉铁路总工会而导致震撼中外的京汉铁

---

① 本文作者史汉生时任江岸机厂和机务段地下党支部书记，社会公开身份为江岸机务段钳工；蔡杰时为中共武汉市委汉口工运领导小组江岸地区负责人。

路工人大罢工。

此后，觉悟起来的江岸铁路工人在中国共产党的领导下，继承和发扬“二七”光荣传统，开展了支援北伐战争和抗日战争的各项活动。

抗日战争胜利后，国民党反动派为了严密控制江岸这个南北交通枢纽，作为他们发动内战、反共反人民的御用工具，一方面派夏光宇到江岸“劫收”，另一方面设置了国民党平汉铁路特别党部。他们在路局设中统特务的调查室，在处、课等部门培养了一批秘密通讯员，还建立了戡乱组、基干组等以及和他们相联系的地痞流氓、青红帮的什么“四大金刚”“八大锤”“三十六友”，以监视和迫害广大员工。

国民党反动派还采用多种手段收买和豢养了一批工贼，并安插这些经过训练的工贼在工人中间活动。这些人早在重庆李家沱周恒顺机器厂和重庆江北青草坝民生厂就参加了国民党举办的党务工矿训练班，充当了特务。他们不是铁路上的工人，是乘复员之机受国民党中央组织部之命，用一封介绍信钻进了铁路工人队伍，然后在工人中拉帮结伙，像警犬一样到处注视工人的进步活动。

国民党反动派对江岸铁路员工严酷的统治压迫，激起了工人强烈的反抗情绪。他们盼望重建自己的政党，领导他们同反动势力继续斗争。

1945 年底到 1946 年初，中共南方局青年组先后派来了共产党员刘实、邓祥、张维民以及 20 多个“工人民主工作队”（党的外围组织）的队员。当时来到武汉的这批同志都是在重庆各工厂经过斗争锻炼的 20 多岁的青年工人，其中大多数是接受组织任务后自动辞掉了正式职业回到武汉的。刘实等到汉后，首先设法通过私人介绍在义顺油行和汉昌肥皂厂做包活养家糊口，然后再利用社会关系进入有影响的重点工厂企业站住脚（当工人），扎根（交朋友），了解情况（摸敌情），逐步开展工作（经济和政治斗争）。为了开展平汉铁路的工作，张华荣（工人民主工作队员）、张正楷（党的积极分子）利用街坊的关系进了厂。以后，刘实把张华荣和张正楷的关系交给了蔡杰联系。蔡杰利用在江岸土生土长的条件，在晚上和张华荣、张正楷以同事朋友的关系取得联系，进行一些谈心、交朋友、了解情况的活动。当时虽然敌人控制很严，我们开展工作较困难，但是我们群众关系好，情况熟，在一个很短时间里，利用交朋友、找职业的办法，我们发现和认识了马鸿绪、危迪生、卢梅生、胡封奎和欧惠群等进步工人，也初步掌握了敌人的一些情况。

1947 年初，中共武汉地下工运负责人刘实接到中共南方局转来的中共党员史汉生的关系。经蔡杰了解，史汉生确实已经在江岸机务段工作。这样，刘实便亲自与史汉生通信，并到他家里接上了组织关系，正式把蔡杰、张正楷、张华荣交由他领导。

史汉生原是汉阳兵工厂的工人，1938 年加入中国共产党，抗日战争时从武汉到湖南转重庆，一直坚持工作。1946 年初经过中共南方局的同意，以"复员"的办法进江岸机务段当了钳工。虽然当时他的组织关系还未交给武汉地下党领导，但是他始终坚持为党单独工作。在江岸机务段，他密切联系群众，利用看报读报的办法，利用沈崇事件、武汉景明大楼事件，在群众中揭露国民党反动派与美帝国主义的阴谋，并联系了一批像郭胜荣、周本炎、周运贵、王保林、刘汉儒等比较进步的工人。虽然 1947 年初党组织交给史汉生的只有两个"工人民主工作队"的队员和一个党的外围组织的积极分子，但是，他联系的工人很广泛，交的朋友也比较多，后来蔡杰因长期失业被迫于 1947 年 6 月经组织同意离开了武汉。史汉生、张正楷等在江岸继续坚持斗争。当时的主要任务是采取串联、交朋友等多种多样的形式广泛联系群众。史汉生还通过结群兄弟的方式团结了周本炎、郭胜荣等进步青年。郭胜荣又通过办补习班的办法结识了王东维等积极分子。王东维又通过拜把兄弟结识了一批青年积极分子。张正楷通过老朋友马鸿绪、胡封奎、欧惠群交了一些新朋友。这样就一环扣一环、一层带一层，像滚雪球一样越滚越大。我们的朋友和积极分子不但有青年，还有老工人，不但在机车厂机务段有，而且逐步发展到江岸客车所、江岸车站、汉口电务段、汉口路局等单位，甚至平汉铁路局国民党特别党部也有。

经过上级党组织的同意，在 1948 年初，我们接收了原在新四军工作的危迪生（江岸机务段工人）重新入党，发展了张正楷为中共党员。3 月，上级党组织批准史汉生为书记，张正楷为组织委员，危迪生为宣传委员，在江岸铁路地区以江岸机厂和机务段为中心，重建了我们党的第一个支部。支部成立后，分析了情况，研究了敌我力量的对比，决定围绕“反饥饿、反迫害、反内战”的活动，逐步地引导工人群众从经济到政治，从小范围到大规模，从秘密活动到利用合法形式公开进行群众性斗争。如1948年春至1949年春，敌人妄图阻止我军南下，曾以各种伪装进行军运。有几次我们的同志了解到敌人军运的准确情况后，支部就组织我们的骨干力量，将机车上的关键部件注水器中的竹节筒和喷气嘴有意不装紧，经过机车短途运行、震动，造成自然松弛，失掉往锅炉注水的能力。在修理机车水箱的进水阀门（供注水器用的阀口）时，不把水阀芯的开口销前口拔开，使机车运行中震动后自然脱落，阀心掉下来关闭阀口，造成无水源供给锅炉，机车只好中途熄火，放气，变成不能使用的死机车。这样人为的技术故障，既不会被发现，又找不到担负责任的人，同时巧妙地破坏了敌人的军运，支援了解放战争。

当敌人军运繁忙而有线电讯不通，靠无线电通讯而供电的发电机运转不正常时，在通讯部门工作的地下党员故意不让停机，使发动机连接轴盖破损，造成技术障碍，不能供电，无法通过无线电发报，给敌人沉重打击。

给铁路员工发放制服，这是铁路职工群众经过长期斗争得来的。可是，平汉路局长夏光宇想吞掉这批布料，职员的制服发了之后，他扣住工人的布不发，引起工人群众强烈不满。在这样的情况下，党支部通过我们的同志和积极分子在工人群众中因势利导，利用各种场合进行宣传鼓动。在一天早上上班的时候，也就是人们挂了工牌之后，都聚集在厂门口议论不散。开始是几个人小声讲：“要布去！”逐渐喊声越来越大，工人气愤地喊：“走！向工会要布去！”机厂工人首先拥出厂门，沿路高喊：“要布去！”继续来的是机务段的机车行车室工人、机车司机、煤台抬煤工、江岸车站的工人。工人一批一批地拥到伪工会门前，要布的喊声震天响。这时地下支部迅速在工人群众中开展工作，揭露夏光宇企图吞布是新的剥削行径。在群情激愤之下，各厂、段、站无不闻风而动，一列满载工人群众的“要布”

列车直奔大智门车站。

夏光宇等路局头面人物迫于工人群众的压力，不得不道歉，答应将布由工会交给包商给工人做好衣服再发。这是敌人缓和矛盾的做法。因为包给包商，他们就可以勾结包商贪污布料。我们的同志和积极分子立即识破了他们互相勾结克扣工人的阴谋。身为工人代表的胡封奎、郭胜荣、周本炎等人当场表明态度：布料要全部发给工人，手工费也要如数发下来。夏光宇等见代表们识破了他们的阴谋诡计，不得不装模作样地说："民意为大，把布发给工友自己去做衣服吧。"这次"要布"斗争，使铁路交通中断3个多小时，破坏了敌人的军运计划。党支部曾经以化名在《大刚报》上写了一篇文章，揭露了敌人克扣工人布料事情的内幕。

通过这两次斗争，我们的党员和积极分子都得到了群众信任，有的在伪工会担负了一些工作，有的利用社会关系在伪工会上层人物中活动。因此，地下党支部可以掌握敌人的动向，可以使我们的斗争一浪接一浪地掀起来。如先后几次抗拒接受路局用贬值的金圆券发薪（要求发银元）的斗争就相继取得了胜利。

但是，这一来，派在江岸的国民党中统、军统、社会部的特务们却慌了手脚。他们派出大大小小的爪牙，到处乱窜，闻风摸底。为了破坏工人运动，国民党平汉铁路中统特务头子郭文田和特别党部书记长史匡之命令江岸国民党督导段干事、特务李茂培将各种组织严加整顿，让从重庆"工矿训练班"派来的赵斌、吴方财、彭海秋等特务振作起来，要他们查出几顶"红帽子"再领津贴。

在两次支援硚口被服厂罢工斗争中，地下支部曾经转抄和编写了不少传单标语。这些传单标语都是按中共武汉市工作委员会下发的"反饥饿、反内战、反迫害"统一行动口号加以发挥而成，主要由史汉生、张正楷、危迪生等负责。散发传单主要采取"塞门缝"（趁人家关门闭户时塞进门缝里）、"点种"（撒在路上）和一般张贴的方式，因而厂内厂外、工棚茅舍、大街小巷都曾出现色泽鲜艳、语言生动的传单标语。特务们就拿这个题目做起文章来了，但是他们又抓不住真凭实据。他们知道危迪生同志曾在新四军工作过，就想从危迪生开刀，然后顺藤摸瓜。因为危迪生身份明显，凡出头露面的活动，我们都不让他参加。他一直装作“劫后余生”“心灰意冷”做活吃饭的模样。小特务被他骗了过去，但新到的大特务史匡之可就不好对付了。他认为，江岸铁路地区工潮频起，没有共产党在内岂非怪事？于是，他和郭文田叫李茂培拿危迪生开刀了。李茂培神气活现地把老危叫到国民党督导段，劈面就问：“从宣化店回来后，你干些什么呀？”

危迪生说：“叫干什么就干什么呗！”

“谁叫你干什么就干什么呢？”

“还有谁呢？厂长、监工员、领班呗！”

“我不是问你这个。老实说，共产党叫你干过什么没有？”

老危听罢，暗笑这位南京来的大员也就只这么一斧头。他理直气壮地说：“这是人所皆知嘛！我是从新四军那里回来的，我是工人，做工为了吃饭养家活命。”

“你为什么偏要当新四军，不当别的军呢？”

“当什么都是为了吃饭，当兵吃饭……”

“如今呢？”

“干活吃饭！”

说到这里，危迪生已完全摸到李茂培的饭桶底，嘴巴可就硬了起来：“我是经过国民党市党部办手续回来的咧！”

李茂培没话找话，危迪生也就这么跟他绕了半天圈子，终于闹得姓李的找不到话说了。他只好递烟斟茶，皮笑肉不笑地套交情：“我们都是靠两条铁轨吃饭的，应该犯法的不做，犯禁的不沾。如今颁发了‘戡乱法’，希望老兄说话办事要当心。共产党在我们江岸有人，可别上套。有什么风吹草动就和我们联络一下。今后欢迎你常到这地方坐坐，聊聊天吧……”

危迪生知道这小子不会就这么罢休，为防备他“钓鱼”，出门之后一不同党员接触，二不和积极分子来往，一连几天下了工就朝汉口黄陂路国民党市党部跑，叫人看看他确实来头不小。盯梢的小特务把危迪生的活动报告给李茂培，李茂培把这情况报告史匡之，他也只能挠脑袋。没两天，危迪生那个在市党部当组织科长的亲戚就给平汉铁路局特别党部打招呼：“对敝亲危迪生请多关照……”史匡之只得布置给李茂培，叫危迪生写个书面材料。一个共产党员给国民党特务写书面材料可不是件小事，不写又不行。危迪生在非常隐蔽的情况下向支部做了请示。经支部研究，请示刘实同志，刘实同志同意写份材料。这样，危迪生就给他们写了一份材料，说从前为了吃饭当新四军，现在干活也还是为了吃饭……

不管怎么说，老危的身份算暴露了一半，敌特的眼睛不会轻易从他身上挪开。经上级组织仔细研究之后，叫危迪生同志撤离江岸地区。可他刚刚娶妻生子，拉家带小撤向何方呢？何况一走不仅不能了事，反而证实了他的共产党员身份，势必引起敌特的更大疑心和追查。于是我们决定，暂时停止他的组织关系，断绝他和一切党员、积极分子的来往，以确保党组织的安全。

接着，李茂培又如此这般地找张华荣的麻烦。组织上也曾通知张华荣撤退，因与危有同样的原因，所以支部也就只得同样停止了他的组织关系。敌特向我们逼来了！他们居然把触角指向史汉生。

支部书记史汉生表面上一贯循规蹈矩，话语迟，做事快，对工友和蔼可亲，对上级不卑不亢。前几次工潮不但谁都没见他参与过，而且连个新闻都没打听过。再加上他装配手艺好，早来晚下工，又能在文化上帮工友们的忙，因此，大家都跟他相好，连小特务们也不得不说他是“本分人”。可是，问题到底出在他有文化上。

在支援硚口被服厂罢工的斗争中，老史写的《平汉铁路克扣工人制服布的真相》一文在《大刚报》上发表过。当特务把他叫到办公室进行盘问的时候，他仍然镇静自若，对答如流。

“你怎么那么爱看《大刚报》？”

“我什么报都爱看，闲着没事嘛，我又不会抹牌赌博，人嘛……”

“你一个人养活七口人，哪来的闲钱订报纸呢？”

“我不抽烟也不喝酒，各好一道，少吃小菜也得订报看，看完后还能卖荒货咧！”

“你为什么偏订《大刚报》呢？”

“《中央日报》公家给预备了，《大刚报》就自己掏几个钱呗！”

“你自己看就看，还把那些赤化文章念给大家听，为么事？”

“么事赤化文章？”

“《景明大楼》啦！《军用被服厂》啦！不是赤化文章是什么？”

“我的天，可吓死个人，原来那就是赤化呀，对，对，往后我不看也不念了……”

就这么问来答去，特务们没问出个岔子来，只有不了了之。

这件事虽然就这样遮掩过去了，但我们已充分认识到形势逐渐走向艰难，特务们业已围绕在我们身边展开活动，如有丝毫纰漏，后果就不堪设想，必须时刻保持高度警惕以防患于未然。

1948年下半年，随着国民党“特别刑事法庭”的开张和“戡乱法”的撒网，国统区里全面掀起了反共高潮，武汉当然也呈现出一片白色恐怖。由于叛徒的告密，地下市委也处在危险之中。为保存力量，迎接解放，地下市委决定让史汉生暂时撤离江岸。因当时三十兵工厂正在招收工匠，他可以趁此机会转入兵工厂充实党的力量。正当老史已被兵工厂录取，快要进工厂之际，地下市委组织部长江浩然直接找他接头，并通知他：“四川出了叛徒，市委已经决定你撤退到香港去学习一段时间，马上动身，走前走后都不要和家里联系……”

史汉生当时是养活七口老小的一家之主，但他毫不犹豫，接受市委指示后先到花楼街张正楷家躲过一晚，同时向他交代了支部工作。第二天天没亮，张正楷送他到徐家棚车站坐火车经广州去了香港。

史汉生撤退后，只留下张正楷一个共产党员坚守岗位，保持与地下市委王伯谦的联系。老张随时向地下市委汇报江岸各工厂的情况，并执行地下市委的指示：隐蔽精干，积蓄力量，保持与在斗争中涌现出来的积极分子和广大工人群众的密切联系，为接受新任务作充分的准备。

1949年，解放战争的三大战役胜利后，武汉的解放已指日可待。这时，史汉生从香港，蔡杰从南京先后返回武汉，向地下市委报到。地下市委为了加强领导，保卫城市，迎接武汉解放，防止敌人南逃时封锁长江，在组织领导上作了调整。市委工人运动委员会划分为武昌和汉口、汉阳两片，分头领导，以便在必要时能够单独作战。汉口汉阳这边由刘实同志领导。在汉阳龙灯堤史汉生家成立了汉口、汉阳工运领导小组，由刘实兼任组长，史汉生任副组长。具体分工为：史汉生负责硚口、汉阳地区，王志民负责江汉地区，蔡杰负责江岸地区。当时市委指示：为了迎接大军南下过江和解放武汉三镇，必须壮大进步力量，建立组织，把工人中的积极分子吸收进党的外围组织“工人协会”（简称“工协”），职员吸收到“新民主主义建设协会”（简称“新建协”），并积极组织和发动群众开展保卫城市、解放武汉三镇的斗争。我们根据这一指示，进行了紧张的组织工作。除张正楷在江岸发展徐仁茂（聂文安）、欧惠群、周宾、倪国兴、刘华清、胡正礼等为“工协”会员外，郭胜荣、刘汉儒等在江岸各厂段发展了王东维、周家学、杜福堂、林茂湘、吴柏林、周俊铭等 30 余人为“工协”会员。史汉生发展了经过考验的郭胜荣、周本炎、周运贵、刘汉儒为党员，蔡杰发展了马鸿绪、胡封奎等为党员。在 3 月中旬，经过地下市委批准，在江岸又重建了党的地下支部，由蔡杰任支部书记，张正楷为支部副书记，马鸿绪为组织委员，胡封奎为宣传委员。4 月底 5 月初，地下市委为了统一领导铁路方面开展保产护厂迎接解放的斗争，决定在汉口铁路局成立党的支部，由马一任书记，蔡杰任副书记，组织委员是左仁凯（平汉铁路局职员），宣传委员是杨明焕（平汉铁路局职员）。这个支部领导的有梁甲荣同志发展的党员郭楚凡、陈友基等同志，还有党的外围“新建协”会员王达聪等 20 余人。我们在短短的 3 年里，在敌人控制十分严密的情况下，经过艰苦复杂的斗争，从无到有，从小到大，重建了 2 个支部，有 16 名党员，有外围组织成员八九十人，通过这些同志联系的群众就更多了。

江岸铁路地下党支部重建后，按照市委的指示，立即把反搬迁、反破坏、迎接解放作为我们的中心任务，并把毛泽东同志的文章《将革命进行到底》的主要精神向全体党员和外围组织的成员以及与我们有联系的积极分子作了宣传。然后，支部对敌情进行了充分的研究和分析：路局的顽固派夏光宇之流可能搬迁南逃，厂、段、站领导可能动摇，流氓特务可能乘机捣乱破坏。我们向地下市委汇报了这些情况。市委研究后，派刘实同志告诉我们：对顽固派要发动群众坚决打击；对伪工会头头和站、段、厂长以上的上层要向他们讲清国际国内形势，宣传党的各项政策，指明出路，这个工作由上级党委去做；对下面厂、段、站的工贼、特务要根据他们的表现分化瓦解。我们根据这一指示，由张正楷等把上级组织写给厂、段、站长的劝告信和我们自己组织写给一些特务、流氓的警告信在汉口分别发出(用不同的地点、不同的时间、不同的署名）。江岸机厂厂长徐文珍、副厂长钱耕余，机务段段长田立功等人看了我们的劝告信，逐渐靠拢工人，表示愿意为工人护厂而出力。

特务、流氓收到我们发出的警告信后，就像秋后蚂蚱一般，一个个魂不附体、愁眉苦脸、唉声叹气、嘀嘀咕咕，有的居然也挽起袖子上钳台站车床干起活来。那个坏得冒水的赵彬一向跟张正楷一个班，这个时候他一进厂就丧着脸对张正楷说：“我赵彬为人就是有点儿尖嘴巴，话语伤人，其实我只是猴子不吃人——生相难看。从重庆到现在您家都和我在一起，我赵彬没干过昧良心事呀……”接着他又心惊胆战地小声说：“那一边给我打来封信，叫我回头是岸，放老实点儿……这这……唔，唔……”张正楷连忙扭过头去干活：“干活吃饭，干活吃饭……”

一贯飞扬跋扈的吴方财也像陀螺似的满地打转，猴子般地抓耳挠腮，找这个讲几句，找那个咬咬耳朵：“怪呀，我登记（特务证）时候用的吴钧这个名字，赵彬也用的赵秋舫，那一边怎么晓得了？莫不是我们有人反了水？”总之，这伙坏蛋都感到悲观和恐慌。

沿江大道灯光昏暗，中山路上行人匆匆。达官贵人富商大贾急急忙忙赶向南湖机场逃命，地主豪绅土顽星夜流窜进城寻找藏身之所，张轸的部队从河南撤到武汉布防。敌人妄图垂死挣扎。

刘实代表市委直接向支部下达指示：白崇禧已密令华中“剿总”交通处长赖光达制定出破坏武汉三镇铁路、航运设施的一系列恶毒计划。江岸铁路的工厂、设备、车辆、桥梁、火车轮渡码头均在撤迁破坏之列。应立即动员广大员工家属应付这一事变，确保不受或少受破坏和损失，以迎接解放。

地下支部当即连夜召开支委扩大会议落实这一紧急指示，决定动员党员、会员和积极分子采取公开的议论、秘密的串联交谈，向职工家属以及社会贤达揭露这一疯狂破坏阴谋，说明一场反搬迁、反破坏、迎接解放的战斗即将到来。

1949 年 4 月底 5 月初，平汉铁路局局长夏光宇调任粤汉铁路局长，敌人命令他将平汉路一切物资搬迁过江，并筹款购买 10 万根枕木加修粤汉这条南逃之路。为了配合搬迁南逃，华中“剿总”[①]委派的武汉警备副司令兼平汉路局局长邬浩已到局视事。情况紧急，千钧一发。支部立刻动员所有党员、会员和积极分子分头出动，深入到 13000 多名员工家属之中，让大家想想颠沛流离、家破人亡之苦，看看将来机器南迁、工厂破坏后靠什么做工营生。我们提出：“成千上万人筑成的铁路就是成千上万人的生命！铁路是铁路员工的饭碗！人不过江！物不过江！钱不过江！”火车轮渡码头的工人们立即动手拆除从江岸车站通向轮渡趸船的道岔。国民党驻军问他们：“拆道岔干什么？”工人理直气壮地说：“江水上涨，道岔比渡船低得多，火车怎么开上去呢？拆了好加高！”机务工人进行怠工，拖长修复大牵引火车头的时间。货车厂的工人下掉货车墙板，拆掉挂钩，挫败敌人搬迁的阴谋。

与此同时，为了打击顽固派，我们抓住夏光宇扣押铁路员工 3 个月薪饷携款逃走的勾当，立即在全体员工中揭露了这一强盗行为。广大员工听了后，人人怒火万丈。在历次斗争中带头冲锋陷阵的胡封奎大声疾呼：“这不是要把我们活活饿死吗！”这时，广大员工立刻紧急集合在工厂大院，由胡封奎等带领，到路局去找夏光宇“要钱”。

当“要钱”队伍到达胜利街平汉路局时，夏光宇早已携带巨款逃之夭夭。

---

① 华中“剿总”1949 年 4 月后改组为华中军政长官公署，但当时很多人仍习惯称之为“剿总”。编者注。

势如潮水的工人队伍便转头向一德街夏公馆去兴师问罪。当胡封奎、闵毅成刚一冲上 3 楼时，夏光宇的儿子和他的密友——纱厂老板程子菊的侄子掏出手枪向工人进行威胁。说时迟，那时快，胡封奎、闵毅成、邱楚才冲上去夺下了两个花花公子的手枪。众工友见状，更加义愤填膺，不容分说，将两个小子和夏光宇的老婆押到江岸工厂作人质，并把首先持枪威胁工人的程子菊的侄子这个恶棍捆绑在江岸工厂门口牌箱前示众。这叫杀人偿命，欠债还钱，光明正大，拿钱领人。这样一来，他们慌了手脚，连夜抬出平汉路局副局长范致远来厂谈判。我们选出的代表对他们说：“不拿出我们的 3 个月工资别想放人！”

在谈判中，警备副司令兼新任平汉路局局长邬浩公然派两辆装甲车开到江岸威胁工人，广大工友和家属立即将装甲车堵在头道街街口，双方僵持不下。我们的谈判代表指出，范致远是先礼后兵，威胁我们。既然如此，你范致远局长也不能离厂一步。你们动枪，我们也要动手。范致远一听不妙，赶忙派他的随从到厂门口与装甲车官员打招呼。他们知道，装甲车一冲进厂门，工人决不会轻易饶过范致远和夏家母子。所以，装甲车转弯就溜之大吉了。范致远只得答应先给每个工友垫付一部分薪饷，其余再筹借。经他当场签署保证和开出支票之后，工友们便由他领着夏光宇的老婆和两个宝贝回家去了。

1949 年 5 月上旬，华中“剿总”机关和特务团开始准备公开向江南逃窜，桂军鲁道源的守备部队也杂乱无章地夺船抢渡武昌，汉口市呈现一片混乱和恐怖景象。一场破坏和反破坏、护厂保产的紧张斗争已经摆在江岸党支部的面前。党支部本来准备由部分党员出面，邀请徐文珍、钱耕余、田立功等人出来协商组织应变委员会和“护厂队”的，但是后来据党员刘汉儒、“工协”会员周家学反映，国民党平汉铁路党部和伪工会也在商讨护厂办法，打出了“保产活命委员会”的旗号，还在四处招兵买马。支部针对这一新的情况，认为我们可以利用他们“旧瓶装新酒”，把他们提出的“保产活命委员会”和“纠察队”的形式接过来。因此，支部决定不成立其他形式的组织，所有党员、“工协”会员、“新建协”会员、积极分子，都参加保产活命委员会和纠察队。参加后，马上提出我们的口号和要求，争取领导权，牵着敌人鼻子走。这样，既可避免过早暴露党的组织，又可团结一切可以团结的力量。支部这一决定得到了上级组织的同意。后来，我们所有的党员、“工协”会员、积极分子都加入了保产活命委员会，有的甚至当了宣传委员；我们的大部分人还参加了纠察队，有的是中队长、分队长。

这场反对敌人破坏的斗争发动得相当广泛，从机关到现场，几乎遍及各站、段、厂和汉口铁路局机关，甚至连部分家属也动员起来了。当时江岸大厂、机务段在斗争中带头，其他单位也都行动起来了。如江岸客车所，几乎百分之五十的人都参加了纠察队。当时纠察队的中队长就是我们的“工协”成员王东维，指挥的实权完全掌握在我们手中。后来在最紧张的时刻，纠察队变成了保产活命委员会的一支主要力量。他们不仅保护了本单位的客车车辆和各种设备，而且抽人直接参加了大厂和机务段的护厂斗争。

1949 年 5 月 10 日，敌人狗急跳墙，不顾武汉人民的警告，公然炸毁了进入武汉的铁路通道三道桥。看来，敌人下一步就要对江岸地区各厂、段、站下毒手了。地下党支部为了挫败敌人这一破坏阴谋，马上采取了紧急措施。我们向伪工会头头们提出了要求，要严防国民党军队破坏炸毁我们工人的饭碗（指机车车辆设备）以及散兵特务、地痞流氓的骚扰和劫掠；要让老工人参加保产活命委员会的工作。这个时候伪工会的头头们已成惊弓之鸟，对我们的要求连忙说：“好！好！好！你们工友们怎么说就怎么办吧！”于是我们“工协”成员，参加过二七大罢工和大革命时期的老工人杜福堂、吴柏林、林茂湘等成了保产活命委员会的委员。伪工会安插到纠察队里的人都怕得要死，已经不敢再露面了。此时此刻保产活命委员会和工人纠察队几乎全部被我们所控制。我们掌握主动权后，做了全面部署。首先将愿意同我们合作的厂长徐文珍、钱耕余、田立功等妥加保护，又派专人把工人家属中的老弱病残护送到汉口英国怡和仓库等处安置，消除护厂工人的后顾之忧。接着就对在厂、段的机车车辆，机厂重要设备、物资、档案采取各种保护措施。江岸机厂是一个修复机车、货车的重要单位。这个厂的全体职工参加了护厂斗争，还派出纠察队瞭望，日夜战斗。他们把机械车间6台自动车床全部拆装在一节旧棚车上进行了伪装，拉放在工厂比较隐蔽的地方，做随时都可以转移的准备；把一些笨重设备的重要配件也拆了下来；把比较重要的工具抹上黄油沉入工厂后面的水塘，连工厂中吊车的所有部件和大小电机都进行了拆卸，埋放在工厂周围草地里。这个厂不到一两天已经隐蔽、疏散一空，只剩下几台破旧车床和钳台了。机务段的职工也是日夜奋战，大家出主意想办法，把敌人重点破坏的14台牵引力较大的蒸汽机分别放在库内熄火，有的事先拖到丹水池外国人办的德士古油库和英国怡和仓库附近存放，并把这14台机车的摇连杆、车钩拆下，分散顶推到大智门、循礼门、玉带门各站隐蔽；把一台最小最破的"505"机车放在机车库门口作为挡箭牌。客车所和货车场的工人把货车车皮和客车车厢甩在江边堤下和德士古油库，把所有车钩拆下，安排一些工人家属住在车上。材料厂的工人把重要器材隐蔽在江边和草地。桥梁厂的工人也把已经装配好了的桥梁散了架做好记号，分散隐蔽起来。这就叫敌人狗咬刺猬，无从下手，以便武汉解放后能马上用于抢修三道桥。汉口铁路局虽然不在敌人炸毁之列，但是路局的广大员工在汉口路局地下党支部的领导下也发动起来了。在我们党员和"新建协"成员的带领下，从局到站以及汉口铁路局特别党部也储存了一批物资器材，还比较完整地保存了敌伪档案。

1949年5月15日，地下市委通知我们："武汉即将解放。"蔡杰从刘汉儒家拿回市委发下的《中国人民解放军布告》和《告父老兄弟姐妹书》，交给胡封奎、王东维、刘汉儒、郭胜荣等组织一部分工人纠察队员上街张贴，宣传党的政策，安定民心。

这时，敌工兵营的50多名工兵乘机来到了工厂。他们由一个副连长领队，进了厂，就从板车上拿出大小各种炸药包向水塔上、"505"号机车轮上、机器地脚上绑扎起来，导火线也拉上了。

保产活命委员会的值班人员连忙拉下总电闸，发出警报。厂区顿时紧张起来。在地下支部的领导指挥下，地下党员、"工协"成员同许多工人纷纷赶到厂内。他们以保产活命委员会的委员和纠察队员的身份出现，一起围上那个副连长讲理。

当时地下党对如何同敌人的破坏活动展开面对面的斗争有明确指示，即在斗争中要准备三手：第一手是软的，向敌人下级官兵讲铁路是工人的饭碗，工人一家老小需要生活，争取他们同情，他们如乘机敲诈，不妨少许给他们点钱。第二手是硬的，万一软的不行，那就守住设备，坚决不让炸，动员群众给敌人施加压力，迫使其让步。第三手是吓唬敌人，如果敌人要动武，可以在附近放枪或放鞭炮，大呼解放军来了，这时的敌人已是惊弓之鸟，估计会迅速逃窜。

根据地下党指示的这三条，当时同敌人直接周旋的是地下党员、“工协”成员和积极分子胡封奎、杜福堂、吴柏林、林茂湘、王东维等这些在纠察队有职务的同志，还有已为我们争取过来的段长、厂长。先就用了软的一手，讲了工人为什么要护厂。

那位副连长说：“你们说的不错，工厂是工人的饭碗，不过这差使乃是上级所派，不来执行，兄弟也交不了差。”在一再软磨的情况下，这个副连长就敲诈起来：“兄弟好说，来的这些弟兄，嘴巴得堵住啊！这样吧，一个人给他弄双鞋钱，怎么样？”这样，工人就凑了几十块银元，再从伪工会的存款中拿了一部分给了他们。

当这个连长往背包里装银元的时候，又提出来：“离工兵营部这么近，营长他们听不见爆炸的响声也不好交差。再说，回去还得看爆炸照片，总也得叫我们过得去，拣不要紧的地方也得炸两声。”

经地下党员和保产活命委员会纠察队中的“工协”成员以及厂长、段长们一阵紧急商量之后，就由我们派人陪同他们一个排长，先到丹水池轮渡一片空地上引爆一包炸药，拍下照片，又将院里那台“505”号机车水箱炸瘪拍照。这样，汉口江岸地区铁路的重要设备全部完整地保存下来了。

正由于完整保存了设备，所以需要时立即可以开动。5 月 16 日凌晨，解放军最早进武汉的先头部队是一个尖兵排，头上身上经过作战伪装，以战斗队形搜索前进，他们是从谌家矶方向顺铁路过来的。当时因为怕发生战斗，附近居民早已转移，解放军进武汉最早遇到的就是我们这些戴着臂章的工人纠察队员。当解放军主动和我们握手问候的时候，没有一个同志不掉泪。盼这一天盼了多少年，为了这一天经过多少复杂尖锐的斗争，这一天终于来到了。解放军一到江岸，没有走的工人家属立刻烧水、送茶。解放军同志因为有战斗任务，立即向我们问敌情。我们说，约一个多小时前，一队国民党匪兵刚刚顺铁路南逃。解放军得知情况后，决定立即追击。这时我们把经过斗争保留下来的轻便火车立刻开来，请解放军上车，在循礼门、玉带门之间追上了这股残敌，就地消灭了。这可以说是江岸地区铁路工人为自己、为人民、为支援大军南开的第一趟车。

武汉解放后，地下支部又积极协助中央军委铁道部、武汉市军管会铁道处顺利地进行了接管。支部成员和党员、会员在军管会指派的新岗位上迅速修理了机车车辆，安装了机械设备，恢复了生产。华中军事运输司令员郭维城、郑州铁路局政委许子威等同志亲临现场，和我们汉口全体铁路员工按期修复了三道桥，保证了8月1日通车。一列一列满载着部队、弹药、粮食的火车经由这里，风驰电掣地向南方前进。

（本文原载于《武汉地下斗争回忆录》，湖北人民出版社1980年出版，有删节）

# 武汉电信局地下斗争的回忆

黎海林[①]

抗日战争胜利后，武汉电信局是国民党接管的重要单位之一。它不仅是民用企业，也是国民党党政军通讯的要害部门。因此，敌人对这个机构的统治是非常严密的，但我们党仍然从各方面派进了地下工作人员，把群众团结和组织起来，在电信局内开展革命活动，与敌人进行斗争，直到武汉解放，终于把电信局完整地接管过来。每当想起自己在武汉电信局所经历的地下斗争情景，心情总是非常激动。

## 接受任务

在旧社会，本来我是学财会专业的，由于谋生艰难，1947 年国民党交通部电信总局招考电信人员，我经考试被录取。经半年专业训练毕业后，于 1948 年 1 月分配到武汉电信局当报务员。这个职业，生活上是很不规律的。在业余时间内，由于酷爱看书，我在一些革命同志的指引和帮助下，得到了阅读进步书籍的机会，开始读一些文学、政治、历史书籍，如《钢铁是怎样炼成的》《丹娘》《中国怎样降低到半殖民地》《中国历史简编》《历史唯物论浅说》《经济学讲话》《思想与工作》《思想方法初步》《大众哲学》《新民主主义论》等。这些书籍深深地吸引着我，白天工作忙，下班后就躲在家中挑灯夜读，读书使我对国民党反动派统治的社会有了更

① 本文作者时为中共鄂豫三地委城工部工作人员，社会公开身份为武汉电信局报务员。

清楚的认识，从而进一步认识到，我应该迅速投身到革命斗争中去。

1948 年秋天的一个晚上，徐中玉（我爱人刘怡冰在江汉关的同事）陪同古正华（中共鄂豫三地委城工部的秘书）一起来到我家中。他们 3 人曾经都是“湖北民主青年先锋队”的队员。古这一次来汉的任务是要进一步开展武汉的地下工作。我当时向古提出去解放区工作的要求。古把革命战争的形势作了简要的说明之后，就对我说，像你这样的工作岗位（指电信局），我们想派人都派不进去。你应该留下来，这比到解放区去工作更重要，尤其是配合解放军南下解放武汉的任务就更重大。他要我积极团结周围进步群众，发展革命力量，并强调指出这是刻不容缓的任务。这样，我就成了中共鄂豫城工部的一名地下战士。由于我家住在离江汉关不远的一座仓库的 3 楼，古正华每次从解放区来武汉，都利用我家作为联络点，有时还在这里召开会议。

## 团结群众

国民党的特务对武汉电信局的监视十分严密。他们对报房、机房甚至各业务科室都派有特务监视。有一次在武汉电信人员训练班，军统特务何中炎突然召集学员训话：“最近我们用侦测手段破获一起共产党地下电台，人机并获，今天我何某召集开会告诫大家，训练班也不是清水衙门。”并威胁说：“某某某、某某某值得注意！”不几天，这两个被点名的同学就悄悄离开了电信人员训练班。白色恐怖虽然使我们的地下工作任务更加艰巨，但是我们仍然建立和发展了地下组织，工作也逐步地开展起来。

一开始，我们通过读书、交朋友发现了一些进步力量。张世明和我是武汉电信人员训练班中比较接近的同学，他年纪最轻，思想单纯，富有正义感，对国民党的腐朽无能十分不满。我向他推荐了我所阅读的一些进步书籍，同他议论革命战争的形势及党的政策，使他思想上有了转变，自觉地提出革命要求，并积极投入行动。根据这个经验，我又和北平电信人员训练所分配来的宋廷昌同学很快密切了关系。宋在北平读书时，接受过党的任务，有革命的思想基础，他把我借给他的书籍转借给北平训练所的其他同学阅读。不久，宋又向我介绍了他的同学陈万良。陈在北平电信人员训练所时已经参加了党的地下组织，是中共党员，来汉前北平地下党的领导黎光嘱咐他：去武汉后要继续战斗。陈万良参加我们的地下组织后，又向我推荐了他的同学王士友和刘锡福，刘又介绍了唐缄三。他们都是北平电信人员训练所的学员，有一定的革命思想基础。王士友和陈万良在中学时就参加过对国民党三青团的斗争，刘锡福在北平中学读书时曾受过一位进步老师的帮助，对共产党早就有一定认识。唐缄三老家在冀中，他在家乡曾受过党的教育。他们分配到武汉工作后，思想上曾一度十分苦恼，都想到解放区去，参加我们的地下活动后，工作都非常积极。

北平电信人员训练所分配到武汉电信局工作的共 62 人，大多住在局机关 4 楼大礼堂内，生活上有很多困难，如开始他们对吃大米不习惯。为了做好团结这批学员的工作，陈万良首先从生活上入手，积极支持李致福、王成海等人出面，以北平同学会名义，要求局方成立面食团，以改善北方同学的生活。继而又与同学田洛滨等一起，在报房进行了改三班制为四班制的反歧视斗争。结果，将原来的大三班 8 小时工作制改为与其他同仁一样的四班 6 小时工作制。随后，他和王士友、刘锡福商妥，团结李志恒、李志福、王琪、严希哲等人，在大宿舍内共同发起组织了“生活改进会”，设有保健、歌咏、读书、文艺等组，公推年长的李志恒同学为总负责人，藉以互相帮助，团结群众。这样，北平训练所的同学被组织起来。为进一步适应护局斗争的需要，1949 年 5 月初北平同学会改组，公推李志恒为总干事，王士友、陈万良分别为联络组和总务组干事。在另外 11 名干事中，与他们关系较好的就占了 8 名，这样，团结在北平学生会周围的群众基本上被我们争取过来，团结在党的周围。

## 建立组织

1948 年冬的一个晚上，古正华来到武汉，在江汉关 2 楼召集会议。参加这次会议的有徐中玉、丁亚航（当时化名老关）、刘怡冰、郭志达和我，会议传达了鄂豫三地委城工部的指示，决定在武汉民主青年先锋队的基础上建立“武汉人民解放先锋队”，以扩大群众基础。在这个会上，拟定了入队的要求和表格，凡入队者一定要写自传、填表，经上级批准，并按时缴纳队费。从这个时候开始，张世明、宋廷昌、陈万良、王士友、刘锡福、唐缄三、汪子安等人都先后履行了入队手续，他们的自传和入队志愿表都由我亲手交给古正华带回城工部。武汉电信局的一些要害部门，如中央室、有线报房、发讯台、营业处都有了我们的同志。就这样，“武汉人民解放先锋队”武汉电信局小组于1948年冬正式建立起来。

不久，鄂豫三地委城工部派党员刘杰（又名刘超群）来武汉担任“武汉人民解放先锋队”的书记。他以我的家作为进行地下工作的联络点。

## 开展宣传战

辽沈、淮海、平津三大战役节节胜利后，敌人惶恐不安，在电信局散布种种谣言，妄图制造混乱、蛊惑人心。我们小组的同志分析了电信局职工的思想动向：大部分人表示沉默，但也有少部分人忧心忡忡，有的甚至还想离局南逃；有几个身居高位的特务乘混乱之机，大搞黑市电话，做黄金买卖，表现得更是坐卧不安。这些情况，我都及时向城工部领导作了汇报。城工部要我们加强收听站的工作，把新华社的消息和党的政策及时宣传到群众中去，以提高群众的觉悟，揭露敌人的阴谋，粉碎敌人的谣言。

我们电信局小组的工作顿时更加紧张。从这时开始，我们不断从江汉关地下收听站取来大量宣传品，有《解放社战报》《将革命进行到底》《评战犯求和》《八项和平条件》《向全国进军的命令》《中国人民解放军布告》《城市政策》《工商政策》《约法八章》以及《消灭它》《财产是我们的》《天亮了》《告武汉同胞书》等小册子。每次取来宣传材料后，电信局小组的每个同志不分昼夜，到隐蔽的地方封装、寄发。除了大量地寄给国民党党政军机关、学校、工商企业外，还对电信局的局、处、科以及报、机房的主管人员一一投寄。

除江汉关地下收听站供给的资料外，小组的每个同志利用各自的工作条件，收听新华社的消息，随时在群众中传播。张世明为了将新华社的最新消息及时传播到群众中去，利用设在江汉路四明银行大楼 7 楼的国民党交通部三区管理局的监测台（监听可疑电台）收听新华社的电讯。唐缄三的工作岗位是发讯台，远离市区几十里，周围无居民。他分析了发讯台十几个人的情况：个别人有点复杂，但不在机房，其余的人都很关心时局。当他接过一叠宣传资料，回到发讯台就利用在机房打电话的机会，将宣传品夹在开机记录册内，使每个值班人员都能看到。这样做虽然有点冒险，但从事后来看都收到了良好的效果，对发动群众反迁移、反破坏起到了积极作用。

我们对国民党的宣传战，在电信局起到了明显的作用。群众收到宣传品以后，打破了以往的沉默，开始议论纷纷。有一次在上下班的局交通车上，职工谭夫雄、崔鸿录就公开谈论："近来局里接到中共地下组织寄来的传单，要我们保护机器设备，反对拆迁和破坏。"接着，车上的其他人议论不休。当局负责人接到我们寄发的宣传品后，则产生疑虑和恐惧，特别是坚持反动立场的国民党特务们更加孤立。

## 做好调查研究

1949 年初，三大战役结束，人民解放军大举南下，步步逼近武汉，敌人惶惶不安，武汉三镇的战争气氛十分紧张。城工部给我们布置了收集军事情报的任务，要我们充分掌握敌情，了解敌军动态，侦察敌人的军事设施，打入敌特军事要害部门，准备迎接武汉解放。

对电信局人员的政治情况我们已作过分析：有国民党三青团区分部，业务处处长、科长都是特务，报房的特务名单我们已基本掌握，有的平时作威作福、欺压职工，面貌早就暴露，有的还隐蔽着。对于这些情况我们都整理了材料。

"武汉人民解放先锋队"电信局小组的同志分布在各个要害部门，又多是报务人员，他们利用这一有利条件，积极搜集和侦破敌人的军事情报。国民党党政军的电报通讯都有挂号卡片，在有线报房和无线报房都有他们的五码密电码本，管理极严，由当班分发台专人保管，报务员不能直接接触。但由于报房是四班制，当班人员常有溜班的习惯，这就给我们的同志留下了一个侦看密码的机会。我和张世明就是利用这个机会，将敌人的军、政五码密电码本的压脚搞到了手。掌握了密码压脚，就能破译密码。国民党当局为了保密，经常改换密码压脚。我们也毫不放松，随时跟踪侦察。陈万良在当夜班时查抄了电报挂号卡片上的军政单位名称和番号地址，还到天津路营业处当班的刘绍华等处去帮忙，藉以了解敌军政密电内容和他们的名称地址，这样，我们对于武汉周围地区的敌军番号、地址异动情况可以随时掌握。

调查武汉三镇的街道和地势是城工部交下的一项紧迫任务。电信局小组接到通知后，立即派人分头活动。陈万良和王士友负责调查新安区，宋廷昌、刘锡福负责调查永清区，张世明负责调查云樵区。凡三层以上建筑物的结构，与周围的关系，地道、池沼、土丘、碉堡、障碍物以及军政机关和仓库、工厂、学校的名称、分布情况等，都及时绘制成图，一周之内上报。这些同志对这项工作确实缺乏经验，但他们勇敢、沉着、细致地工作，都按期向我交来地形图，再经我综合绘制后交古正华报城工部。

在完成这次任务时，同志们发挥了高度的责任感。张世明认为，这是给我军指挥员用于实地作战的重要情报资料，它不是一般的地图。他买了一张市内地图作参考，把云樵区分成几个段落，用步丈法一条一条街地实地勘测，按照要求将调查的情况标在图上。这种实用地图只要识字就可以看懂。任务完成后，他突然发现西马路郊区进入市内的要道上冒出几个暗堡。不几天，又发现赵家条后面碉堡越来越多，高楼似的碉堡平地而起，还筑有护堡河（沟），并且有敌军看守，不许老百姓走近。这意味着敌人将要在这里负隅顽抗。他想："这个情况非常重要。我虽没有接受这个地区的任务，如果不把这个地图画出来，怎么对得起组织！"于是他约雷发柏一道去察看。他们在周围看了一阵之后，准备接近碉堡时，看守的敌兵把他们抓住质问，并举枪要打，把他们赶出了防区。但是张世明已经完成了任务，把一份更完整的实用地图交给了我。陈万良、王士友除完成了自己负责区域的调查任务外，还帮助宋廷昌、刘锡福调查其他区域。有几个重要地段都查得很细致，如渣甸路（现在解放公园路）附近的碉堡都是很清楚地标在图上。除上述手制地图外，大家还分头买了许多武汉三镇的地图，一并送往解放区。

对电信局的通讯设备，我们也作了详细的调查。有线报房是汪子安、陈万良调查的，中央室是我调查的，发讯台机器是唐缄三调查的。他那里有两个机房，3楼是唐值机的地方，易于完成，但2楼怎么办呢？只好等同学宋鸿思当班时以学习为借口，到2楼机房去了解每个机器型号和功率，几经上下才完成了任务。收讯台没有我们的人，我和张世明约好，以中央室通讯不畅为由，到收讯台询问收讯机的状况，张拉住值机人员谈情况，我乘机迅速将机器型号、数量等记下来。调查的材料由我汇总制表及时交古正华送解放区。

## 护局应变迎接解放

随着战局的紧张，局内又传出了要资遣南迁的消息，酝酿成立“应变会”。我把这个情况及时向组织作了汇报后，组织上立即指示我们充分利用应变组织这个形式，依靠进步力量，发动群众开展反迁移、反破坏斗争，护局保产，把电信局完整地保存下来，迎接武汉解放。这时，电信局的黄色工会也企图包办应变会。我们则同各进步团体和地下组织互相配合，通过召开职工代表大会选举产生了应变委员会，公推黄宗熙（我党地下工作人员）为应变委员会副主任委员，并在有关会议上决议，工会理监事不参加应变会，只由理事会理事长蒋西亭代表工会参加，任主任委员。这就排斥了黄色工会企图把持和包办应变会的阴谋，把“护局应变”的领导权牢牢地掌握在我们手上。

我们是怎样发动群众应变保产的呢？那时，由于国民党大打内战，金圆券一再贬值，物价飞涨，职工生活难以维持。张世明和我商量，决定从关心职工生活着手，把大家团结引导到护局保产的轨道上来。首先由张世明在报房里和宋国泰、周仲锐等人酝酿，提议将商人拍发的行情电报提价一倍，多收的钱发给职工改善生活。这个消息传出后，报房、营业部门很快就行动起来。把加价的电报称为“特快电报”。上海方面也采用了这个方法。武汉局收的钱归武汉局职工分，每天结称一次，然后按人头分给大家。随后，群众又强烈要求报话收费不要金圆券，改收银元。这对国民党行将崩溃的金融局面是一个重大的打击。伪工会理事长蒋西亭在大会上进行阻挠，我们组织群众和他进行了面对面的说理斗争。在群众的强烈要求下，局方接受了群众的意见。张世明等立即打“XQ”通电全国，很快得到了各地响应声援。拒收金圆券运动斗争又胜利了。应变会用部分银元买了应变物资。这时有人闹分应变米，后来又散布谣言说“南京电信局解放后，应变米被封了”。陈万良等便向群众解释应变米不能分的道理。他们立即叫值南京机的同学发“XQ”询问南京局，当场揭穿了这个扰乱人心的谣言。斗争把群众紧紧地团结在一起了。

1949 年 5 月，解放军势如破竹，武汉面临解放，敌人下令撤走通信设备，破坏电信局。我们积极投入了护局保产的斗争。在电信局机关，陈万良、王士友、刘锡福等团结原北平训练所的同学，一起动手藏机器。有的抬到 4 楼寝室床下，有的抬到女职工宿舍；发讯台唐缄三主动和该台主任肖而健商谈护产办法。当时电台门口还驻有敌军一个班，为了迷惑敌人，我们以防汛为名，召集全台工作人员开会，动员职工将一楼门口用沙袋堵起来，只留通往宿舍处的一个门。晚上职工轮流值班，大家动手将机器分拆下来，抬到家属宿舍床下、柜内藏起来，有的埋在附近麦田里，只留下几部需要开动的机器。张世明主动参加保护电信局的心脏——“市话总机”的工作。当时风声很紧，敌人已开始炸船，为了保存机器，一天下午 1 点钟左右，他和吴绍兴、黄振华、方鼎（群众）、李循棠（地下党员）等同志一起，将总机分装在两个卡车上，准备运往江边一个隐蔽的仓库（现属供电局）藏起来。车行至半路遇到白崇禧的“王牌军”，他们全副武装，把卡车团团围住，李循棠和张世明沉着、机智地应付敌军，说这些机器是奉命搬迁的。这样就瞒过了敌人，将机器顺利地送到江边仓库。

5 月 14 日凌晨，在报房当夜班的北平同学得知驻局国民党军队要撤走的消息，马上回大宿舍报告，大家立即叫醒了熟睡的同学，到通信大楼各处进行埋伏监视，防备他们逃跑前抢劫财物和破坏机器，同时迅速与中央室宋廷昌等同学联络，互通情况，以防不测。

5 月 15 日下午，华中军政长官公署派人来检查拆运通信设备情况，五六点钟派来了 30 多个敌军，带着炸药要炸电信局。电信局职工不顾危险，拥在大门口和敌军对峙，气氛十分紧张。在危急之中，张世明在现二局的楼梯口找到了江绍亨（电信局驻长官公署联络员），要江出面交涉。张与江经操场出大门（天津路）来到敌军处，经江出面与敌军交涉了半个多小时，原来他们是想敲竹杠的，但现在慑于群众的激愤之情和解放军兵临城下的军威，无法得逞，只能仓皇逃跑。江绍亨（参加过复兴社）原是四平电信局局长，四平、沈阳解放后逃来武汉，住在张世明父亲家，原准备逃往台湾（江与张是老乡）。张世明动员他留下来立功赎罪，江采纳了张的建议未走。这次他是带着立功赎罪的心情去与敌军交涉的，总算为应变护局做了一件好事。

为了保产护局，我们小组的同志都参加了站岗放哨，巡逻于电信局周围。唐缄三在发讯台保卫，张世明和张亚文在合作路围墙守了好几个深夜，又和白又新一起在现总务科周围守了几个白昼。5 月 16 日凌晨两三点钟，大家目睹最后一批全副武装的国民党部队通过中山大道经天津路向江边跑去。反动派逃走了，同志们的心情既高兴又紧张。高兴的是反动派逃跑了，紧张的是我们还没有最后将电信局完整地交给党和人民。中午，中国人民解放军先头部队进入汉口市，电信局临中山大道的各楼窗口红旗招展，彩纸飞舞。全局职工拥向大门口，拥向窗口，向中国人民解放军欢呼致敬。

在军管会的领导下，我在武汉电信局清点接管委员会任干事。完成任务后，我和冯金山受到武汉市军管会给予的大会表扬。我还荣幸地当选为武汉市第一届人民代表大会的代表。

时间已经过去 37 年。回顾地下斗争时期那一段严酷的岁月，心情无比地激动。武汉电信局为什么能够完整地接管过来？主要是有党的领导。党的各个组织系统，包括我们鄂豫三地委城工部及时地向电信局派进了地下工作人员，在这里建立和发展了地下组织（据统计有成员 40 人以上），开展了党的工作，动员和组织了群众，在各项活动中相互支持，默契配合，上下左右拧成了一股不可战胜的力量。武汉电信局所取得的胜利，应归功于党，归功于群众。

（本文原载于《武汉城工史料（三）——中共鄂豫三地委城工部史料专辑》）

# 汉阳船舶修造厂工人的地下斗争

李汉涛[1]

1948 年 9 月，我在中共天（门）汉（川）县委城工部任地下交通员，主要任务是至武汉接送从上海、南京等地转移来的地下党学生干部和进步青年去解放区。同时经组织批准，通过我的社会关系，在汉阳船舶修造厂组织工人开展地下斗争。

汉阳船舶修造厂工人的地下斗争，由中共天汉县委城工部直接领导，根据当时军事形势发展的要求，采取了许多灵活巧妙的斗争方式，工作进展顺利，取得很好效果。在淮海战役胜利进行之际，他们组织串联工人，开展了以破坏生产、打乱敌人军运为主要目标的斗争；在淮海战役胜利结束之后，他们紧接着进行了以反对搬迁、反对南撤为主要内容的斗争；在敌人准备逃跑，武汉将要解放的时候，他们又开展了护厂、保产和反破坏的斗争。所有上述这些斗争，都取得了胜利。

## 发展城工人员，打入敌军工厂

由于当时地下交通工作任务的需要，我必须经常来往于天门、汉川、武汉。我每次来武汉，除了以经商为掩护，住在汉正街、交通路等地的客栈外，还经常以走亲戚为掩护，住在汉阳西大街我姨母家里。因之，我有机会同姨表兄李书林有更多的接触。他是国民党军委会联勤总司令部汉阳船舶修造厂的钳工，幼年丧父，家庭赤贫，童工出身，从小就受尽了压迫剥削。

---

① 本文作者时任中共天（门）汉（川）县委城工部地下交通员。

从我们的接触谈话中，我了解到他对当时的社会极为不满，极力想摆脱受压迫受剥削的生活地位；同时也了解到他所在的这个工厂是敌人陆军在华中修造军舰搞军事运输的重要军事工厂。这个厂的前身是日军片山部队侵华时建造起来的，机器装备比较先进。抗日战争胜利后，国民党接管该厂，又增添了新的技术设备，并对工厂实行军事管制，所有官职人员都有军衔，派到厂内的军统、中统特务，国民党、三青团亦多如牛毛，还设有一个警卫队的武装编制和警备室，对工人实行严格的政治控制和压迫。因此当时工人地位低下，生活困苦，没有任何的民主和自由，对工厂当局极为痛恨。

1948 年 10 月，我在完成一次交通任务后回到中共天汉县委城工部，向部长陆天虹详细汇报了我姨表兄李书林和汉阳船舶修造厂的情况，陆天虹对此极为重视，当即指示我："可以运用李书林的关系，打入这个工厂，做工人群众的工作，同厂方开展斗争。如果可能，最好把李书林引来城工部面谈。"根据组织的指示，我迅速来到武汉，再次住在姨母家中，同表兄李书林作了深入的交谈。过去我住在姨母家，同李书林也谈得较多，把我当时懂得的一些粗浅的革命道理向李书林作过宣传，但并未明确告知我的身份。这次，因为组织上的批准，可以告诉他我已参加了革命工作，因此，我向他讲了我的身份。当他知道我是地下交通员时，非常高兴，表示要立即约他的好朋友张世忠一起到解放区去参加革命。据李介绍，张世忠是该厂青年车工，为人忠厚可靠，对旧社会不满，他们之间的友谊是信得过的。于是，我同意带领他们两人到天汉县委城工部去。到达天汉县委城工部驻地天门张家湾后，我介绍他两人同陆天虹见了面，陆天虹和他们做了较长时间的谈话，对他们进行了短期的培训后，仍派他们回厂，并指示他们："发动串联工人，有条件可组织秘密工会，宣传解放战争形势和党的政策，保护工人合法利益，运用各种形式同厂方开展斗争。"从此，李书林、张世忠两同志就在天汉县委城工部直接领导下，在该厂进行地下斗争。从 1948 年 10 月到 1949 年 2 月，李书林曾 3 次到天汉县委城工部请示或汇报工作。天汉县委城工部除指定我经常同他们联系、商量工作之外，1949 年 3 月，还根据当时军事形势发展的要求，指派有地下工作经验的城工部工作人员韩奋同我一起专程来汉，住在汉正街泰兴公客栈，对李书林、张世忠两同志所发动的反搬迁斗争进行具体指导达20余天后，才返回县委城工部。

## 宣传串联工人，破坏敌军生产

1948年10月底，李书林、张世忠从天汉县委城工部回到厂里后，积极地进行宣传鼓动。同时他们在工人群众中公开发表了一些组织工会的议论，但很快就被工头和厂方发觉，并立即采取措施，命令工人不准成立任何组织。该厂第一金工车间领班（即工头）张某警告张世忠："车间主任李文英对你很有意见，你年轻，要小心点。"这个情况引起了李书林、张世忠的警觉，他们研究后，感到这样的做法很危险，要改变斗争方法，从关心工人的切身利益方面着手。于是，他们利用工人业余时间到茶馆喝茶聊天的工夫，乘机进行宣传，物色积极分子。在茶馆里，如果没有发觉工头、特务在场，就发表议论，谈物价飞涨、工人待遇微薄、劳动艰苦、糊口困难，以及国民党官职人员和工头对工人欺压等等，以鼓动工人们对厂方不满、对现实不满。这些都是工人们的亲身体验，容易打动他们，因而很快地团结了一批工人群众。如工人杨开国、陈清和、王发均、刘守善、叶朝宗等人就都是通过这种形式被团结起来，并成为开展斗争的积极分子的。此后，李书林他们陆续发展团结了30多名工人，逐渐壮大了力量。

由于有了一批工人积极分子和30多名工人的群众力量，我们在向厂方作斗争、保护工人利益、破坏军事运输生产时就有了一定的群众基础。工人们在这方面采取的办法使敌人无可奈何。如在修理军舰时，采取磨洋工、消极怠工的方法，以延误修理时间。他们利用钻进机舱谁也看不见的机会，对工友们进行鼓动。工头来了，暗号一敲，就假意干起来；工头一走，就休息闲谈，使其无法监督。有一次"同心""同德"两艘军舰起坡维修，厂方限期修好，他们就在几道工序上磨洋工，使这两艘军舰推迟了半个多月才下水。再如，他们利用厂方对工人的压迫剥削，引起工人们气愤的事，鼓动工人们闹事，以破坏生产进度。当时厂方给工人的报酬，每月只有一定数量的粮食，但每次发军粮时，不是粮食霉烂变质，就是短斤少两。有一次，工人陶某按规定分量领军粮时发现少了3斤，他们就乘机鼓动宣传。工人们听到这个消息，非常气愤，几个车间的工人都自动不干活。第二金工车间的工人还集体找军需官去扯皮闹事，造成停工停产。工厂的生产用电和照明用电用的都是厂内的发电机，但对单身宿舍的工人经常不送电，引起单身工人的不满，他们就串联和鼓动开机工人拉闸停车，使机器发生故障，造成生产混乱。厂方为了监督工人出勤，事先做了木制的名牌，工人上下班都要按规定翻名牌，他们就鼓动工人乱翻，使敌人无法了解。他们还利用工厂条件，做了炸米泡的米泡机，邀约了几名工人做炸米泡小生意，并在汉阳串街游巷，扩大宣传。既使一些工人在社会上搞点收入，维持生活，又使不少工人离开生产岗位，弃工经商，做小本生意，使生产受到很大影响。所有这些活动，都直接打乱了敌人的军运计划，并团结锻炼了一大批工人。

## 反对工厂搬迁，跟踪前往长沙

1949年2、3月间，淮海战役已经取得了胜利，我军正势如破竹，向前推进，武汉敌人紧张，仓皇作南逃准备，该厂亦奉令南迁。这时李书林再次到天汉县委城工部请示汇报工作。陆天虹指示说："要依靠和发动工人，反对搬迁，组织应变。"李书林回厂后，同张世忠等商讨了反搬迁的斗争方法，并将我从县委城工部带到武汉的宣传小册子积极地在工人中和社会上秘密传阅。提到这种宣传小册子，伪装的方法也是很巧妙的。这种小册子是城工部专门对蒋管区进行秘密宣传的印刷品，封面印的是《打渔杀家》《追韩信》等京剧剧目，而内容却是新华社《元旦献词》《将革命进行到底》《入城约法八章》《解放军三大纪律、八项注意》等。这样做是为了逃避敌人的检查。这些宣传小册子在工厂秘密传阅，不仅对工人而且对工厂的官职人员影响也很大。该厂第二金工车间主任、中尉技佐敖崇狱就是其中一个。他由于接受了我们宣传的影响，思想倾向进步，又和中共天汉县委城工部工作人员向兴展有过联系和工作关系，在反搬迁斗争中和李书林等同志默契配合得很好，作出了一定贡献。为了进一步发动工人群众，他们继续通过个别串联、坐茶馆聊天等方式，利用这个厂大部分工人是抗日战争胜利后从大后方贵阳等地兵工厂迁来武汉的，过去跟着国民党吃过不少苦头的实际情况，规劝这些工人不要再跟国民党跑，再吃二遍苦；鼓动工人们要求就地遣散，要求发遣散费。经过这些鼓动宣传工作，100 多名工人坚决留下不走。青年工人谭荣贵的父亲把行李都打包好了，准备走，经张世忠同志和谭荣贵回到家中一动员，就决定不走了。第二金工车间主任敖崇狱也决意不走，并支持工人向厂方提出的发遣散费的要求。而工厂当局由于既无遣散费可发，又不能用高压手段强迫工人们跟他们走，这就不得不面对现实，改变原来全部搬走的计划，决定留下部分工人和三分之一的机器不搬，组成留守处（实际上不仅三分之一的机器未撤走，而且全厂发电机设备，以及每个车间都有的八匹柴油机动力设备也未能撤走）。敖崇狱是留守处负责人之一，他暗中积极配合工人的斗争，给李书林等开展工作提供了许多方便。为了进一步搞好反搬迁斗争，对敌人拆卸下来准备运走的部分机器，他们又串联工人拆散，藏起关键的零件，使拆走的机器不能配套。如车床搬走了，但三爪卡盘（即自动卡头）却被藏起来了，使搬走的机器残缺不全，不起作用。

为了弄清敌人搬走机器的去向和下落，根据天汉县委城工部的指示，李书林亲自跟踪前往长沙，了解到全部机器均在长沙，还探明了敌人打算继续向重庆方向逃走的计划。长沙一解放，李书林受武汉市军管会的指派，随同华中局派去湖南的干部大队，把全部机器从长沙运回武汉，使汉阳船舶修造厂的全部机器设备没有造成重大损失和破坏，反搬迁的斗争取得了重大胜利。

## 保护工厂安全，迎接武汉解放

武汉解放前夕，国民党南逃时对武汉的破坏活动仍在进行。为了迎接武汉解放，保护工厂安全，汉阳船舶厂留下不走的 100 多名工人绝大多数都成为护厂保产的力量。李书林、张世忠等同志对这些工人的宣传串联活动更加活跃。他们说：“工厂就是我们工人的生活依靠，设备工具就是我们工人的饭碗，要设法把工厂保护好，决不让敌人破坏。”这些宣传号召表达了当时不走的工人的共同心愿，代表着全厂工人的利益，因此得到工人群众广泛的响应和拥护，许多机器设备上的重要零件工具都被工人们收藏起来，为武汉解放后迅速恢复生产创造了有利条件。

敌人南逃时，沿武汉长江两岸码头炸毁了一些趸船。为了防止敌人炸毁汉阳船舶修造厂的趸船码头，张世忠同志串联工人熊顺林、陶学善等同志拆下趸船的铆钉，使趸船下沉，有效地保护了趸船的安全，为武汉解放后工厂的吃、用水和船舶靠岸起坡修理提供了条件。同时，他们还串联了湖北省建设厅机械厂、武昌海事学校、武昌修械厂的工人们联合起来保产护厂，均取得了胜利。

1949 年 5 月 17 日清晨，从襄河南岸进入汉阳的江汉军区人民解放军正式进驻汉阳船舶修造厂。解放军进厂时，工厂秩序井然，厂房、机器设备全然无损。几天后武汉市军管会派军代表正式接管工厂，首先找到李书林、张世忠等同志，经他们协助，在很短的时间内，工厂就迅速恢复了生产，为解放军修理船舶、支援前线作出了重要的贡献。

（本文原载于《武汉城工史料（一）——中共鄂中地委城工部史料专辑》）

# 忆城工组在武汉的地下革命活动

关锡庚[①]

1948 年夏天，我经同学陈睦森介绍，认识了余杰，并在他的领导下，参加了中共江汉区党委城工部在武汉的地下革命活动。从此掀开了我生命史上新的一页，我正式成为革命队伍里的一名战士。

我和余杰建立工作关系后，他曾陆续向我交代了这样一些任务：1. 从所接触的人中，选择对国民党不满，有正义感和要求进步的人建立工作关系；2. 发展城工组织；3. 相机进行党的政策宣传，引导群众关心时事政治；4. 调查搜集国民党单位的人事、财产档案资料；5. 开展对上层人物的不同形式斗争，孤立他们，有条件即争取他们；6. 临近解放时，进一步要求建立安全护产组织，稳定群众情绪，维护机关完整，迎接解放，听候接管。

在近一年的时间里，根据余杰的上述指示，在他的具体指导下，我进行了下列工作与活动。

## 一

我当时在湖北省银行会计处任办事员，并在那里先后工作了 5 年，人地两熟。加上我在会计处工作，这就便于我掌握该行的全部财产情况，也大体摸清了该行主要人物的政治面目。所以我把主要精力用在宣传群众、组织群众方面。

① 本文作者时为中共江汉区党委城工部工作人员，社会公开身份为湖北省银行会计处办事员。

当时物价飞涨,绝大多数职工都承受着沉重的生活压力,对国民党不满。但另一方面,他们对共产党不了解,存在疑虑。于是我们一开始就根据“从生活到政治”的原则,从维护职工的福利斗争着手,来逐步团结群众并提高他们的觉悟。恰在这时,一部分中下层职工对机关伙食不满,怀疑经办人员贪污自肥。我便串联了几个人组成查账小组,要求清查伙食账目。结果证明总务处指派的经办伙食的人确有贪污行为,迫使总务处撤换了人员,改善了伙食。这一回合的胜利,使大家认识到“团结就是力量”的真理,要维护自己的正当利益,只有团结起来进行斗争。

乘此时机,我们又适时地推动职工们思考:为什么职工的福利没有人关心?我们不是还有一个“员工福利委员会”吗?共同的答案是:“员工福利委员会”里面没有一个员工代表,完全成了总务处和各处室经理手中的工具,每届年终就秉承总、副经理的意旨,对忠于他们的人从福利基金项下发给一部分秘密津贴,连等级和金额都全由总、副经理确定,广大职工从来无权过问。于是我们在职工中又开展了要求改组员工福利委员会的斗争。这一斗争的范围较上次有所扩大,连一些上层职员,如稽核室的稽核们也签名表示同情和支持。当员工要求改组福利委员会的报告送到总、副经理手里,他们却不经选举,私下偷偷地把总经理的侄儿(青年军分子)作为员工代表塞进了福利委员会,企图以此堵塞我们的口和麻痹职工。

这一事实教育了一部分人,让他们认识到要维护自己的权利,必须成立自己的组织,不能在原有的员工福利委员会的基础上修修补补。

这时,淮海战役已经胜利结束,解放战争的烈火逼近武汉。国统区物价暴涨,人心背离,无不盼望早日天亮。而省银行当局却秉承国民党的指示,倒行逆施,密谋西迁恩施,派人去鄂西勘察行址。另外还做了南逃准备,在长沙、柳州两地设了办事处。同时以中央银行将发行银元券,省行要交存一部分准备金,而自己也须保留适当的业务基金为借口,宣布经济竭蹶,周转困难,缓发当年应发的年终双薪。这些消息一宣布,一时间舆论哗然,全行职工怨愤鼎沸。这就使我们很自然地把职工引导到成立自己的组织——排除经、副、襄理在外的“员工联谊会”的要求上来。

没有料到的是，这时和我同在会计处工作的一个叫何绍麟的青年军分子，突然要我和他共同发起组织员工联谊会。就是这个人，不久前还在办公室大肆散布共产党“共产共妻”的谣言，遭到我驳斥后，就暗地里向总务处经理何立夫写报告，说我是共产党的“地下特务”，还说我在驳斥他的言论中点了省银行专员、国民党区分部执委黎明光（一个公开特务）的名。幸好何立夫同国民党渊源不深，人也还正直，他把我找去问了问情况，并关照我不要乱讲话。黎明光也找了我。我除了叙述事情的经过外，还义正词严地向他说，我同你素昧平生，无恩无怨，同何绍麟争吵时，言论中根本没有扯到你，在场的人都知道。他听了我这番言词，没有说别的，仅向我解释了一通他的为人。

事情到此为止，似乎并未扩大。但会不会有别的变化，我没有把握。所以何、黎两人找我谈话的当天晚上，我就向余杰同志作了汇报。余杰同志听了后，沉思了一会儿，笑了笑说：“莫理他，他们是想冻结你的活动。如果真的摸清了你的底细，他们早下手了，何必要来这一套。”事后证明，他的判断毫厘不差。

现在何绍麟突然要我同他一起发起成立“员工联谊会”，意图何在？是想打入联谊会摸我们的底，还是想在武汉解放前夕为他自己找一条退路？我当时没有底，只好敷衍了几句：“好呀！我赞成。你老兄工作时间很长，又有威望，领头写个‘缘起’吧！我一定签名。”他果然写了个“启事”，由我和他两人签了名，又由他楼上楼下找了几十人签了名。

我把何绍麟新的动态很快地向余杰作了汇报。他说：“嗯！他想留下来。你就让他领头，自己不露面。因为你在别的方面还有些牵扯。如果老窝呆不住了，那些工作就会受影响。但要注意掌握联谊会的方向。”

于是我就同省银行里几个比较活跃又还正派的人，如聂静荪、王霞宙、刘杰等交换成立员工联谊会的意见，共同商议了人选。他们听说我在《辰报》还有些事，不能专一搞联谊会工作，希望他们多费点神的话后，表示谅解，同意让何绍麟当员工联谊会的主任。

1949 年 3 月份，我约了大家到我家商量员工联谊会的成立日期和成立后的活动，以及人选等问题，也约了何绍麟。这一天他来得特别早，一坐下先慷慨激昂讲了一阵，接着问我："成立员工联谊会有无某种政治上的支持？"我装作不懂，问他："什么支持，是不是还要登记？"他更露骨地问我："成立联谊会有无进一步的政治目的？"我沉下脸说："成立员工联谊会是你发起的，你还不清楚有无进一步的政治目的？我认为员工联谊会只是为了保障职工福利，不涉及政治问题。如果涉及政治问题，我今天就改请大家吃便饭，不开会了。"他涨红了脸，哑口无言。演完这出小插曲后，大家终于最后商定第二天成立员工联谊会，并具体决定了人选。第二天，在全体职工大会上，选举成立了员工联谊会。按照我们的安排，何绍麟当选为员工联谊会主任。

联谊会的第一个行动，就是选派代表同总经理谈补发 1948 年年终双薪的事。我是福利委员，是当然的谈判代表，另外还选了聂静荪和刘杰。在同总经理王渐盘谈判的同时，我们发动和联络了行警，把前后门加锁，声言不获结果，任何人不得外出。谈判从上午一直坚持到下午 4 时，王渐盘在同行内几个上层人物商议后，终于答复：立即派人去长沙提取银元，补发全部双薪；目前暂以库存现金，每人发给银元 8 元和 1 石米的价款，作为大家的应急费用。后一允诺第二天即兑现了，但从长沙提取银元补发双薪却是他们的缓兵之计，一直未兑现。

这件事启发了大家，一定要迅速摸清省银行资金的底。于是由员工联谊会组织人员，检查了金库和内账（即经营银元往来账），证实省银行的资金大部分已换成银元，分别转移到鄂西、湖南等地，说明分散资金是省银行当局蓄谋已久的，是蒋家王朝负隅顽抗的表现。

这样，我们便把群众的注意力引向监视上层人员的行踪方面，防止他们弃全行职工于不顾，暗地潜逃，"员工联谊会"也就顺水推舟转变成了一个应变护产的组织。我们当时提出的工作目标是："应变护产，防止逃散，保持原单位的稳定和完整。"具体措施是：联系行警和勤杂人员，保护本行财产和人员安全，防止散兵游勇骚扰破坏；联系职工集中住地东山里、保元里和公兴里等处管巷子的人，监视总、副经理和上层人物的行踪，如有异常情况，应立即阻止，并向“员工联谊会”报告。为预防武汉一旦发生巷战，威胁员工安全，还分别在武昌、汉口安排了应变负责人和集中迁避的地点。除上述外，我根据余杰指示，对上层人物分别寄发了解放军入城约法八章，起到了攻心作用。结果，除副总经理熊裕和国民党特务黎明光在我们布置前即已逃跑外，其余人员均留汉未动。这十分有利于武汉解放后军管会对省银行的顺利接管。

## 二

我除了在省银行会计处任办事员外，还利用业余时间，先后在汉口的《星报》《辰报》担任主笔和社委。

我是 1947 年春天经何文龙介绍参加《星报》的。由于周丕炎、童式一、赵谦信、王祖清、吴元洪和我先后参加《星报》工作，掌握着大部分版面，在无形中形成了一个中心，这就使《星报》对当时国内形势在各个版面上都有不同程度的反映，而且以独特的风格，精悍、犀利的小品、杂文、政论和一些夹叙夹议的通讯报道，吸引着广大读者，特别是知识分子和学生。

这就遭致国民党特务机关对《星报》的仇视，先是两次书面警告，后又拒不配售平价报纸和命令印刷厂拒绝承印。报社社长和总编辑也借口经费枯竭，要把《星报》交给当时的国民党湖北省政府财政厅厅长郑逸侠接办，因遭到我和赵谦信、王祖清、李文海等反对而未得逞。

1948 年 5 月，《星报》终于被国民党武汉市党政军联合汇报处以“该报多次刊载反动言论，为匪张目，着即勒令停刊”而查封了。4 个月后，也就是 1948 年 9 月，《星报》的原班人马照原来样式，通过各种关系，改名为《辰报》出版。

虽然改名为《辰报》，但仍有可能发生问题，而我当时又已联系着一些财经单位的城工组员，为了避免革命工作遭受影响，余杰叫我不要再参加《辰报》的实际活动，而只采取适当的方式，通过《辰报》内部的其他同志来对《辰报》施加影响。所以，后来尽管《辰报》委我以社委、副总经理、会计主任等多种头衔，我都找借口没有接受。但同时我又同赵谦信（副总编）、李文海（由我推荐编《这一代》）、杨其鸿（由我推荐编《时间》）、管震满（由李文海介绍给我认识，由我介绍进《辰报》编《时文选粹》）等保持着不同程度的联系。当国民党发动新的和平骗局时，为了揭露这一骗局的反动本质，我分别写了“和平老人邵力子”“新闻人物张治中将军”等稿，但都不是直接交《辰报》发表，而是以投稿方式邮寄给《辰报》的。

另外，我进《星报》不久，除了负责编“青年界”外，还受托同读者、作者联系，有时还组织解答“生活信箱”中读者提出的各种问题，这就使我掌握了不小的一批读者群、作者群，接触和认识了很大一批武大、中华大学、高商、实验中学、省立武昌高中等校的进步同学。我参加城工组后，就有意识地从他们中间挑选了一批人，用介绍、借阅和建议购买等方式，组织他们阅读当时上海、香港出版的进步书刊，如《时与文》《观察》《文萃》《华商报》等。我一般不暴露自己城工组员的身份，而把他们的思想认识和表现向余杰汇报，由组织分别发展他们为城工人员或青年团员。后来，他们中的大部分都自己通过各种渠道和关系去了解放区，少数留下来同我联系。

但开展这一工作也并不是完全风平浪静的。在留下来同我保持接触的青年中，有一个高商学生佘禄章，他的同学从解放区写信来约他去解放区。信被特务机关截获了，他因此被捕。就在他被捕的前几天，我给了他一份《新民主主义先锋队组织章程》，并要他看后谈谈体会。因原来约定的时间我另有他事，便提前一天去他处。不料他母亲哭着告诉我，他被抓走了。我当时心里很紧张，安慰她几句，答应想法营救，就匆匆走出来。出乎意外，门口没有人监守，走到街上后面也没有发现尾巴。我便首先回家转移了文件，又通知陈睦森转告余杰暂不来我家，然后我到华中大学李文海处隐蔽了起来。过了一个礼拜，陈睦森帮我同余杰接上了线，他判断：一、佘禄章问题不是大案，如果是大案，特务会在他家门口留人；二、特务未从佘禄章家搜走什么，否则会继续追查，并盘问家属，不会无动静；三、佘禄章表现还不错，未供出我来，否则我家门口不会那么平静。因此，他指示我可以恢复半公开活动，白天照常上班和进行社交。因为当时白崇禧正在散布地方和平的假象，估计特务不敢公开捕人。他要我晚上不回家，找一个地方住宿，但须注意后面有无尾巴。于是我这才结束了隐蔽生活，和各方面工作关系又逐渐恢复了。

## 三

除湖北省银行外，我还在武汉的一些企事业单位如江汉关、第一纱厂、省邮电局、汉口职业介绍所、信安钱庄、中央银行、中纺公司、申新纱厂等处，直接发展了一些城工组员或建立了一批工作关系。这些同志都较系统地调查搜集了有关单位的人事、财产档案资料，掌握了主要人物的政治面貌和动向。他们在关键时刻经受了考验，为我军入城顺利接管这些单位起了一定作用。特别值得追忆的是以下几位同志。

江汉海关的王祖清，是我在《星报》结识的。当时他是江汉海关的副监察长。由于在许多问题上我们的看法较一致，所以在《星报》时走得很近。开始我试探着向他了解江汉海关几个上层人物的政治面貌和政治态度，他都做了详细的介绍。后来我进一步要求他把海关的人事、财产情况编造成册，他便在公事房里亲自用打字纸抄好或打好交给我。临近解放，我根据余杰的指示，要求他准备一套广播器材，以备在武汉市区发生巷战而秩序混乱时，好在江汉关钟楼上装置喇叭，用来宣传政策、安定人心、减少破坏。他都认真做了准备（后因我军顺利入城、社会安定而没有用上）。他还冒险从海关机要部门取出了全套长江航行水道图，并说服经管人员，隐蔽、保存了敌人可能要炸掉的海关缉私用的汽艇。

杨其鸿，武昌第一纱厂会计，我的中学同学。因接触较多，我先吸收他为《星报》写稿，逐步要求搜集一纱厂的财产、人事资料，他都完成得较好。除将一纱的上层人物的情况写了书面材料外，还通过工务处人员掌握了技术人员和警卫方面的情况，并写了详细材料。因此，我们掌握了有关一纱的财产、生产能力、人员状况等资料。

在武汉临近解放时，杨其鸿利用在一纱总管理处工作之便，以及与董事会实权派王理原是同乡、有世谊的关系，了解到上层人物准备将部分机器装箱运往九龙，杨立即在大风停渡的时刻乘小划子过江，通过另一关系将上述消息转告给地下党员胡伯琴。胡当即发动工人拒绝拆卸机器，并成立了护厂委员会，由袁道华、胡伯琴领导开展护厂斗争。当经理以不发工资、不进原棉、使工厂停工来威胁工人时，他又配合渡江来汉口总管理处谈判的工人代表，找到副经理李贡庭，迫使他出面，用“以纱换棉”的方式，向中纱公司购进原棉，维持开工，挫败了上层人物的阴谋。在总管理处，他还发动会计处职工成立了一个应变小组，负责将一纱全部文件档案、财产目录、董事会和股东的有关资料、会计账册等全部装入保险柜封存，为武汉解放后的清理和接管工作提供了资料。

关锡义，湖北省邮政管理局职员，我的堂叔兄弟。我利用叔伯弟兄关系同他建立了工作关系。1948 年秋起，我就推动他在省邮政局进行调研和宣传活动，他串联储金股的谭纲敦和会计股的余宗舜，共同利用工作之便，对邮局的人事、财产进行了全面的调查了解。他们看准出纳股代理股长李劼喜欢打牌赌博，同上层人物过从甚密，了解内情较多，而本人不得意、爱发牢骚的特点，便通过同我们初步建立工作关系的出纳股人员辛保田，利用亲戚关系和他接近，逐步摸清了当时省邮局里的东川派、恩施派、军邮派、鸿社、十兄弟等名目繁多的派别主要人物的政治面目和相互关系。经过整理分析，我们写成系统的材料提交给城工组。

汉口职业介绍所的刘元本。职业介绍所这个机构是国民党社会部掌握的一个对各部门进行人事渗透的工具。刘元本利用他哥哥的社会关系进入了该所。我因和他在四川大学是同学，平时也谈得来，所以很快地就建立了工作关系。他看准他的顶头上司郭迪俊和档案管理人员姚育榕二人从不同的角度出发都对国民党不满，于是便由浅入深地对他们进行一些时事政治宣传，帮助他们认识形势。在此基础上，刘元本逐渐通过他们较系统地掌握了该所财产、人事档案等资料。特别值得一提的是，1948 年夏，国民党特务机构曾普遍通过介绍职业的方式，把一部分特务安插到沙市、宜昌一带，准备长期潜伏。我根据余杰的提示，要刘元本摸清线索。他立即通过姚育榕等查阅了该所 1948 年至 1949 年的人事档案卡片，并委托他的爱人刘民清作了摘抄，由我转交余杰。

（本文原载于《武汉城工史料（四）——中共江汉区党委城工部史料专辑》）

# 密送《武汉调查》

靳彦俊[1]

1948年12月，我从武汉回到中原解放区，向中共中央中原局组织部城工科汇报工作。当时城工科决定派张春阳同志和我同行进入武汉，负责内线的指挥工作，并由城工科副科长孟起同志传达了中共中央统战部关于加强城市工作的指示。为了迎接武汉解放和接管工作的需要，城工科指示我们回武汉后，立即开展一次广泛深入的调查。

我们是在1949年元月初离开郑州南下的。为了把中央的指示精神迅速传达到在武汉坚持地下斗争的同志，我们把中央统战部对城市工作的指示精神摘要密写在薄纸上，卷成一个小筒，塞在牙膏筒内，安全地通过了国民党的各道关卡，带回武汉，并立即向同志们做了传达，迅速拟定了对武汉三镇党政军警宪特敌伪机构、工商业、邮电、交通运输、新闻报社、医院、社会团体等的调查提纲，动员我们所联系的一切力量，开展调查研究工作。还利用各种关系搜集大量的官方资料，通过地下交通苏东林同志和来往解放区的同志陆续送回解放区。

1949年3月，张春阳同志派我回城工科汇报工作，并送去一批调查资料。这些材料是经过安国柱、张秀英等同志用薄纸、蝇头小字整理抄写的。我把这些材料夹在报纸中，装在行李袋里，上面放些衣物，以《武汉时报》《合肥皖报》特派记者的身份赴河南前线采访，乘车沿平汉线北上。当时党组

① 本文作者时为中共中央中原局组织部城工科工作人员，社会公开身份为《武汉时报》编辑。

织为了确保沿途的安全，还派在国民党“人民服务总队”工作的军官夏国强同志陪我同行，以防万一。我们顺利地到达敌人盘踞的最后一个车站——驻马店。

从驻马店到西平是真空地带，是敌我势力交错、土匪出没的地方。驻马店是敌保安旅张虎臣的防地。这类地主武装无恶不作，被人民群众憎恨地称为“吃光队”，到处设卡布哨，敲诈勒索。我们离开驻马店北上，多次遭到敌人的岗哨盘查。可笑的是这些愚蠢的家伙只知道要银元、财物，对于那装满旅行袋的各种“报纸”并无兴趣。为了顺利通行，每次遇到盘查，我们就主动拿出几块银元塞给对方，便可以通过。有一次一个敌兵在旅行袋中没有查到银元、财物，却从我的裤兜里摸走了一枚金戒指，就高兴地立即放行了。

当我俩到达漯河，登上开往解放区的火车时，已经囊空如洗了。而我们冒着生命危险护送的调查材料连一片也没有损失，被安全地送到城工科驻地——郑州。

在城工科工作的杜子才、芦仲哲、李铁林、王绮云等同志将各地送来的调查材料编印成《武汉调查》，1949 年 4 月在郑州付印。后来城工科收到江汉区党委城工部送来的大批材料，又编印了《补编》。全书 2 册，40 余万字。1949 年 5 月 16 日武汉解放，《武汉调查》随军运到武汉，分发给各条战线参加接管的负责同志，对顺利接管武汉起了很好的作用。

（本文原载于《武汉城工史料（五）——中共中央中原局组织部城工科史料专辑》）

# 战斗在江汉关的钟楼下

刘怡冰[①]

1948年秋，鄂豫三地委城工部秘书古正华来到武汉，把我们这些在白色恐怖下几经曲折斗争的同志又组织起来了，我们又在党的直接领导下和敌人展开了地下斗争。现在回顾起来，几件事仍然历历在目。

## 扑不灭的火焰

1946年，徐中玉、李葆初和我先后考进江汉关巡江事务处（以下简称巡江处）当描图生。由于工作上的关系，我们很接近，共同阅读了不少进步书籍。经过长时间相互了解后，徐中玉透露她1944年曾和徐行、程光羲、马郑媛等参加了“抗日民主少年先锋队”，抗日胜利后，改称“民主少年先锋队”。1947年秋末，我经徐中玉介绍，参加了“湖北民主青年先锋队”。

“湖北民主青年先锋队”是1947年秋由吴埌等新四军五师的同志为主，在武汉建立的党的秘密外围组织。吴埌来武汉是受鄂豫边区党委城工部副部长顾大椿的派遣，随即和中共武汉地下市委取得联系。1948年4月，吴埌被捕，地下组织遭到了破坏。民主青年先锋队领导成员古正华回到大别山，我们暂时同党失去联系。

不久，王欣荣、肖惠（中共武汉市委的工作人员）领导我们又成立了“读书会”，李葆初也参加了。这样我们巡江处绘图室三个描图生就组成了一

① 本文作者时为武汉人民解放先锋队成员，社会公开身份为江汉关巡江事务处绘图室描图生。

个革命的小组。这时我们团结的进步青年多了一些，但是活动还是隐蔽的。活动的地点有时在归元寺后面，有时在中山公园，有时在东湖湖心亭。有的青年在革命理论的启发教育下奔赴了解放区。不到 3 个月的时间，王欣荣、肖惠等人相继被捕，我们又同党失掉了联系。

但徐、李和我几个人并没有中断革命活动。1948 年 7 月，李葆初、徐中玉和我组织了一次画展，以便能团结更多的进步青年。通过组织画展，果然又团结了一些爱好绘画的青年，如周季华、张昭岚等。画展定名为“新人画会”，为了迷惑敌人，除展出一部分山水静物画外，着重地反映现实生活。画展中有的反映了装卸工人困苦不堪，被压得喘不过气来的悲惨情景。我画了一幅控诉战争的《残垣》，寓意是人民没有享受抗战胜利的果实，蒋介石又进行内战，屠杀人民。这次画展是成功的，得到在《华中日报》和《大刚报》工作的进步记者胡企林和王晓鸣（地下党员）等同志的支持。他们不仅对这次画展的筹备进行了指导，而且在报纸上作了配有插图的报道。

1948 年秋，古正华（这时他已在大别山找到党组织，并在鄂豫三地委城工部工作）来到武汉，和我们接上关系。他介绍了人民解放战争胜利的形势，了解了我们的活动情况，向我们提出了新的战斗任务。他要求我们进一步发展组织，开展宣传工作。从此我们重新在党的直接领导下进行革命活动。不久，我们恢复了民主青年先锋队的组织，工作更为活跃，队伍也不断扩大。到 1948 年底，城工部指示将民主青年先锋队的工作由江汉关扩大到社会上去。在这个基础上建立了“武汉人民解放先锋队”。建立人民解放先锋队的会议是在江汉关巡江处绘图室举行的，确定总队部就设在江汉关内，总部委员会由古正华、徐中玉、郭志达、老关（丁亚航）和刘怡冰组成。古正华回到城工部后，城工部又派刘杰（刘超群，中共党员）来担任总队书记。

## 地下收听站

1948 年秋，解放战争的形势发展很快，敌人惶恐不安，对人民更加严密地实行封锁，散布了很多谣言，人们非常关心时局的发展。城工部指示我们设法建立地下收听站，及时收听新华社广播，出版地下刊物，迅速将党中央的政策和解放战争胜利的消息及时传播到人民中间去。为了完成这一任务，我和徐中玉考虑了外边好几处地方，总觉得不很安全。江汉关虽然是个税收机关，但其3楼舞厅晚上经常举行舞会，除海关职员及家眷出入外，还有一些军政界达官贵人的太太小姐出入，海关的大门不时有小汽车停着。如果在热闹舞厅下边建立收听站，反而不会引人注意。而2楼是办公室和走道，灯光甚少，晚上不办公。我们绘图室在2楼左首走廊尽头，它和隔壁两个办公室相通，办公室内只有职员郭志达单身一人，他晚上在绘图室隔壁办公室内打地铺。他有一台收音机能够收听新华社广播，而我们绘图室有油印机。我们将此情况向古正华作了汇报，他认为这确实是一个好地方。古说：为了工作一定要打扮入时，也要出入楼上舞厅，这样既了解了情况，又掩护了自己。古还嘱咐我们，为了绝对保密，海关内部的工作要特别慎重，要尽可能“灰色”一些，以掩护机关。同时他还要求我们积极了解和争取郭志达。

郭志达在抗日战争时期参加过抗日剧宣队，此时任江汉关巡江处办事员，经历简单，家在上海，那时思想正处于苦闷之中。我们和他接触后，很快建立了友谊,沟通了思想。当我们向他说明身份和建立收听站的打算时，他欣然同意。1948年10月中旬，我们在这里建立起收听站。一般情况下由我听录，徐中玉刻写，郭志达油印，然后大家装封，连夜带出分发。

我们这个收听站坚持达7个月之久，除紧张的工作以外也遇到一些险情，但都被我们巧妙地应付过去了。有一次，我们摆开机器正准备收听时，忽然一阵紧急的敲门声，来人高声呼叫：“我是法院送传票的。”顿时，大家都非常紧张，郭志达迅速把收音机收藏起来，避入隔壁办公室，我和徐中玉与这个送传票的人交谈。原来送来的是一张与我们不相干的传讯通知。一场虚惊过去了。时间未隔多久，又发生一件事：海关一个炊事员突然推开我们办公室的门，莫名其妙地闯了进来，郭志达立即过去和他应付，我和徐中玉则把所有的印刷品一下子从侧门转到海关大楼的钟楼上。事后了解，这个炊事员推开我们办公室的大门，完全是出于一种好奇，并无什么恶意。又是一场虚惊过去了。最后一次，刘杰突然来通知我们说，发现有一个特务组织，就设在我们收听站的楼上，要我们迅速转移。于是我们立即停止了江汉关大楼的收听活动，另外开辟了新的收听渠道。

针对对敌斗争各阶段的情况，我们这个收听站还根据上级指示，及时传播了党中央的各项政策。如 1949 年初，淮海战役胜利结束，国民党军主力被打垮，蒋介石一方面提出所谓“和平谈判”以苟延残喘欺骗人民，一方面企图重新组织力量，进行垂死挣扎。这时党指示我们要提高警惕，坚持斗争，揭露敌人的阴谋。我们连续印发了新华社广播和社论，有《将革命进行到底》《评战犯求和》《四分五裂的反动派为什么还要空喊和平》以及《中共中央毛泽东主席关于时局的声明》《南京政府向何处去》等，并以解放社名义编印散发了《消灭它》《天亮了》等小册子，号召人民决不要怜惜蛇一样的恶人，要将革命进行到底。我们还散发和张贴了《向全国进军的命令》《中国人民解放军布告》。在武汉临解放时，为配合反破坏护产斗争，我们印发了《城市政策》《工商政策》，并编印了《财产是我们的》《告武汉同胞书》的传单。

我们的宣传品除自己分发投邮一部分外，主要分送电信局、公路局和省立武昌高中等单位的地下组织，由他们去散发、张贴。汉口、武昌、汉阳三镇的人民，甚至关在敌人监狱里的同志，通过这些油印的小册子和传单都能看到人民解放战争胜利的进程，了解到党的政策。

## 用歌声进行战斗

我们的斗争还以合法的形式公开进行，如组织群众性的歌咏活动。1948 年下半年，我们经常到李葆初家里去活动。他住在一家外商的宿舍里。在这里，我们遇到不少爱好文艺的青年，如“新人画会”的张昭岚、记者胡企林等人。在这里我们可以自由地唱进步歌曲，谈革命理想。1948 年底，李葆初提议组织一个合唱团。徐中玉和我觉得这个意见可取，向上级组织汇报后，城工部也鼓励我们通过各种形式去争取、团结更多的青年。于是我们就开始筹备工作。一天晚上，在扬子街周道恒（即周敏）家里开会，除我们3个外，还有王晓鸣（后来我们知道他是中原局城工科派来的地下党员）、周道恒、胡安东（即胡守信）、张昭岚等人参加。会上确定，合唱团的名称就叫“叮当合唱团”。为避免敌人的注意，选周道恒担任团长。周在我们当中年龄最小，是报关行的小报关员，参加过基督教唱诗班的活动，会拉小提琴。通过他的关系，我们借了黄陂路青年会小礼堂为活动地点。这个小礼堂位于青年会背后操场的另一头，三面有围墙，较适合我们开展活动。

合唱团每星期都练唱新的歌曲。这些歌曲都是跟着革命形势的发展而变化的。记得开始的时候，唱了一首《古怪歌》。后来唱的有《光明赞》《山那边好地方》《团结就是力量》《你是灯塔》等。这些歌曲都是大家喜闻乐听的，大家唱不绝口。歌声把我们这一群青年融为一体，使我们的心声为之一新，就好像马上要走到一个新的天地。合唱团的组织越来越大，由原来十几人发展到60余人。这些青年来自各个不同的阶层，有新闻工作者、青年教师、小职员，也有学生、店员、工人。歌声引导这些人走上了革命的道路。

合唱团的歌声震惊了敌人，他们一会儿要派人渗入我们的合唱团，一会儿又撕掉伪装面纱，公然对我们进行盘查恫吓，但是我们毫不畏惧。碰到特务来捣乱，聪明的指挥立即指挥大家唱起《古怪歌》：“半夜三更里呀，老虎闯进了门……”国民党的狗腿子听了，自感没趣，只得悻悻离去。

在武汉临近解放时，城工部要求我们组织群众迎接解放军进城，并要求组织一支秧歌队上街。于是，大家连日赶排节目：有的学秧歌舞，有的练唱革命歌曲，有的赶制标语和红旗，忙得不亦乐乎，完全忘了所处的白色恐怖的环境。汉口解放这一天清晨，来的青年人特别多，大家都非常兴奋地聚集在青年会操场上，等待出发。当城工部的古正华满面春风地来到我们合唱团时，大家顿时沸腾起来，举着红旗，敲起锣鼓，扭着秧歌，高唱《解放区的天是明朗的天》走上大街。这是汉口解放当天最早上街的一支秧歌队伍，其热闹欢快的景象真是无法用笔墨来形容。武汉解放后，我们才明白“叮当合唱团”里不仅有鄂豫三地委城工部的领导，中原局城工科王晓鸣等也在团内进行工作。“叮当合唱团”在党的哺育下成长起来，它为党培养和造就了一批青年干部。

## 特殊的任务

1949年3、4月间，人民解放军即将打过长江，武汉解放在即。城工部向我们布置了收集军政情报的任务，并准备迎接武汉解放。我们立即分头到各联络点进行布置。电信局的黎海林等负责了解敌情动态和武汉市街道的地势和建筑，公路局的喻耕等负责提供湖北省各县详细地图，国立湖北师范学院学生唐汉植等提供武昌街道地形图，徐中玉和我从巡江处绘图室搞到一套《长江水位图》，徐还把船舶登记册拿回家，和丁庆春连夜抄录，他们还从一个远亲谷明德那里搞来宪兵12团的内部资料，郭志达通过他的亲戚国民党军医章隆森弄来敌军动态资料。那时，汉阳龟山敌军正修筑工事，戒备森严，古正华派我去宁波小学找张嘉贞校长联系。她是一位民主人士，在武汉有一定社会地位，掩护过我们的同志，提供过不少情况。当我和她商量如何能够搞到敌人在龟山的工事图时，她沉思了好长时间后，毅然决定组织一次师生游龟山的活动。未隔几天，就从她那里得到一张绘制得很清楚的敌龟山工事图。

城工部还提出要我们搞一台无线电通话设备，以便在战争打响中断联系的情况下，通过无线电保持与城工部的联系。当时巡江处的航道工程船“海济”号（新中国成立后改为“韶山”号）上的代理大副黄运昌和我们有联系，我们向他提出这个计划，他立即答应将船上的一部无线电通话设备拆下来。拆卸任务原本是交武汉人民解放先锋队电信局小组的唐缄三负责，唐在电信局发讯台接到任务后，马上从罗家墩步行赶到电信局待命。正在这时，江汉关郭志达赶来通知，黄运昌已找借口提前让工人将电台拆卸搬离船只。

越临近解放，我们的工作就越紧张了。为了更快地处理传送情报资料，我只得请“长假”，接待来接头的同志，传达城工部来的指示和文件，整理和伪装收集到的情报资料，需要送到城工部的就送到古正华或刘杰那里。记得那份龟山设防图和我们绘制的武汉地形图是我缝在张明尧的棉袄里带走的。当时张明尧是个学徒，年仅十四五岁，要求参加革命，古正华把他带往了解放区。

## 营救被捕同志

1948 年春夏，地下党遭到两次破坏，有一批同志被关进监狱。城工部交给我们一项重要任务：设法同监狱里的同志取得联系。那时，在武昌监狱内有 60 多位同志，其中还有刘、邓大军的干部、战士和农民积极分子。原湖北民主青年先锋队书记吴垠也关在这里。尽管敌人看守严密，对他们进行严刑拷打，但他们仍然顽强地组织起来，与敌人作斗争。吴垠通过爱人林波和我们取得联系。我们将狱中的情况向鄂豫三地委城工部作了汇报，并把吴垠写给党的报告送到了城工部。我们还把印好了的传单和小册子《天亮了》《消灭它》等通过林波秘密地带进监狱。狱中的同志不仅知道了解放战争即将胜利的消息，而且还读到了毛主席的《将革命进行到底》等文章，受到很大鼓舞。有一次林波带来吴垠从狱中写的条子，提到狱中有几位同志因营养不良，生病得不到治疗而死去；有不少同志得了夜盲症，急需要药物。我们及时给他们送去了药品、营养品和钱。武汉临解放前，狱中同志提出了暴动越狱的计划，我们将他们的计划及时送给党组织，并将党同意越狱的意见及越狱具体方案转告给狱中同志。按照党组织的安排，到时候将派武装力量在监狱门口接应，并在长江边准备了渡江船只。4 月间，国民党在全国范围内宣布释放政治犯。我们把党对这个问题的指示及时传达到狱中，告诉狱中同志可以通过合法斗争和越狱斗争交相运用的手段，争取出狱。城工部派古正华帮助我们组织营救工作。狱中同志有了党的及时领导，更勇敢地同敌人展开了斗争。国民党的溃败已成定局，加上我们运用社会舆论不断地揭露反动派迫害阴谋，不断公布“特别刑事法庭”审判的真相，最后国民党只好敷衍地判了几个人的徒刑，其他或“遣送”或“开释”，就是判了刑的，他们也不再关押了。4 月 22 日，根据城工部的安排，一部分被释放的同志组织起来，继续和敌人进行斗争，他们集体到武汉警备司令部要求保证安全，要求发给路费，以保证他们安全地回到解放区。

在城工部沿途派人暗中护送下，他们安全回到解放区。到了河口，鄂豫三分区召开了一次盛大的欢迎会，杀猪宰羊慰问他们。另几位党的干部如陈义德、张慎、王文浩、吴垠等人分头暂时隐蔽下来。一星期后，鄂豫三地委城工部派李化鹏、蔡大鹏来汉，分两次将他们接到解放区。

5 月 16 日，汉口解放。当天，鄂豫三地委城工部机关随入城部队进驻汉口。过了几天，城工部在汉口胜利街亚西亚实业银行召集武汉人民解放先锋队队委以上的人员举行座谈。我们这支队伍的徐中玉、郭志达、黎海林、喻耕、唐汉植和我都参加了。会上，郭海同志代表城工部对我们的工作给予了赞扬。我们的组织关系由城工部分别与各有关部门的军代表联系，转到各个单位，我们在新工作岗位上继续战斗。

（本文原载于《武汉城工史料（三）——中共鄂豫三地委城工部史料专辑》）

# “海济”号上一大副

黄运昌[①]

在解放战争时期，我工作所在单位江汉关有中共鄂豫三地委城工部领导的“武汉人民解放先锋队”（以下简称民先队）的成员积极从事地下活动。

我在民先队成员徐中玉（女）、刘怡冰（女）、郭志达的影响和直接指引下，从 1948 年冬起，一直到 1949 年 5 月武汉解放，曾做过有益于革命的工作。虽然已是 36 年前的往事，但由于这是我一生中第一项有革命意义的活动，因此至今记忆犹新。

我是 1948 年 4 月自青岛胶海关调来武汉江汉关的，在巡江处的航道工作船“海济”号上，以二副代理大副职事直至武汉解放。当年我还是一个未成家的青年，由于受到一些进步书刊和好友的影响，思想逐渐左倾。在巡江处有位同事叫郭志达，自 1948 年下半年起，我们在交往中经常谈论国事，郭还借一些进步书刊给我看，先从苏联进步小说开始，逐步到《大众哲学》、毛主席的《新民主主义论》《论联合政府》等等。随着交往的增进，彼此了解深入后，郭志达就向我谈到，他与海关的同事徐中玉、刘怡冰都是共产党领导的地下组织的成员，并要求我帮助他们做一些事。我知道他们从事共产党的地下活动，从内心敬仰他们，乐于接近他们。我向郭诚恳地表示，今后我乐意接受共产党的指引，做任何需要我做的工作。

在江汉关的民先队领导下，我一直接受和完成他们交给我的各项任务。

1. 抄收新华社新闻险遭祸端。武汉人民解放先锋队在江汉关大楼内设

① 本文作者时任江汉关巡江事务处航道工作船“海济”号二副，代理大副职事。

有地下收听站，收听新华社广播。1949 年 4 月的一天，可能大楼内不能进行正常收听，郭志达就要我在“海济”号上利用美国制的收音设备抄收新华社的广播新闻。于是我于下午在海图室秘密进行抄收，不料当夜忽有军警来船上检查。当时，我的抄收稿放在船上尚未送走。我赶忙乘军警尚在后甲板等发电开灯之时，在黑暗中把抄收稿投入江中。灯亮后军警进舱搜查，除对留宿在船上的一个非船员多加盘问外，一无所获。军警走后，我奇怪：怎么忽然会有军警上船来检查？这对海关船只来说，是从未有过的事。这时，我想起抄收新闻时曾有中南交通学院的几个学生过来找我，可能从舷窗外看到我头戴耳机在收听什么，不知是否由此而走漏了消息。再想到我是用海关英文公文用纸抄收新闻的，纸质光厚，在江中一时不易沉没，万一漂到下游被人拾起，一看是海关公文用纸，那就很容易追查到我头上来。怀着这种疑虑，次晨我驰告郭，郭叫我密切注意动向，必要时他可送我到解放区。经了解，那夜就近各码头的船只都被检查了，不像是专对海关船只而来，而且以后未见再有其他异动，这样我也就解除了疑虑。

2. 反对关船南撤。平津解放后，国民党反动派企图凭借长江天险，固守江南。这时，海关当局有将在汉海关船只撤到湘江长沙之说。为此，郭志达指示我要千方百计把船留下，不让国民党弄走。于是我在“海济”号上向船员宣传不能听命开往长沙，要设法防止国民党军队征用或强令撤走。我还安排把“海济”号的航行主机拆掉一汽缸部件，并用空燃油，关照船员万一国民党军队来要开船，就称机器损坏待修和没有油，不能开动。1949 年 5 月 15 日，国民党反动派撤退前夕，果然要“海济”号开航，因为早有准备，故敌人的阴谋未能得逞。

3. 保护关产。从 1949 年初春起，郭志达就多次和我讲要保护好海关关产，不要让其被破坏或劫走。我为保护好“海济”号轮，暗地里陆续将船上物资器材转移上岸。到 1949 年 3 月一次出航归来后，连机舱一匣一匣成套工具和机具说明书以及航行仪具等，全部陆续送存海关大楼仓库中。5 月 15 日下午，我把办公用打字机和生活用具，包括锅瓢碗盏，也全部转移上岸。最终“海济”号虽未能免遭破坏，但那已是空船一艘，可动资产基本上都保存下来。

4. 一项特殊任务。为了应付临战时的紧急需要，民先队奉命搞一台能在市区与城工部通话的电讯设备，以备联络中断时之用。“海济”号船上设有一台能与宁、申通话的长途无线电报话机，郭志达想要我拆下该设备。事关机密，他不好向我直言，还是以保护关产为名，来与我商量。但奇怪的是，他要我到武汉临战紧急时再动手，理由是拆动这个电讯设备太显眼。我虽有所了解，但也不便多问，答应设法照办。到 4 月底或 5 月初的一天下午，汉口市区忽听到一阵隆隆炮声，人们以为战事迫临，海关大楼的职工蜂拥下班往各自家里跑，“海济”号船员也纷纷逃离，气氛突然紧张起来。我以为这就是郭所说的临近解放的紧急时候到了，于是在纷纷离船的人群中拦住一个轮机员，要他帮我拆卸无线电报话机，报话机从固定位置上拆下后，不料宽度略大于门框，抬不出去，一时无法可想。好在那天实际并未见有什么情况，仅是一场虚惊而已。但报话机既已经拆下来，我决定就此送上岸去。自觉是有理由可持的，因当时南京刚好解放，“海济”轮与南京通话的对象“海绥”轮已沉，“海济”的这套电讯设备那时确也是用不上了。故在次晨船员回船后，我乘船长尚未来船上班的时候，要船上木工拆开房间板壁，把电话设备抬了出来。刚放到主甲板上时，船长来了，见状他惊问是怎么回事。我答以通话对方不存在了，留之何用，不如送岸存放。如是搪塞一番后，船长说这事要请示，他即去海关大楼请示代理巡江事务长施以勇，回来称，领导说无线电话是船上固定资产，不容随便拆迁。此时我就不得不求计于郭志达，郭示意要我恫吓一下施，于是我去见施，并对施佯称：“我接到共产党方面的来信，他们说经常收听到我船的通话，责成我好好保管话机，等候接管。为此我不得不要求将报话机送岸妥为保管，如果您不同意，那么后果就只有由您来负了。”施听我这么一说，就未再说不行，仅说“你等一等”，转身去海关税务司办公室请示，总算得到同意。于是这套话机设备终得如愿送存海关大楼。武汉解放后，我才得知，民先队原本是将拆卸这套话机设备的任务交给武汉电信局内的工作关系的，并由电信局一位姓唐的同志自市郊赶到电信局待命。由于郭志达未如实和我明言，我不知内情，一闻炮声，以为时机已到，就把它拆卸下来了。后来因国民党反动派跑得快，武汉未发生战斗，这套话机设备没有用上。但这一番努力并没有枉费，至少使这套设备得以保全了下来。

5. 护船失策。武汉临近解放，我把“海济”轮上的资产早做了转移处置，但对“海济”轮本身应如何办呢？我只好找郭志达商量。郭也想不出好办法。他说只有等解放军打入市区时，我们领着从沿江大道包抄过来，拦住江边，即可使国民党军队不能去破坏江边船只。回想此话，未免天真。国民党炸船还等那个时候么？1949 年 5 月 15 日这天早晨，我在“海济”号上起床不久，忽然来了几个国民党持枪军人，声称要征用船，我即推称机器损坏和无燃油，无法开航。对方蛮横不讲理，强行征用。无奈，我只好领着那一帮国民党军人到江汉关大楼找上级交涉，经过一番交涉后，总算暂时把他们打发走了。随后，江汉关的头头们都赶来海关大楼（那天是星期日），由税务司召集船员和有关人员开紧急会议，说明情况紧急，各船只究竟是开走（去长沙）还是留下，要大家发表意见。由于我们在船员中早就做了工作，会上船员们一致表示坚决不去长沙。最后海关头头只有顺从众意，但嘱船员们迅速离船。在这次会议前后，我曾多次找郭，想在这紧急关头向他汇报发生的情况，并听取他的指点。无奈始终未能找到他。会后气氛十分紧张。大家不知道国民党反动派究竟会要出什么花招，都无主张，只好纷纷离船避走。我将留在船上日用的最后一批东西安排送走，并巡视全船各隔舱的水密门，予以关好后，于下午最后一个离开“海济”轮。谁知就在当天夜里，国民党反动派撤退逃跑之际，把江边的船只都炸了。江汉关的五艘船只也未能幸免，只是“海济”轮破坏程度较轻，仅前半部主甲板以上被毁，主甲板以下如机舱机器等均尚完好，新中国成立后改建成毛主席和周总理等中央领导同志乘坐的“韶山”轮。现在回想起来，在护船上我们还是缺少办法和经验。如果当天将“海济”号开到白沙洲或别的什么地方，就可以避免遭到破坏。真是后悔莫及。

6.“真空时刻”的欢乐。国民党反动派撤逃之后，解放军尚未进入武汉市区的“真空时刻”，郭志达兴冲冲地跑来邀我去参加欢庆武汉解放的活动。先是在汉口黎黄陂路青年会与一大群男女青年练秧歌舞，唱革命歌曲。当时青年人热情奔放的情景，使我这个素不愿活动的人也学着扭起秧歌舞。中午我们整队出发，在“解放区的天是明朗的天”的高歌声中，扭着秧歌走上街头。反动派前脚刚走，中山大道上就出现这么一支秧歌队，道旁群众又是惊异，又是欢快。队伍来到电信局楼上的大礼堂，那里张灯结彩，红旗飘扬，欢呼声和锣鼓声汇成一片，群情沸腾，相互庆贺，其情其景至今犹历历在目。我们欢庆武汉解放的场面，已拍成照片，现陈列在首都中国革命历史博物馆内。这是武汉人民解放先锋队的光荣，也是江汉关全体职工的光荣。

（本文原载于《武汉城工史料（三）——中共鄂豫三地委城工部史料专辑》，有删节）

# 省立武昌高中的地下新青团

董昌鲁[①]

新中国成立前的湖北省立武昌高中（简称省高，即现武汉市第十四中学），是全省闻名的重点中学。国民党对这所学校曾进行了严酷的统治，三青团、青年军分子猖狂一时，学校训育处还成立了“学生风纪纠察队”来控制学生的思想和行动。

但是，省高也是一所具有革命传统的学校，何功伟等革命烈士曾在这所学校读书并从事革命活动。随着全国革命形势的发展，到 1947 年底，三青团、青年军分子被迫停止了公开活动，进步势力逐渐兴起。

我所在的 8 班班主任是冼百言老师，他思想进步。在他的影响下，我们班的进步力量在全校是最强的。

## 找到了党 组织起来

1948 年底，我已转学到咸宁高中，有次回武昌碰到了 8 班的杨先杰同学。当互谈了各自学校的情况后，我说：“现在很多同学到解放区去了，我们要能去就好了。”他说：“这不容易，首先要找到党的关系才行。我们在没有找到党之前，可以组织个读书会来联络同学，为去解放区做准备。”我很同意他的主张。

1949 年初开学时，我就从咸宁高中转到省高来了。开学前几天，杨先杰告诉我说本班同学夏帮莘已去解放区了。我说；“我们何不也去解放区，

① 本文作者时系中国新民主主义青年团成员，社会公开身份为省立武昌高中学生。

拿起枪来痛快干一场！”杨笑着说:“这里也可以照样干嘛！”他告诉我:“有个叫‘民主青年先锋队’的地下组织，是由共产党直接领导的，如果你同意，就和我们一起干。”我真是大喜过望，请他帮我向组织联系。

不几天，他就向我转达了上级组织的指示：1. 暂不参加“民主青年先锋队”，因中共中央已发出成立中国新民主主义青年团的决定，等决定下达后，直接办理入团手续。2. 立即把全校师生组织起来，投入到解放武汉的斗争中来，这与到解放区参加战斗同等重要。我们愉快地接受了组织上的指示。

## 第一张壁报

要团结全校师生,必须有个宣传阵地。我们找到功课最好的朱定栋同学、思想倾向进步的严际循同学，连同杨先杰和我共 4 人发起，联络了 30 多位同学，成立了《学习生活》壁报组（后改为“学习社”）。

要在这死水一潭的校园内出一张进步壁报谈何容易！第一关是要冲破校方的传统禁令。我们派出 6 名代表向校长肖济时当面提出申请。果不出所料，他提出各种借口，不同意我们出壁报。这些借口被我们驳倒后，他就亮出了最厉害的“王牌”：“政府一再训令，不能让学生接触共产党的宣传，免受利用。”我们立即指出：“壁报未出怎么说是为共产党利用呢?我们出壁报的目的，就是让同学们认识真理，不受人利用。”校长无言以对，只好摇头叹息道:“古之人善为文，藏之深山，传诸后世。哪像你们这些小子，学业未成，就深恐不为人知……”他这种咬文嚼字的夫子叹，使得我们又好气又好笑。最后，他不得不同意出壁报，但提出了一个条件: 出壁报可以，须经校方审查。为了能让壁报早日问世，我们也做了让步。

回班后，我们立即组织了一批稿件拿去送审。先是校长和训育主任各抽看了一两篇，可能是想推卸责任，就委托国文教师贺庸审查。贺庸是一个思想平庸、胆小慎微的人，觉得此事难办，但又不得不办。他看完稿件后，提出了十多处要修改。无关紧要之处我们改了，原则性的地方，我们坚决不让改动。壁报誊好后，校长说还要审查一次。我们说，已誊清了，不好改了。经过2个多月的努力，省高第一张壁报《学习生活》终于贴出来了。虽然它是一个难产的婴儿，却充满了生机与活力，打破了省高沉闷的政治局面。《学习生活》出刊后不久，进步社团纷纷破土而出，有任感松同学领导的“方向社”、刘友文同学领导的“晨友社”等等，他们有的也出了壁报。很快，进步舆论在省高校园内占了压倒性优势。

## 新青团的建立

就在《学习生活》为出刊而斗争的关键时刻，1949年3月某天的上午，我们正在上课，杨先杰同学被他父亲叫出了教室。我们预感到有不好的事情将要发生，于是跟着他们走去。在校门外，杨先杰悄声告诉我说：“出事了，我得赶紧离开学校，到解放区去。学校的工作全交给你。以后的工作由‘表姐’同你联系。”

约一周后，我接到一封署名“你的表姐”（后来才知道她就是鄂豫三地委城工部武汉工作委员会的黄华同志）的来信，大意是：“表弟已平安到家，一切都好，勿念。过几天我来看你。”家书抵万金，这真比接到家书还要高兴多少倍。

不几天，“表姐”来了，她向我交代了工作任务，并带来了《中共中央关于建立中国新民主主义青年团的决定》和《新民主主义青年团团章草案》，并给了我几张团员登记表。我接受了发展新团员的任务后，就在培养对象中发展了汤正刚和杨传镛两人入团，并在同“表姐”联络时，将他们写的自传和登记表交给她。她说，因为地下环境，不能集中举行入团宣誓仪式。她约我下一个星期天下午到汉口汉正街存仁巷明德里15号去找她。

我如期前往。“表姐”领了一位中年男子同我见面，并向我介绍：这位是我们团组织的负责同志。武汉解放后我才知道他就是中共鄂豫三地委城工部武汉工作委员会的负责人周达五同志。我向周达五同志汇报了学校和团组织建立的情况后，他向我讲述了当前的斗争形势，要我进一步团结群众，为解放武汉而努力工作，口号是“反西迁，反破坏，保产护校，迎接解放”。他交给我一些宣传材料和文件，有《新民主主义论》《调查大纲》

和《政策汇编》等。以后我们的工作仍由“表姐”负责联系。

当时，我们学校内同地下党有关系的同学有 30 多人。我们虽然分属各条线领导，不发生横向的组织联系，但在学校的工作上，我们都相互默契配合。我们和“新青联”的李汝梅同学、“新青社”的周伯超同学自然地形成了领导学校地下斗争的核心。

## 班际学生讨论会

《学习生活》出刊后，在同学中引起强烈反响，许多持中间态度的同学纷纷转向《学习生活》。我们趁热打铁，以“学习社”的名义，组织了一次班际间的讨论会。我记得第一次讨论的题目是：“中国走向哪里？”这是主要针对大多数中间状态同学的思想而开展的讨论。参加讨论的人数大大出乎我们的意料，比原预计的人数增加了一倍。会上气氛活跃，有些原来倾向走英美等国资本主义道路的人，也举出了资本主义国家所不能解决的许多矛盾现象。记得在会上，人们曾引出了一个例子：一方面，千百万人挨饿；一方面，大量牛奶倾倒大西洋。

讨论会不仅提高了同学们对政治形势的认识，而且促成了学习政治理论的热潮。“学习社”给大家介绍进步书刊，对其中比较积极可靠的人，提供《新民主主义论》《中国革命与中国共产党》等著作借阅。后来，又结合当时形势，连续展开讨论，我们又将党的城市政策和工商业政策等文件陆续介绍给参加讨论会的积极分子。这些宣传品在学校迅速扩散，起到了较好的宣传效果。

## 全校性的群众组织——“应变会”

同学们发动起来之后，需要有一种更加广泛的群众组织去团结更多的同学。

在经过秘密串联之后，一部分同学写出了“呼吁书”，呼吁同学们组织起来，迎接新形势的来临。“呼吁书”还要求进步社团“学习社”领头把同学们组织起来。“呼吁书”贴出后，立即得到同学们的响应。“学习社”

当即通知各班派出 2 名代表讨论成立“应变会”事宜。由于有了前一时期的工作基础，各班选出的代表都是比较进步的同学。会上很顺利地选出了“应变会”的领导机构，领导权完全掌握在我们手中。因为“应变会”有群众基础，后来连住校老师和家属也都参加了，校方也不得不承认“应变会”的存在。“应变”是国民党的要求，我们党的地下组织利用“应变”这一合法外衣，组织群众进行反破坏、反搬迁、保产护校（厂）、迎接解放的斗争。

应变会成立后，抓了以下几项主要工作。

第一，接管学生伙食管理权。我们改私商承办为自办，学生生活有了明显的改善。并根据老师和同学的要求，贮存了 3 个月的粮食、干咸菜，稳定了师生的情绪。

第二，成立阅览室，通过让学生借阅进步书报刊物传播革命思想。阅览室的书刊一部分由同学们提供，大部分是我们地下组织供给的。来阅览室读书或借阅的同学十分踊跃，阅览室成为我们进行革命宣传的一个重要阵地。

第三，组织文娱活动。开始我们在校内教唱进步歌曲，如《跌倒算什么？》《山那边好地方》《你是灯塔》《团结就是力量》等。后来参加唱歌的同学越来越多，不仅有本校同学，连附近各校的同学也都赶来参加。于是，我们顺应形势，把武昌紫阳湖边的几所中学的同学都组织起来，成立了一个“紫阳合唱团”，以开展校际间的文化活动。

第四，联防应变。1949 年 4 月初，武汉解放在即，在地下党的领导下，由武汉大学、中华大学发起，成立了武昌学联。我代表省高参加了第一次筹备会。会上决定以省高和省一女中为核心，联合附近各校（也就是“紫阳合唱团”各校）成立一个武昌学联分片。我们立即组织各校的“护校队”，保护学校免遭国民党特务和溃兵的破坏。

## 迎来了解放

5 月 16 日下午，我们得知中国人民解放军已进入汉口市区。当时我们真是又高兴，又焦急，恨不得飞过长江去，把人民解放军接到武昌来。当时许多进步同学都集中在一间大教室里，等候幸福时刻的来临。

这时，有的同学被派到江边去瞭望，有的同学则上街刷标语、散传单，有的同学制作游行的横幅、小旗……16日我们忙碌了整整一个通宵，谁也不愿意离开，谁也不愿错过这千载难逢的好时机，谁都希望能亲眼见到自己的亲人——人民解放军。快到黎明时分，派到江边去的同学跑回来，高声喊道："解放军来了！解放军来了！"大家整好队伍出发了。一路上我们唱呀，跳呀，呼口号呀，散传单呀，贴标语呀……我们是第一支抵达江边欢迎解放军的队伍，接着其他欢迎的队伍和市民们也纷纷跑来了。

一轮红日从东湖升起，我们终于送走了黑夜，迎来了光明。5月17日，我们披着朝霞，迎来了革命古城武昌市的解放和新生！

（本文原载于《武汉城工史料（三）——中共鄂豫三地委城工部史料专辑》）

# 武汉“和平运动”始末

艾毓英[①]

## “断港绝潢”时得到党的指引

1948 年的冬天，在现代中国的政治上，是一段突兀峥嵘的岁月。这时候，震撼世界的淮海战役，胜负迹象非常明显。英雄的中国人民解放军行将取得决定性的胜利。黑暗的“中国之命运”，行将如残云浊水，黯然消逝。展望未来战争形势的发展，人民解放军必将以其破竹之势，向汤汤江汉进军，九省通衢的武汉，就快要陷入革命人民的汪洋大海之中了。俗话说“树倒猢狲散，栋崩梁燕飞”。权贵豪门、禄蠹财阀预感到他们的末日，纷纷外逃。而我，当时在前途的问题上，感到进退维谷，左右为难。留吧，我的惭德累累，谰言篇篇，不但外惭物议，深恐人民不能见谅，就是彻夜自思，也自惭形秽，无颜存息于天壤之间。逃吧，我不但限于经济条件，寸步难行，即使求神拜佛，东拼西凑，能搞到一点路费，流亡海外，但失掉祖国抚爱的游魂如断梗孤蓬，过一辈子“白华”生活，又该是多么悽怆啊！我当时的精神苦闷，真是陷于“断港绝潢”的深渊。

正在这个时候，党及时伸出温暖之手，为我指引光明的前途。1948 年 11 月中旬一个星期日的下午，我的“一师”老同学邹鲁（字圣芗，湖北当阳县人，当时任省立实验中学语文教师）来我家里看我。他征询我对时局的看法，我把上述精神苦闷向他谈了一番。他经过认真考虑以后，以非常

① 本文作者时任湖北省参议会副议长、代议长。

坦率而诚恳的态度对我说：“照我看，人民是会谅解你的，还是留的好。”我笑着对他说：“我非常感激，可惜你不是共产党。”他也笑着说：“我诚然不是共产党，你还不能相信，这是自然的，我若找一个真正共产党来同你谈，你欢迎吗？”我毫不迟疑地说：“那就太好了！”他说：“我们就谈到这里，你还仔细考虑考虑，过两天再见。”过了两天，他又来到我的家里，非常高兴地向我说：“你不是想见见共产党吗？现在根据地来了一位‘金先生’，今日下午8时，请你和‘金先生’会见，让你们好好谈谈。你务必准时来，我家住在雄楚楼大东巷19号。”当天晚上，我和“金先生”（地下党员余杰同志当时的化名）即在邹家见面了，在座的还有杜彦桐同志。我首先诚挚地自怨自艾地忏悔了我的过去，随即坚定地表述了我愿意接受共产党领导的诚意和决心。在我的后半生，要用最大的努力为人民做点有益的事情，以弥补前愆，争取晚节。“金先生”也一见如故，坦率地和我分析了形势，阐明了政策，指引了前进的方向。这时对我来说，真是“山穷水尽疑无路，革故鼎新别有天”。从此，我就和余杰同志建立了工作关系，及时得到党在政治上、思想上对我的指引，使我觉今是而昨非，知来者之可追。

## 酝酿“和平运动”的开端

我的去留问题解决后，亟思应用当时所处的地位有所作为。摆在面前的问题，就是如何在光明大道上开始迈步。古语云：“孤掌不能成声，独木不能成林。”一意孤行，是不能把事情办好的。“要使事情好，必须问三老。”当时的武汉三镇，有很多革命老人，他们负人民重望，是值得景仰学习的。我正在考虑这些问题时，适前湖北省银行常务监察李书城先生来了请帖，请我于当天下午到省银行参加宴会。我喜不自禁，深深感到这是向李老亲聆教益的好机会。那天被请的客人很多，酒菜也异常丰盛，只是宴会之间没有进行习惯的礼节性致词与答谢，宴会时间并不长，酒宴完毕以后，大家匆匆散场。当主人正在送客之际，我向主人说：“我不能告辞，我还想同您谈谈问题。”他说：“我正要找你谈，请你千万不要走。等客人走完以后，我们到内面房里，多谈一会儿。”客人陆续走完了，他把我带到监察委员会办公室，把门闩插上，分别坐定以后，他首先开口说：“现在没有什么干扰了，我们可以随便谈。”我说：“我想开门见山同您谈谈时局问题，现在战争烽火快要烧到武汉了。雪竹（湖北参议会议长何成浚的别字）赴沪养病，我是‘看守内阁’，如何对待当前的局势，我有官守，义不容辞。您老呢？现在‘江东物望，咸推司马’，对时局如何看法，您老也有言责。我今天不是单纯地来赴宴领谢您的酒饭，我还要借您的酒杯来向您老领教。”他立即高兴地回答说：“我们的心想到一处来了。下一步是如何采取行动的问题。现在武汉是白健生（国民党华中“剿总”总司令白崇禧的别字）的天下，战争与和平关系白健生的命运。不把白健生掌握好，那就一切谈不上。此人阴鸷多变，很难对付，你能同他打交道吗？”我说：“可以试一试。”他说：“那好！我们就从这里下手。现在恰好李品仙从安徽来到武汉，准备担任华中‘剿总’政务委员会主任委员，他很能在健生面前讲话。他是我的学生（李书城曾任广西讲武堂教官，李品仙则是讲武堂的学生）。今天请客，也有为他接风的意思。我马上打电话他，要他报告健生，说我们明天下午 3 点去看他。除我们两人外，还想把伯钊[①]也约去。你如果同意，我们就这样办。至于下一步如何进行，到同健生谈话以后再说。”至此，我辞别李老，离开省银行渡江回家，时已夜 10 时矣。

当时的所谓华中“剿总”不只是单纯的军事系统的最高指挥机构，当地的各个党政部门也要受它的节制，就是参议会这种“民意”机构，也要接受它的指导。所以我们酝酿和平问题的时候，李书城先生提议要先打通这一关，这是非常必要的。我离开省银行后，他打电话给白崇禧集团的核心人物李品仙，请他报告白崇禧，说我们要来看他。这个弯子绕得好，李品仙回了李书城先生的电话，说已经通知了张笃伦（这时张任湖北省政府主席），要他派车派船，事先做好准备，务请我们准时前往。

次日下午 2 时，我们三人（除我与李书城先生以外，还有耿伯钊先生）

① 即耿伯钊，时任湖北省政府委员，湖北省银行董事。编者注。

适时到了司令部，走进会客厅，李任仁（白崇禧的智囊人物）早已在那里等候，他说：“先请艾先生上楼同长官谈谈。我在这里同晓园先生（李书城的别字）、伯钊先生聊聊。”我刚上楼，白就走出房门，拉我到他房里去谈。他的办公室很小，只能容两三个人打转身，谈话时要促膝而谈。一坐定，我就单刀直入地向白发问：“白先生，前方战况如何？”他很愤慨地说：“打得很不好！”我接着用感叹而微带挑拨性的语调说：“看来，不撤换陈辞修（国民党军政部长陈诚的别字），战况是不会好转的。”他这时非常气愤，怒不可遏地说：“陈辞修之为人，刚愎自用，不学无术，贪权固位，咄咄逼人！蒋委员长把他作宠儿，整军经武，言听计从，广西原有 13 个师，他缩为 6 个团，把我的部队整光了。我任国防部长，他又夺取我的国防部，把我置于闲曹。我来华中，他又放心不下，千方百计想把我的部队吃掉。他为蒋消灭异己，蒋为他当保护伞，相依为命，狼狈为奸。你想，蒋能撤换陈辞修吗？”我说：“为了扭转战局，转危为安，难道对蒋先生就不能将一军吗？说得不客气，叫做换换马。修辞好看一点，叫做刷新阵容，一新耳目。白先生你的看法怎样？”白这时怨气消散，满面浮着笑容，连声赞赏说：“你看得对！看得对！可是专说不行，还要诉诸行动。”我说：“我们来看白先生，就是来向您请示的。我们想发动和平攻势，让蒋先生尝尝舆论压力的滋味，好退位让贤，一新耳目，不知白先生以为如何？”他说：“我一定大力支持。”我继续纠缠说：“我们所希望的支持，还不仅是精神力量的支持，还想进一步得到物质力量的支持。只有舆论和实力双管齐下，才能相得益彰。白先生你以为是不？”白这时斩钉截铁地说：“我同你分工负责。你通过议会发表通电，呼吁和平，表示人民的意愿。我用军事力量严密戒备，以保证绝对的安全。”谈到这里，白崇禧站起身来对我说：“让李先生和耿先生等得太久了。我们下楼去一块儿谈吧！”

我同白且走且谈，他走到会客厅门口，抢先一步上前去和李先生、耿先生紧紧地握手说：“对不起，让你们两位等久了。我们坐下继续谈。”这时李任仁退出会客厅，厅内只有白崇禧和我们 3 人。白首先开腔说：“刚才毓英同我谈了一阵子，他的意见很好，我自然要大力支持他。但参议会的内部情况，我也很了解，派别很多，意见复杂。他一个人孤军奋战，阻力还是很大的。你们两老在地方威信很高，要在会外大力协助他。特别是‘论坛派’的各位先生，一向是他的对立势力，行动是很难一致的。即平常拥护他的‘民宪社’，好像问题不大，但在和平面前，分化一定是很剧烈的。搞得不好，旧的力量支离破碎；新的力量团结不紧，有可能变成少数派，任何法案都通不过，这是很值得留神的。”我随即应声说：“白先生的指示，是非常值得重视的。我也算过三笔账：第一，在当前的和平问题面前，原来的‘民宪社’是会有分化的。但分化可能不太大。因为要分出去的那几个人是唯何议长马首是瞻的。这几个人在上次选举时，就已经追随何议长而分化出去了，但于选举没有影响。其余的人通过那次考验，没有动摇，今后可能更不会动摇。第二，‘论坛派’方面，除极个别人以外，其余大多数参议员还是比较有远见，富于正义感的。且其中有些人是民主人士，在大是大非面前，是会做出正确的选择的。第三，所谓中间势力，本来是徘徊于‘民宪’‘论坛’两者之间的。如果两派大联合，他们就没有空子可钻了。除其中三两个人，如夏学固、胡兆和之流，可能铤而走险、顽固到底外，其余的人当不会节外生枝，滋生事端。至于遴选的民、青两党参议员，在伯常（湖北省政府主席张笃伦的别字）的影响下，绝无问题。总之，人事方面是争取合法化的关键问题。白先生已为我们敲了警钟，还有哪些漏洞需要堵塞，还请两位老先生未雨绸缪一下。”

接着李先生和耿先生同时向白表态说：“毓英主持议会，我们是一向支持的。他的困难就是我们的困难，我们全力支持，决不让他个人陷入困境。”

白崇禧在李先生和耿先生发言后，随即对前方战讯略事介绍，就把谈锋转到和平问题上。白崇禧赞赏李、耿两先生“以高年重望，奔走和平，使地方免遭涂炭和糜烂，是非常令人敬佩的”。

下午 6 时，我们一起参加了白崇禧事先准备好的便宴。在我们饭后与白分手时，白嘱咐我说：“明天下午，还约请周杰和段锡三两位去谈谈（周杰是省参议员、蘅青中学校长，段锡三是省参议员）。”

当我们三人离开长官部乘专轮抵达武昌后，李先生和耿先生乘车回家，我则乘车到蘅青中学去看望周杰先生。周先生一见到我，就惊奇地笑着问我：“我们的副议长！是什么风把你吹来的？”我说：“我是主动地来负荆请罪，吁请议会休战的。现在火烧眉睫，你们诸位老前辈过去做了些曲突徙薪的防火工作，非常有远见。现在烽火燎原，武汉恐转眼就要波及，参议会毕竟是民意机关，负有言责，形势迫使我们有为人民呼吁和平的必要。议会不休战不行呀！大局不能不顾呀！那些微不足道的鼠牙雀角之争算得什么呀？”我说到此，周先生立即郑重而高兴地说：“副议长呀！你真的这样想吗？你真的敢这样做吗？要是果真如此，我举双手拥护我们的副议长呀！”我说：“真的这样想，也真的决心这样做。”他说：“那我说话算数。”我接着说：“您是我的老师，是容易谅解我的，而现在搞议会休战，是全面的，整体的，不是个别人的。您容易谅解我，可是‘论坛’派的其他诸位先生也能在交谈之间，转而谅解我吗？”周先生肯定地说：“这不是个人恩怨问题，是一个大是大非问题。在大是大非面前思想当然是可以统一的。”我说：“尽管如此，我还进一步有求于周先生。思想的发展，是由种种物质条件决定的。种种不同的条件必然会形成种种不同的思想。过去支持我的那些老朋友，在当前形势下，认识不但很可能是不一致的，而且还很有可能会靠操我之戈、入我之室大闹一场。议会这个讲坛，毕竟是要口头而不能靠拳头的。往往针锋相对，辩论非常剧烈的时候，作壁上观的人还是很多的。而真正冒险犯难、冲锋陷阵的人总是很少。因之我所求于周先生者，不但您举手支持我，还要您动口支持我，在会上排难解纷，仗义执言。”周先生说：“好！看情况尽力去做！”谈到这里，我起身向周先生告辞。临行前，我向周先生说：“白健生先生约请周先生和段鸿轩（段锡三的别字）先生明天下午 3 时到长官部谈谈。届时省政府会派车来的。今天谈得太好了，谢谢您，周先生，再见！”

## “和平”与“反和平”的斥候战

按照省参议会组织规程的规定，省参议会每半年举行一次大会。一切重要法案只有经过大会通过以后，才有法律效力。例如我们当时所要发表的吁和通电，都必须经过大会通过才能发。因而召集大会在当时是迫切需要的。但召集大会有一个过程，即必须由省参议会驻会委员会决定开会日期，制定开会预算，送请湖北省政府拨发经费，事前电告各县省参议员如期到省集会。而且还必须有过半数的省参议员报到才能开会，否则即以流会论，不发生法律效力。省参议会第五次大会举行于 1948 年 7 月。到 1948 年 11 月，省参议会驻会委员会就应决定召集第六次大会的日期了。为此，湖北省参议会第五次驻会委员会发出通知，请所有当时留住武汉的省参议员于 1948 年 11 月 25 日参加扩大驻会委员会，讨论召开例行的第六次大会的日期与预算问题。根据法律程序来说，这是不会有问题的。可是反和运的先生们对此却大做文章。他们蓄谋之久、动员之广、设计之周密、准备之充分，从下面的一些事情中可以充分反映出来。

第一，事前用“蒋委员长”的“敬”电（十四日）来禁阻扩大驻会委员会的召开。11 月 25 日下午 2 时，全体与会参议员已齐集会议厅正要宣布开会的时候，湖北省党部代理书记长陈良屏乘着汽车，手捧“蒋委员长”的“敬”电，气势汹汹地冲进会场，对我高声喊叫说：“委员长打来了电报，不准开会。”我接过电报，抽出来一看，电文是：“湖北省党部主任委员方子樵兄、湖北省参议会议长何雪竹兄：据报，鄂省参议会内，有人受共产党麻醉，利用议会开展之际，发表通电，为共产党张目，希就近严行制止。”我看了一笑，对陈良屏说：“陈代书记长，这份电报是‘蒋委员长’打给你们方主任委员和何议长私人的。他们如何进行破坏，单干还是合谋，是他们自己的事，我们管不着。我们开会是依法办事，有法律根据。电报你拿走。我们要开会，不能接待你。”他夹着皮包走了，我们宣布正式开会。蒋介石的“敬”电，不是偶然来的。没有特务蓄谋破坏、秘密建议，蒋介石不会无缘无故来电。这一封联合围剿的密电没有吓倒我们。

第二，搬出“立委”刘树仁，在会上捏造军事谎言，作为破坏和运的基调。在退回蒋介石“敬”电，驱逐陈良屏以后，驻委会立即正式开会。由我主持，在简略地报告开会意义以后，刚由南京赶回来参加会议的“立委”刘树仁（原蒲圻县省参议员，当选“立委”后，应该辞职，但他此时尚未辞职）首先抢着发言。他说：“今天的扩大驻会委员会，是为讨论第六次大会的日期问题。据闻，第六次大会主要将讨论和平问题。为什么要在战争紧张之际，公然来宣传和平，淆乱军心，消沉士气？我前天还在立法院听取了国防部的报告，讲到前方战事很顺利，与外间传说不同，而且后备力量还非常充足。专是最近几天，就集中了12个甲种整编师。大家很快就会听到前方的好消息。现在谈和平就是庸人自扰！”刘树仁的战争叫嚣，是当天会场上反对和运的基调。所以他的话音刚落，随声附和者纷然而起。说得挖苦点，真有吠影吠声之势。

第三，把发言锋芒指向个人，放肆地进行人身攻击。正因为刘树仁的发言，他们是当着“路标”看的，所以嚣张咆哮的势头一浪高似一浪。像夏学周、胡兆和这两个“英雄好汉”，不但不懂得在政治斗争场合中所必须遵守的有礼有节公平合理的“费厄泼勒”精神，就连起码的议会常识与讨论A、B、C也不太懂得。他们只习惯于拍桌打椅，吹胡子，瞪眼睛。那天在会场上一张嘴，便是什么“卖身投靠”啊，什么“投降变节”呀，什么“朝秦暮楚”呀，把一切不堪入耳之言，像打开污水龙头似的，尽量向我个人身上倾泻。出身于“书香门第”的王延烈，讽刺哲学确比夏学周和胡兆和要高一筹。他似乎觉得夏、胡的骂人艺术还不够一针见血，殊以为憾，所以他发言补充说：“月晕而风，础润而雨，落一叶而知秋至。我们的副议长，同我们没有共同的语言。他人在曹营，心在汉室。身在庙堂之上，心在草野之中。”他的几句简短的四六文章，活像向蒋介石告了艾毓英的公开御状。他们把会场空气闹得硝烟滚滚，反动气焰实在是过分嚣张。周杰先生等人再也忍不住了，起来进行还击。

首先是周杰参议员心平气和地站起身来发言。他说：“刚才大家热烈发言，足见对会议很重视，是一种好现象。但有些发言却走了题。例如我们今天会议的性质是驻会扩大会，根据规定，我们在今天的会议里要决定大会的日期、经费预算、出席大会参议员所必需的交通工具等具体问题，为召开大会而准备条件。至于某些重大的政治问题，我们今天到会的人，当然各人都有各人看法，人心不同，各如其面嘛，这是正常的。意见各不相同，当然需要讨论，但讨论有一定的场合，要在大会中去讨论，去决定，我们今天决定要召开大会，就是为要讨论重大的政治问题。所以我们现在应该静下来，集中精力谈谈今天应该必须解决的问题。这是法律程序的需要。”

周先生发言后，由刘树仁军事谎言所引起的硝烟气氛逐渐平和下来。随之发言者，有段锡三、吴先铭、张国和、张式训等参议员。他们的发言重点，集中于对第六次大会召开日期的建议，集中于如何对于大会经费预算作出初步规划等等。会场气氛一时严肃起来，正义的声音终于战胜了歪风邪气。

## 通过呼吁“和平”的“艳”电

1948 年 12 月 10 日，湖北省参议会第一届第六次大会依法如期举行。议长何成浚早已于 7 月间离职赴沪，大会由我主持。到会议员除缺席及请假者外，实到 80 人，超过法定人数。来宾方面，计到华中军政长官白崇禧及省市各部门负责人张笃伦、徐会之、陈明仁，以及武汉各报社社长、采访记者共 300 余人。主席致开幕词以后，白崇禧致祝贺词。上午 12 时开幕式结束，参会人员合影，之后举行宴会。

开幕式结束后，大会按照法定程序次第进行。省政府主席张笃伦在 10 日下午作 6 个月来的“施政报告”。张报告以后，所属民政、财政、建设、教育、保安、军管、警务、人事、会计、地政等厅处依次报告工作。这种报告大约进行一个星期，紧接着是针对政府报告和到会参议员所提出的提案，进行分组讨论和大会讨论。讨论约进行了 2 个星期，大会经常性的工作基本完毕。

临时动议引起剧烈斗争，也赢得了议会讲坛的最终胜利。12 月 29 日，在举行闭幕式以前，主席艾毓英在临时动议的程序中，把由自己起草并有周杰等 30 多名参议员附议的向全国呼吁和平的电文油印稿提请大会讨论，并作了口头说明。当口头说明刚一完毕，会场立即哄然响起尖锐对立的两种声音。一是绝大多数的声音：“赞成！赞成！”一是稀疏错落但很盛气凌人的声音：“撤销！撤销！”会场秩序一时有些混乱。在主席大声喊着“肃静！”“肃静！”“秩序！”“秩序！”的时候，坐在会场右角的胡兆和参议员忽然离开席位，跳上主席台边，暴跳如雷，准备动手行凶。坐在前排席位的参议员刘隽飞也似的赶上前来，用两手把胡兆和拉住。刘参议员个子高大，气力充沛，胡兆和在他手里动弹不得，只好乖乖地回到自己的座位上，口里骂个不停。坐在会场最后排的夏学周眼看叫嚣无用，行凶未逞，便另生一计，妄图煽动大家退席，造成流会局面，使呼吁和平的法案功败垂成。他挟着大黑皮包离开席位，站在会场门口高喊：“大家退席！大家退席！”并首先走出会场。但他这一招又遭到惨败。他尽管首先退场，意图引起别人效尤，但会场无人为他所动，即便是欲行凶的胡兆和也黯然神伤地坐在自己的位上，未随之出走。这时，我见到恶风已止，浊浪已平，便立即抓紧时间吁请大会同仁继续发言讨论。一时在原提案上签名附署的各参议员纷纷起立发言，或作意见补充，或作词句修正。这项文件最后得到与会参议员绝大多数的修正而通过，全场响起了热烈的经久不息的掌声。

电报原文略称：“……如战祸继续蔓延，不立谋改弦更张之道，则国将不国，民将不民。”要蒋介石“循政治解决之常轨，寻取途径，恢复和谈”（原电全文登在12月30日武汉及外埠各报）。

这个吁和通电，于1948年12月29日经湖北省参议会第一届第六次大会通过。人们根据日历代号称其为“艳”电。

## 成立“省和促会”与抵制妥协阴谋

省参议会通过的“艳”电发出后，我们已达到所期望的使“和平运动”形式合法化。为了突破省参议会的局限，1949年1月，我们借省参议会第二会议室，邀武汉各民主党派成员召开了“湖北省人民和平运动促进会”座谈会，商讨了有关开展“和平运动”的问题。

一、大会名称。草拟的《湖北省和平运动促进会组织规程》这个名称没有表明“和平运动”的人民性，旗帜不鲜明，态度很含糊。在首次座谈会上，周杰先生提议增加“人民”两字，把名称修正为“湖北省人民和平运动促进会”，到会委员谈瀛、吴先铭、张式训、贺有年等诸位先生一致同意。

二、关于办事地点问题。为办事方便，合理利用人力和物力，决定以省参议会第二会议室为办事地点。所有必要的办事人员及办公室用具，尽可能向省参议会借用。

三、组织人员。凡当日被邀请到会的人士即为发起会员，以后申请入会者，由发起会员二人以上介绍，经委员会同意，即为本会会员。

四、起草宣言。推贺有年、谈瀛两委员起草。

五、发起会员。当日被邀请到会之发起会员，计有李书城、张难先（口头请假）、李范一、耿伯钊、周杰、喻育之、李西屏、胡忠民、刘隽、沈肇年、段锡三、贺有年、张式训、吴先铭、胡楚藩、谈瀛、郑桓武、李达可、段季李、朱侣柏、张春霆、李步青、彭风昭、汪世鎏、艾毓英、林渊泉、张国和、郑南室、卢智泉、李延禧、李伯刚、许莹涟、周鲠生（书面请假）、陈时、曹美成、邬耀墀、王际清、易兰荪等 30 余人。

随即举行了湖北省人民和平运动促进会第一次会议，设置常设机构干事会，推定李书城、耿伯钊、艾毓英为常务干事。干事会下设秘书长：艾毓英（兼），总务组：林渊泉、吴先铭，组织组：刘隽、段季李，宣传组：贺有年、谈瀛。

同时发表大会宣言。

这样，就使“和平运动”变为公开的、有组织的、吸引较广泛上层人士参加的运动了。

但是，蒋介石对于武汉解放前的“和平运动”，自始至终恨入骨髓。在“和平运动”尚未公开以前，他发“敬”电严令制止，想把它扼杀于摇篮之中。“艳”电发表以后，犹如“华山钟响、洛川谷应”，几天之内，各省市参议会响应影从者，计有湖南省、安徽省、汉口市、广西省、四川省、河南省，并派有代表来汉，商讨“和运”进行事宜。形势如山雨而来，无法阻遏。蒋介石看到事先破坏之计未成，乃急谋事后妥协，于 1949 年 1 月 8 日，派张群、黄绍竑两人乘飞机到武汉，分别进行游说。由黄绍竑游说白崇禧，由张群游说“和运”人士。黄、白之间搞了些什么名堂，我不了解，这里只谈谈张群乘兴而来、败兴而返的情况。张群于 8 日下午 4 时左右，下榻于他的老部下张笃伦家。由张笃伦出面，宴请“和运人士”李书城、张难先、耿伯钊、周鲠生、周杰、陈时、艾毓英等人，于9日下午2时会谈，6时开宴。会谈进行了整整4个小时。除周鲠生、陈时两位校长未发言外，李书城、张难先、耿伯钊、周杰、艾毓英均与张群针锋相对地进行辩论，粉碎了他的妥协阴谋。张群最后无可奈何地感叹说：“我也明知其不可为而为之。不过是略尽老朋友一点心意而已。”宴会之后，张群神气沮丧地对张笃伦说：“今晚到洪山去买300斤红菜薹，明晨带回南京去。”有诗人记其事云：“……从此辞却鄂州路，空载洪山菜薹归。”这是张群武汉行凄怆相的写照。

## 白崇禧的两副面孔

蒋桂之间，从来就是同床异梦，各怀鬼胎。特别是所谓“总统选举”后，蒋介石的卧榻之侧睡着一个李宗仁，蒋不放心，而李宗仁站在蒋介石的廊檐下躲雨，时刻不能伸头，李不甘心。两块打火石排在一起，稍微有一点外力起作用，就会碰着而引起燃烧。蒋介石发动反人民反革命的内战以后，战争这一只威力无边的怪物并没有按照蒋介石的主观愿望发展，把人民吃掉；恰恰相反，蒋介石搬起石头砸了自己的脚，由关外败退到关内，由华北退到华东。特别是淮海战役，在两个月的光景里，被歼灭50多万人。面对这种兵败如山倒的土崩瓦解之颓势，作为桂系军阀的“小诸葛”，白崇禧是历历在目而时刻感到惊心动魄的。他的行动，是与整个桂系集团的升降浮沉密切联系而不可分割的。蒋虽在淮海败绩，势穷力蹙，但犹力图作困兽之斗，恋栈不去，而白的“和平解决”的攻势却被蒋顺手夺去，这也是白崇禧不甘心的。1949年1月中旬的一个下午，湖北省政府主席张笃伦打电话来，说：“白长官请李晓园先生、耿伯钊先生和艾副议长三位过江去，我马上坐车来陪你们三位同往。”3时，我们和张笃伦一起到“长官公署”。到达以后，张笃伦找别人谈话去了，会客厅里只剩下我们三人。白一见面，他的面部表情似很诚恳，说话语气也很坚定。他说：“李先生北上问题，我已决定。现在请你们几位过江来是为商量一下有关北上的具体问题。例如李先生这样高龄，现在又是冬天，雨雪载途，派谁去照料？其次，现在兵荒马乱，各地驻军错综复杂，出境入境应用何种证明文件？在交通方面，现在困难很大，有的地方通车，有的地方不通车，要坐骡车，还有的地方甚至骡车也没有，要想其他办法。这些都得商量一下。”说罢，他起身离开客厅，说到楼上去取东西，请我们商量好上面 3 个问题。李先生首先说，关于照料人员问题，他已同李伯刚先生商量好了，伯刚先生愿意陪他走一趟。关于旅途证明文件问题，他认为省参议会毕竟是“民意”机构，政治倾向性不那么浓，用参议会证明文件，不太刺眼。至于交通工具，那是要看具体情况，有啥坐啥，没有就不坐。耿先生同意李先生的看法，我也没有什么另外特殊的意见，只表示我立即到参议会去准备证明文件，请李伯刚先生动身前到我家去取。这时，白又来到会客厅，问我们商量好了没有。李先生答称大家谈了，没有什么问题。白立即将一封已封好口的亲笔信和几封包得很严实的银元一并亲手交给李先生，并说：“李先生万分保重，一路平安。”这时，我们三人一道离开华中长官公署，渡江回家。当时，李书城先生已是近 70 高龄的老人。他为了国家的利益，为了华中地区局部和平的实现，不顾个人的安危，不恋家庭的温暖，不怕硝烟的弥漫，不嫌戎马的仓皇，毅然决然在党的领导和鼓舞启发下，衔命纵横驰骋于中原古战场，往返几千里，耗时数十天，直到 1949 年 2 月底才回返武汉，艰苦卓绝的爱国热忱感人至深。

可是，阴鸷多变、玩弄权术、微读兵书而未闻天下之大道的白崇禧，在当时人民企望局部和平的运动中，不折不扣地扮演了一个反面教员的角色。一月之间，换了两副面孔，耍了两种戏法，其结果是首鼠两端、自欺欺人，而最后走上自我毁灭之路，演完了一幕无人喝彩，而徒令人齿冷的历史悲剧。回忆一月之前，当李书城先生北上之际，白崇禧“上降表”，送路费，道珍重，祝平安，其投诚起义之意愿似乎是相当恳切的。但曾几何时，李先生北上归来，从信阳张轸司令部打电话给白崇禧，准备向他转达北方指示时，他却伪称已赴南京，不接电话。当李先生抵汉后，多次联系约定时间会谈，他始终不睬不理，前恭后倨，判若两人。这其中原因何在？是不是党中央改变了政策，不予他以宽大的自新之路呢？绝对不是。当时对白的具体宽大条件，我们虽不甚了解，但根据传说，对白的宽大待遇可能是超过于傅作义将军的。为什么白对这种仁至义尽的恩遇熟视无睹呢？没有别的，只是因为1月21日以前，蒋介石妄图作困兽之斗，恋栈不去，桂系集团欲取而代之，故在帝国主义指使和支持下制造一种假和平，以攫取中央的统治地位。这时蒋已引退，李已上台，目的已达，手段何用？因而白崇禧的所谓“和平”，反蒋是手段，反共是目的；“和平”是口号，战争是行动。他们取得最高反动统治地位之日，便是“和平”寿终正寝之时。

随着白崇禧态度的变化，前一段有所收敛的特务活动这时又猖獗起来了，特务们又在到处搜捕、迫害人民。武昌昙华林16号萃英试馆[①]突然被武汉警备司令部稽查处搜查，逮捕了武汉大学查家骧等7个同学。这场迫害学生的事件，立即引起了武汉大学全体师生的震怒。武大学生自治会在武昌奥略楼举行记者招待会，揭露特务迫害学生的罪行，呼吁社会人士声援他们的营救活动。我应邀参加了这次招待会。以后，武汉大学校长周鲠生先生邀集中华大学校长陈叔澄先生（时任湖北全省教育会会长），前来武昌阅马场湖北省参议会后楼我的住处，要求我营救被捕学生。我毫不迟疑地带领周鲠生、陈叔澄两位校长到汉口华中长官公署请愿，要求白崇禧立即释放全部被迫害的学生。当时白迫于学生斗争的声势和社会舆论的压力，当即打电话给武汉警备司令部，令其立即释放。随即由周鲠生和陈叔澄两先生前往警备司令部具保领回。落叶知秋，这次逮捕学生事件，也是政治气候的风雨表。

## 和谈与备战的短兵相接

在桂系军阀集团首领李宗仁取代了蒋介石的“总统”职位后，蒋桂关系发生了相应的变化。尽管蒋介石在奉化以“在野”地位从幕后指挥军事和政治，但南京政府毕竟由蒋家王朝的统治转化为桂系集团的天下，作为

---

①《中国共产党武汉历史（1919–1949）》中记载此次搜查的地点是武昌戈甲营16号，编者注。

桂系的“军略家”和“政略家”的白崇禧，自然要水涨船高，随着李宗仁的高升而弹冠相庆。特别是由陈诚夺去的那块国防部“禁脔”是白崇禧所必欲夺回而食之下咽的，所以他毫不掩饰地一反前一个月之所为，使谋和气氛演变为备战叫嚣。1949 年 2 月中旬某日，白崇禧把前由蒋介石所布置在武汉的党政军警特各个岗位的忠实爪牙和喽啰，以及居留在武汉地区的“立法委员”“监察委员”“国大代表”和本埠、外地的报社记者等 100 余人，邀请到汉口模范区华商街旧银行公会会议厅，举行所谓“和战问题讨论会”。妄图以所讨论的结果作为“公议”，用以欺骗全国人民。当天那个所谓“和战问题讨论会”由白崇禧充任主席。在宣布开会后，白崇禧就蒋下野后所发生的政治、军事情况作了简单报告，随即把当天召开会议的重点归结为两个问题，即“和谈”与“备战”，请大家讨论。白崇禧话音刚落，席间有一个一贯自称圣人后裔、“总理信徒”、“五宪”权威，而现在正是“立委”新贵的孔庚，立即迫不及待地站了起来说：“这不是很明白吗？有什么选择余地？能战才能和，不能战什么也谈不上。现在侈谈和平的人，都是些厚颜无耻、反复无常的败类，趋炎附势，投机取巧，没有起码的做人的节操。我们同这样的人不能坐在一起开会，把他赶出去，羞与他为伍。”我环顾四周，今天搞局部和平、通电主张和谈的当事人，只有我一人在座。毫无疑问，这是当着和尚骂秃驴，我必须进行反击。我立即站了起来，面向孔庚说：“孔先生，你失态了！今天是开辩论会，或者叫讨论会，而不是骂人会、骂街会。在讨论的范围内，主战也好，谈和也好，只要持之有故，言之成理，都有发言权！”我讲到这里，他更气势汹汹站起来说：“你跪下来，你无耻！我就骂你！”我继续心平气和地说：“我不会向你屈膝！我有不受侮辱的尊严，你也无权利骂人！我还要继续讲战争与和平的问题。时至今日，难道战争还要你来主张吗？战争不是打了两年多吗？由东北败到华北，由华北败到华东，最近还将由华东败到华中，再战下去，这是船头上跑马，死无葬身之地！‘天下苍生望霖雨’，和平是人民的需要、时势的需要、大局的需要，你为什么横蛮无理，恶言伤人？你真要坚持这样的话，我也可以以牙还牙地回敬你，你是‘苍髯老贼，皓首鄙夫’，老而不死的叫嚣战争的杀人犯！”他听到这些逆耳之言，立即丧失理性似的气呼呼地拄着拐杖跑到我的面前，扬起拐杖来打，口里涕唾流沫地乱骂。这时张笃伦坐在我的左边，张淦（国民党华中长官公署副长官兼第十九兵团司令）坐在我的右边，见势同时起身，一个拉着孔庚的左手，他二人一个拉着孔庚的右手，把孔庚拖回原位，而白崇禧只是坐在主席位上，口里念念有词地说：“言论自由！言论自由！”一个和战问题座谈会就在这一场短兵相接的交锋中无果而终了。

## 迎接武汉的解放

李书城先生的北方之行，体现了他的爱国热忱，他对党对人民做出了力所能及的贡献。同时，他个人的精神境界，通过这一段生活的历练、社会的考察，也得到丰富、充实和提高。从两个世界、两种人间的对比中，我们也深受教育。他从北方归来后，经常同我们深有感慨地说：“我从满清末造在经心书院研治‘经学’，中经日本士官学校学习军事科学，后在孙中山先生指引下，从事推翻满清、建立民国、打倒‘洪宪’、反对北洋的革命，说到理想和抱负，自然是还有一些。但充其量，终未跳出英雄革命的圈子，而进入人民大革命的峻宇高峰。这次北上，在解放区所见，时间虽仅一月，收获有逾半生，真是两个世界，两种人间。什么‘桃花源’‘共和国’，都是空中楼阁的理想，只有我亲眼目及的解放区，才是科学社会主义的现实的人间乐园。”我们听了以后，非常振奋，非常激动，认为他的解放区所见，是一件非常现实、非常珍贵、非常生动而具有无比强大的说服力的思想武器与宣传武器。因此征询他的意见，是否可以组织公开的讲演会，“请申公现身说法”（李书城先生曾研治佛学，造诣极为深邃，堪称申公），让广大群众了解一下解放区的真实情况。如此，当更可鼓舞人们的志气，增进人们的向往，而加强迎接解放的信心与决心。李先生非常高兴地同意说：“七十老翁何所求？我不怕任何威胁或迫害。只是把两个世界、两种人间的实况，做一点鲜明对比而已！何去何从，人们是会做出适当选择的。”为此，人民和平运动促进会组织了公开讲演会，一次在鄂参议会大会厅，一次在武汉大学大礼堂。这两次讲演会都受到广大群众热烈的欢迎，收到很好的效果。

自上次银行公会那一番争吵以后，白崇禧背弃和平、阴谋备战之愚妄企图，已如司马昭之心，路人皆知。同时，在人民方面具有决定意义的三大战役，又以震撼世界的巨大胜利而载入史册，这样，解放武汉和夺取全国的最后胜利已在指顾之间。湖北省的“和平运动”，在全国是发端最早的。此时，余杰同志和我多次恳谈，使我们把力量转向迎接武汉解放的准备工作。针对当时的具体情况，着重于反破坏、反迁移、反混乱，以保证在青黄不接的过渡时期（当时我们叫作“真空”时期），社会秩序得以保持安定，生产得以正常进行，人民生活得以保障，城市得以完整接管。为此，我当时运用省参议会负责人的合法身份，联络各方人士，互相交换意见，酝酿组建适当的组织。由于各方人士共同协力，开始建立“临时治安委员会”。以后为应付环境，并广泛吸引各界人士参加，改建为“临时救济委员会”，在配合广大人民群众迎接武汉解放的斗争中，得以略尽绵薄，稍赎前愆。同时，临解放前，我相机抵制了省政府逼迫我率领省参议会随其西迁鄂西南的意图，“府”“会”脱钩，分道扬镳，使国民党的湖北省地方政权更陷于支离破碎的解体之中，使省参议会的全部档案资财得以完整无缺地移交于人民。

（本文原载于 1981 年 3 月《武汉文史资料》第 3 辑，1986 年修订，有删节）

# 记武汉地区军政人员联谊会

张　诚[①]

## 倒霉的“杂牌”

抗日战争期间，我所在的部队——国民党二十六军不属蒋家的嫡系，是湖北徐源泉的老十军班底拼凑起来的一支“杂牌”队伍。

1938年，日寇侵占武汉后，这支杂牌队伍从来没有离开过前线。守河防（沙洋），守江防（宜昌对岸），长沙会战，由陈诚的六战区调到薛岳的九战区，又调到顾祝同的三战区。七八年来，不是打仗，就是行军。1943年夏，刚得到休整，突然接到火急电令，限期4天到湘东，参加第四次长沙会战。部队行军日夜兼程，长驱七百里，连日阴雨，泥烂路滑，尤其后方辎重，无法运行。当先头部队冒雨赶到目的地时，就与敌人发生胶着战了，后续部队尚未赶到，日寇已经突破了防线，打过捞刀河，长沙不保了。这次会战，我们这支队伍不是打垮的，而是拖垮的。蒋介石和那些战区长官们的嫡系队伍却留在后方养精蓄锐。

1945年8月，我们从贵州独山打回广西金县时，日本宣布投降。我们这支队伍长驱直入，开抵衡阳，突然接到蒋介石手令：停止前进，就地待命。却让他们的嫡系部队去受降，去“劫收”，我们只有尾随去看管日俘的“权利”。

重庆和谈后，蒋介石阴谋发动内战，又用得上这支“杂牌”武装为他

① 本文作者时任国民党军政部联勤总部第二补给区司令部工程处科长。

去卖命了。军长丁治磐调升二绥靖区副司令(驻青岛),部队整编为二十六师,要开到山东前线打内战。“双十协定”的签订让我们这些“杂牌”队伍的下级官兵莫不欢欣鼓舞,岂知墨迹未干,蒋介石就剑拔弩张地要打内战了。这引起许多人强烈不满。当部队从长沙开往山东时,我就脱离了军队,留在长沙另找出路,在联勤总部湖南供应局谋到一个差使。

## 出路——向左转

长沙虽然不是战场,但看得到政治上的激烈较量。工人罢工,学生游行,风起云涌,此起彼伏。前线的炮火阻挡不了民怨沸腾的局面,国民党的达官贵人却照样花天酒地,巧取豪夺。

就拿我们的供应局长周鹤汀来说,他以“儒者”从政、两袖清风来自我标榜,实则是网罗亲信、结党营私、大发横财。他每日奔走,拉拢达官贵人,如省参议长赵恒惕等。这些人到处讲述所谓“民主宪政”以图笼络人心,自己却搜刮民财,私设烟厂,大发横财。

1947 年秋,我被调任联勤总部十一供应站站长,驻地武汉。那时,一些关心时局发展不满于国民党腐朽统治的人已在开始寻找出路,我当然也不例外。最初结识了监利的杨某,他是“民主社会党”党魁张君劢的属下。我以为民社党总会比国民党强一些。杨某约我与罗某(民社党湖北省委的负责人)见面。谈吐之间,竟然使我大失所望,原来他与湖南的周鹤汀之流竟是一样的角色,既无政治见解,又无远大抱负,只不过是跟随蒋家王朝讨点残羹剩饭的哈巴狗而已。武汉的学生运动,社会舆论,人心所向,都影响了我:要转,就彻底地向左转,转到共产党方面。

## 终于找到了共产党

供应站上尉副官刘英诚是我上军校时的同学,与我深交多年。1947 年冬的一天傍晚,我们在江汉关堤岸上谈论时局,从原所在的二十六师在山东潍县全军覆没,一直谈到刘邓大军进入大别山后的全国军事形势。两人都认为蒋家王朝的崩溃是不可避免的,我们应该找到自己应该走的道路。

他试探地对我说："你有妻室儿女，我是光杆；你是站长，我是部下。今后，凡是用得着我的地方，虽赴汤蹈火，在所不辞。"从此，我们两人订下密约，找社会关系，同解放区、解放军取得联系。

不久，我打听到有位军校同学叫陈子卿，是孝感县三汊埠人，曾是国民党四十一师骑兵连排长。由于与上司不和，抗战结束后，他解甲归里，在乡村小学教书糊口。此人素有抱负，苦于不得志，倾向共产党，常溢于言表。他家乡又靠近解放区，估计与解放区有联系。1948 年春节，我写信约他到汉口来我家做客，以便探听真实情况。陈来汉后，知我有投向共产党的心愿，极力赞扬，表示愿与我们引路。在谈话中，透露了他有位好友叫张绍钧，是高埠桥诊所的医生，在孝感从事地下活动。这年 3 月，陈子卿与张绍钧（化名张陶）在孝感高埠桥接头后，又来汉口，告诉我联系的情况，并说这事需向组织请示。又等了一段时间，我派刘英诚去孝感三汊埠找到陈子卿，才定下来。经组织研究，由张绍钧负责单线联系，洽商了发展组织成员，从事国民党军队起义活动的任务。从此，我们与孝感地下组织建立了秘密工作关系。

## 发展组织

当时，我的公开身份是国民党联勤总部十一供应站中校站长。前方站驻在应城，后方站设在武昌。我利用这种公开身份，和往来于前后方站的有利条件，进行秘密的串联活动，发展组织。

我们的工作是以发展国民党军队中的中下层军官为主，以联络友谊为形式，以志同道合为条件，以反对蒋介石打内战为目的，来进行秘密的组织串联和发动工作。最初的串联工作是很谨慎的，首先发展的对象是国民党武汉警官学校的少校教官余溥川，他与我是军校同学，又是多年深交。第二个也是我的军校同学，退伍尉级军官许松林。到 1948 年秋，又串联了几个老同事、老同学，有退伍的尉级军官江渫、少校军医官曹曼华、我的勤务兵陈敦荣等人。通过他们又发展成员，先后共有 20 多人。

串联一批人员后，用什么名义开展活动呢？大家商议，暂时用我的化名“胡伦”进行活动。我们买了油印机和纸张，秘密印发传单，传单每周出一次，有时还刻印从解放区转来的战报和对国民党起义人员的政策和文告。一时间，国民党的军警宪特到处侦缉、搜捕“胡伦”。

## 宋河阻援

1948 年春节后，我回到老家京山县的宋河镇，认为我们也许能在这里再建立和发展组织。4 月 15 日，我讨到去宋河购买军粮的差使，带着四部卡车从应城到宋河。驻守宋河、三阳一线的独立十七旅也归我们应城前方站补给。到了宋河，我看到十七旅副旅长李延熙等像热锅上的蚂蚁，到处求援，他们已面临被解放军包围歼灭的局面。第二天傍晚，三阳、宋河战斗同时打响。晚间 10 时，三阳的一个团被歼，但解放军对宋河只是佯攻。三阳解放后，解放军对宋河就形成了合围之势。宋河国民党部队，官想逃、兵思散，老百姓却喜形于色地看热闹。第三日上午，我把大卡车有意留在宋河，坐着吉普沿宋应公路前进，中途在田店山坡上，遇着五十二师派出的一个加强营（三个步兵连、一个重机枪连、一个迫击炮连），营长孙某走在先头，赶往宋河驰援。一见面，他就迫不及待地向我了解宋河战况。我一想，独十七旅在宋河只有一个团，加上旅部地方武装，如果孤立无援容易被歼，这个加强营比它那个团的战斗力还强，决不能让他去驰援。我就对孙某说：“三阳昨晚一个团被共军吃掉了，宋河今天难保。此地距宋河 45 华里，等你们赶到，宋河守军已被歼，你们孤军作战，不就成了瓮中之鳖么！”孙某犹豫不决，就在田店山坡上“观战”。此时宋河尚未合围，十七旅正守住宋应公路待援。等到晚上，援兵未到。结果，在夜色掩护下，解放军全歼了十七旅，结束了宋河战役。

## 到解放区受命

1948 年 9 月，我同地下组织派来的联络人员商议，辞去供应站长的职务，在联勤总部第二补给区司令部找到一个工程处科长的职务。工程处是负责炸药等军火的供应的。我有位同事李松林住在汉口吉庆街 67 号，他妻子娘家在香港开大商号，武汉吃紧后两人迁往香港，房子托我们照料。为了便于我们活动，我让副官刘英诚和随从陈敦荣等都搬进这所房子住，叫我爱人钟瑱英在楼下大门口摆个香烟摊作掩护。这样，我们这个组织集会、印刷传单、联络就有了安全可靠的场所。1948 年 10 月间，张陶告诉我，要我们派专人到解放区去联系。我派副官刘英诚随同张陶到孝感北部的滑石冲，见到鄂豫三地委城工部的负责人郭海同志，他详细地询问了我们的组织情况和工作情况，很是满意，并对我们组织做了指示：一是要有一个正式的组织名称，不能用“胡伦”这个化名，这样更有号召力，可以把更多的人组织起来，并要我们运用国民党军人身份的有利条件，做些直接配合解放战争的工作。

刘英诚回来向我们汇报，大家十分高兴。于是，我们再次派刘英诚去解放区请示建立组织的问题。郭海同志看了我们的组织简章，并亲自进行了修改，正式定名为“武汉地区军政人员联谊会”，给我们布置四项任务：1. 按简章要求，对组织进行整顿，选举领导机构；2. 扩大组织；3. 继续出传单，宣传我党主张；4. 搜集国民党的军政情报，重点是军事情报。城工部派李仁樵同志与我们直接联系，李仁樵同志随同刘英诚来武汉，在吉庆街 67 号楼上传达了城工部的指示，并宣布了组织名称和章程。张诚被选举为联谊会主任，余溥川、许松林、刘英诚等为委员。整顿后，会员有 20 余人。1948 年冬，由余溥川在平汉铁路汉口段通过一位姓郭的人建立了一个分会，分会会员 30 余人，由余溥川直接联系。

## 拒　搜

有了党的领导，“联谊会”就更为活跃了。李仁樵同志经常给我们送来宣传品。我们以“联谊会”的名义每隔三五天出一次传单。由我编写，张才高刻印，交余溥川负责的行动组出外散发。可能由于传单用的是“爱国军政人员”的名义，我们这个吉庆街 67 号的“军人之家”就引起了密探的猜疑，我爱人也发觉有人借买香烟来窥探。

1949 年的春节过后不久，有一天我从机关回家，走到家门口时，看到一宪一警站在那里，装着买香烟的样子，钟瑱英正在同他们周旋。我见势不妙，心想要调转头来不更叫他们疑心吗？随即，我胸脯一挺，大模大样地走到他们跟前，故意亮出了“联勤总部”的胸章，并鄙夷地扫了他们一眼，说：“两位弟兄有何贵干？”宪兵本来是装着买烟的，见我已对他们的行动不满，就先敬了一个军礼，说：“我们是奉命来查户口的。”我就傲慢地问道：“查哪家户口？查我家的吗？到联勤总部二补给区司令部去查吧。”他们随即赔笑着说：“是想打听一下原来的一个老住户搬到哪里去了。”我又紧逼了他们一句：“查他家吗？是我的老朋友，搬到香港去了，你们的消息也太不灵通了。”他们见我的话句句逼人，不敢往屋里闯了，拉了几句闲话就悻悻离去。

等我一上楼，真叫我大吃一惊，李仁樵同志刚从解放区来，正同刘英诚一起在研究工作。李仁樵同志说，他们来这里很谨慎，不会有特务跟踪，可能是特务对这个地点有了怀疑，想来探探虚实。这算给我们发了一个警报。

## 武汉外围军事部署图

过去，我们只收集到一些零星的军事情报。比如我从工程处得来的对铁路、公路桥梁、涵洞等的破坏情况，以及炸药、军火等的补给运送情况，江滦等人得到的联络口令等。这次李仁樵来传达了城工部的指示，要我们立即设法搞到武汉外围国民党军事部署以及团以上军官姓名、驻地、兵力、武器配备部署图和武汉市区详细地图。这个任务，只有我和打入华中“剿总”二处的江滦两人才能进行。然而，江滦在“剿总”是个普通参谋，进入二处不久，人事生疏，难以得手。但他还是能搞到一些军事部署情况，可以从中推断这些部队的来龙去脉，起着一些参考作用。这次，我要在补给区司令部参谋处搞到军事部署近况图，就非得设法进入机要室不可。这个机要室是供参谋处长以上的长官们研究军事补给与“剿总”配合行动的地方，平时很少开门，除非双方有大部队调动，需由机要参谋人员进去换插标签，或更动补给线路、设站、设库的情况下，才到机要室来。掌握机要室钥匙的周参谋与我相熟，我以工程（爆破）材料的运存线点有变动为由，要求进入机要室内察看。

由于相熟，周参谋对我特别通融了一下，让我单独进去察看。室内墙壁上挂着五万分之一的军用地图，图上用各种颜色的小旗标明武汉地区、长江中游一带团以上部队的驻防地点和补给线路，以及弹药器材的储存数量和地点。这是最新的情况，我立即用一张白纸草拟了一张简图，把需要的情况做上标记。因为内容很多，花的时间长了一些，周参谋在一旁不断催促，说让我一个人单独进室是违反规定的，怕上司来撞见了，彼此都不好。我只得标一部分，脑子记一部分。刚把草图装进皮包，走出机要室，就看到参谋长从走廊走过来。两人迎面相遇，我真有点心慌。如果他问我一人进机要室干什么，我该怎样回答呢？我仍然装着匆忙的样子，向他行了个军礼。幸好，他没注意到我是从机要室出来的，以为我是忙着办公事，就询问我："运往信阳的50吨TNT送到了没有？"我立即把起运的数量、时间、护送情况简单地向他汇报（这些情况，因为很早就向解放区汇报，因此我记得十分准确）。他听我答得这样好，很是满意。我走出参谋处，才算松了一口气。

为了运送这些情报，我们专门买了一把纸雨伞，打通竹伞把，将情报卷好塞到里面，由刘英诚陪送李仁樵绕过哨卡和前沿，送到大别山城工部。

"联谊会"一直工作到武汉解放。过了几天，李仁樵引我见了郭海，他听取了我们解放前所做工作的详细汇报，感到很满意，谈话中有意要我南下广州继续从事地下起义工作。后来，由于郭海的工作有了变动，我没有走成。6月中旬，根据城工部指示，"联谊会"撤销，停止活动，所有的成员由组织做了安排。我拿着郭海亲自写的介绍信，回到我的家乡——京山工作。从此，我们走上了为人民服务的新的生活道路。

（本文原载于《武汉城工史料（三）——中共鄂豫三地委城工部史料专辑》）

# “盗”图记

张　力[①]

## 脱离虎穴

1946年初，我在重庆任国民党通信兵六团一营二连中尉排长。2月间，目睹较场口的流血事件。在这之前，曾发生了暗杀李公朴、闻一多的事件。即使在国民党部队里，我对这一连串祸国殃民的行动，也感到震惊和愤恨。

恰在此时，我们团奉命开往东北打内战。我父亲张自当时任重庆京华印书馆经理，就在我们要开赴东北火线的前夕，他召集一家人在一起，十分气愤地对我说：“你不能到东北去替蒋介石打内战了。你要当机立断，脱离国民党军队，去找共产党！”

我父亲在大革命时期曾担任过国共合作的国民党孝感县党部的执行委员兼商民部长，大革命失败后，逃走在外，隐名换姓，家中丢下我母亲带着我们六个孩子，他一人在外颠沛流离，死里逃生。

1946年3月初，通信兵六团从重庆出发了。临行前我父亲就给孝感老家的一位老友、老中医张道性寄了一封信，请他把我安插到家乡住下来，并盼他带我找到共产党的关系，让我能为革命做点工作。

运兵的船到了汉口，我就把爱人和小女儿送上岸，托词她们要回孝感老家探亲。船到上海后，六团改乘一艘美国军舰去秦皇岛。临起航前，我说要上岸去买条香烟，乘此机会，我买了一张到汉口的船票，逃离虎口。

---

① 本文作者时任武汉警备司令部训练班总务副官。

## 寻找光明之路

1946 年 3 月底，我回到孝感老家后，找到张道性老先生。他是在大革命时期在孝感从事革命活动的，当时在县农民协会做领导工作，并参加了共产党。大革命失败后，他也遭到通缉，流亡异乡，直到 1938 年武汉沦陷后才返回家乡行医。据说，新四军曾以“接医生”为名，打着轿子接他进山“看病”。

张道性有个从他学医的青年，名叫张陶（张绍钧），是大革命时牺牲的烈士张玮的儿子。张陶又同新四军掉队下来的李仁樵相识。

1946 年 8 月，《武汉日报》上登了一则招收失业军官登记的启事，我同张道性商议，能否到那里去谋个差事，借此机会打入国民党内部。我拿着通信兵学校和中央军校的两张毕业证书去登记，一去就被收容了，编到复员军官总队第四队，驻蔡甸老鸦咀。

1947 年初，我认识了同队的一位上校军官陈真翰，他是武汉警备司令部训练班副主任刘倚衡的老部下，我对他极力奉承拉拢，经他介绍就进了训练班本部当了个总务副官。

## 第一次“盗”图

1947 年初，我在汉口碰到姐夫傅子惠的弟弟傅壁珊，我父亲曾帮他在测量局谋了个器材管理员的差事。这天，他刚从南京请假回乡过春节，约我一起去看“万胖子”。这“万胖子”是测绘总局副局长万煜斌的哥哥。这万煜斌和我父亲很熟，我当然就可去拜访了。这“万胖子”当时任国防部第二军用图库主任，更引起我的兴趣。1946 年中原突围前张道性曾要我设法搞一些鄂豫边区一带的军用地图。这个机会不是再好也没有了吗！我们一起去到汉阳军用图库，可惜“万胖子”不在。

我岂能坐失良机？回到汉口，我抓住傅壁珊曾受我父亲的恩惠这一点，直截了当地提出要他去汉阳军用图库搞鄂豫皖边区一带的军用地图。他问我有什么用途，我说：“我马上要到武汉警备旅去当个什么参谋了，大别山一带对武汉安全很重要，我要去熟悉一下这一带的地形。”他满口答应第二天一起再去找“万胖子”。

因为担心同“万胖子”见面后他认识我的面孔，以后不好办，我就叫傅壁珊一个人去。“万胖子”见傅壁珊是总局来的，又是他亲兄弟的同事，又听说是武汉警备旅的参谋需用，而这参谋的父亲又是他兄弟的老友，没有丝毫怀疑就给了傅壁珊一包地图（大约八大张）。

大年初二，我从汉口把地图带到孝感老家张道性老先生家，他一看到这些军用图，十分惋惜地叹道：“要是去年这个时候弄到这样的图，那该是多好呀！”我知道，他是说如果在中原突围前能弄到这些地图，将对我军突围发挥很好的作用。但这次的工作也并没有白费力气。当刘邓大军挺进大别山后，我们仍然把这些图纸送了去。

## 二 “盗”绝密图

大约是在 1947 年秋，张道性突然派张陶到武昌卓刀泉干训班来找我。张陶说：“刘邓大军已进入大别山了，若泉先生（张道性的号）叫我来告诉你，问你还能不能弄到一些其他的军用地图，最好能弄到一些机密或绝密的图纸。”想来想去，只能打入管图纸的部门才有机会下手。

国防部测量总局在武汉有两个直属机构：一个是汉阳图库，一个是测量第四队。这两个机关是姊妹关系，人事上也是相通的。测四队队长陈济坤和我父亲是老同事；而新调到汉阳图库当主任的高维扬，他父亲高植章和我父亲是同学。我就去找陈济坤帮忙在测四队找个位置，陈看在我父亲的面上，答应给我一个副官职务。

我正在武汉警备司令部干训班等候上面批文的时候，干训班副主任刘倚衡调走了。临送他走时，我看到他办公室的房间内有一张《武汉三镇街道及郊区城防工事图》，新主任孙雨斋尚未接任。乘这新旧交接之时，我立即把这张武汉警备司令部编绘的盖有绝密印记的图纸从墙上取下，放进了皮包。再一看墙上露出一块白印记，我怕后来的孙雨斋问及墙上的地图，就弄了一张“武汉三镇街道图”补了上去，把旧印记遮住。即或将来有人追问此事，也难查清，他们或许以为是刘倚衡带走了哩！

## 再入虎穴

测量总局的委任状下达后，我就进入测四队了。也是天顺人意，我去测四队不到半个月，国防部汉阳军用图库遇到长江洪水的威胁，图库主任高维扬向测四队求援。队长陈济坤就派我带了 20 多个士兵去图库搬图。

汉阳军用图库设在汉阳龟山脚下的城隍庙内，由宪兵十二团派了一个班来驻守，加上龟山当时是武汉城防要塞，驻有重兵，图库也就设在这要塞范围内，四周碉堡林立，戒备森严。这个图库是配备给国民党“武汉行辕”和“华中剿总”使用的。凡需图军事单位，必须由“华中剿总”参谋处审批方能调阅。

我到了图库，意外地碰到一个熟人朱松龛，他是中尉衔图库管理员。

朱松龛曾是我父亲的学生，我小学四年级时，他还帮我补习过算术。他这时正郁郁不得志。一位制图专科生，搞了 30 年，只落了个中尉军衔；而且，青年失恋后也没成家，孑然一身。我们相见，他真有“他乡遇故知”之感。而我呢，就“如鱼得水”了。从此，我们交往甚密，他成了我家的常客。

有次他来我家，我故意用话来刺激他：“我这里没有制图课，你算是英雄无用武之地了。”

“不是英雄无用武之地，而是世态炎凉。你看高氏兄弟（指图库主任高维扬兄弟），还有原先的万胖子，有什么能力？哪个不比我爬得高？”

“不要悲观吧。小弟不才，或可助你一臂之力。你为何不找家父呢？”

提起我父亲，他竟感慨万端：“你的父亲这样有学识又有著作问世，竟也被关进牢房，这是什么世道？我看今后的局势只会更糟，美援再多，美国武器再好，但人心分离，谁还愿打仗？！”

停了一会儿，他小声地问我：“听说你父亲过去是个共产党，不知现在……”

我说：“他现在是重庆京华印书馆经理了。”

他马上拜托我，请我父亲为他找个出路。

有一天，我真给他“找出路”了。我把进测四队的目的坦率地告诉了他，希望他能帮助我，给予我所需要的军事地图。

从过去的一些交往中，他已察觉到我的政治倾向。这次露底，他不仅不感到意外，而且颇有些高兴。他说：“你何必与我拐弯抹角呢！说吧，今后要什么图，我带过江来。只是要万分小心，这高维扬不比万胖子，让他知道了是要掉脑壳的。”

就这样，从 1947 年 8 月到 1948 年底，朱松龛陆续帮我们搞到鄂西北（襄阳、樊城、随县、枣阳与河南交界的桐柏山一带）、江汉平原（包括应山、安陆、云梦、孝感、汉川、汉阳一带）等地区的地图，其中还有五万分之一的。总共拿出多少批、多少张我已无法记清了。

我记得在 1948 年 9 月初，他从汉阳过来到我家中，带来了一幅刚运到的《长江中下游要塞图》，从宜昌到吴淞的沿江要塞情况都标在图上，这是供给国民党军队阻挡解放大军过长江用的。

这幅机密图纸到手后，我把它装进高级公文皮包里，穿上笔挺的军官服，带着勤务兵，大模大样地坐火车到孝感，把图纸交给了张陶，由他们送到城工部。可能这幅图纸当时很有用处，因而我们受到鄂豫军区第三军分区罗（罗厚福）、谭（谭善和）首长的表扬。

（本文原载于《武汉城工史料（三）——中共鄂豫三地委城工部史料专辑》，有删节）

# 我们是怎样对“三府两局”进行策反的

张式训　谈　瀛　吴先铭　郑桓武①

武汉解放前夕，在江汉区党委城工部开展的统战工作和策反活动下，汉口市长晏勋甫、汉口警察局长李经世、武昌市长蒋铭、湖北省会警察局长胡慎仪等弃暗投明，采取爱国行动。这是党的政策的胜利，对当时党所领导的广大人民群众迎接武汉解放的斗争是得力的配合，并为解放后顺利地进行全面接管，迅速地建立新秩序、恢复生产，增加了有利的条件。

从革命形势的发展看，这是大势所趋，人心所向。但这一成果的取得，却经历了曲折、复杂甚至带有传奇性的过程。

1947年，是中国人民解放战争的一个转折点。刘、邓大军向大别山进军，从而揭开了人民解放军战略进攻的序幕。豫鄂、皖西、桐柏、江汉等根据地先后建立，不断发展，对国民党统治区的华中重镇武汉造成了威逼的形势。随着军事形势的变化，国民党内部的各派势力、各种因素正在急剧分化。随着人民解放军三大战役的伟大胜利，国民党反动统治总崩溃的局面更加暴露，反动集团内部的分崩离析成为最突出的一个特征。在这种急转直下的形势下，武汉的各方面人士都在考虑自己何去何从的问题，都在用自己的声音、行动、姿态来表明自己的倾向。而这一切，却早在党的地下工作者的密切注视之中。面临着大是大非的严峻考验，我们也都在郑重考虑怎样选择自己的道路，才不悖于中国人为人的道德。党及时地向我

① 本文作者张式训、吴先铭、郑桓武时任湖北省参议会参议员，谈瀛时任湖北省政府设计委员、新湖北日报社副社长。

们伸出了挽救之手，把我们引向为人民立功的光明大道。在我们这几个人中，张式训在较早的时候就与江汉区党委城工部的余杰同志建立了联系。由于“同声相应”“同气相求”，1949 年初，我们经过张的介绍，先后与余杰同志建立了工作关系。当时余杰同志对我们的要求是：运用各自的社会关系、历史关系、目前职位和社会活动，相机争取国民党军政人员弃暗投明，靠拢人民，迎接解放。之后，又根据我们提供的线索，确定我们的工作重点为“三府”“两局”，即湖北省政府、武昌市政府、汉口市政府、湖北省会警察局、汉口市警察局。从此，我们就在与余杰同志的密切联系中，先后开展了对这些单位的策反活动。

当时汉口是直属国民党行政院的院辖市，与省政府及所属的武昌、汉阳各自分立，不相隶属。因此，我们对这些单位的策反活动分为汉口和武昌两个方面加以叙述。

## 先说汉口方面

开始时我们研究了开展工作的各种线索，但还缺乏确实把握。到了 2 月下旬，由于湖北省政府、汉口市政府同时改组，出现了新的情况、新的机会。

这次改组是由湖北省主席张笃伦、汉口市长徐会之的辞职引起的，华中军政长官白崇禧乘机提出以朱鼎卿、晏勋甫分别继任。实际上早在 1 月上旬，国民党政府行政院长张群奉蒋介石之命到汉口与白崇禧秘密谈判时，已经表示把湖北与汉口市地方行政机关的人事权分给桂系，以争取白崇禧对蒋介石的支持，所以朱、晏迅即得到南京政府行政院的任命。白崇禧把朱鼎卿从蒋军第九补给区司令提拔为湖北省主席，立即用桂系亲信许高阳接替朱，以便攫取军用物资，装备桂系部队，并向广西转移，作负隅顽抗的准备。白崇禧提出晏勋甫接任汉口市长，李经世接任汉口市警察局长，则是对湖北方面在选举中依附桂系一派人物的酬劳和进一步拉拢。此外，白崇禧在算盘上拨动这两颗珠子，还有一个最重要的着眼点，就是从蒋介石手中夺取湖北和武汉的地方行政权，把省市地方武装、保安团队及警察力量纳入自己的控制和掌握之中，朱、晏、李等“新贵”定会对白崇禧感恩图报，唯命是听。然后，白崇禧在武汉搞假和平，有晏勋甫等替他摇旗呐喊，虚张声势；要地方出钱出人，有省市政府替他下令筹款拉丁；如果一旦逃跑，要破坏城市、搬迁物资、裹胁人员，也有朱、晏以及李经世等供其驱使，为之效劳。这是白崇禧用心阴狠之处。

由于谈瀛、郑桓武与朱鼎卿这个班子过去打过交道，有些关系，加上谈瀛这时还兼任湖北省政府设计委员，比较容易接触，便于进言，所以在开始时，谈、郑的意见都比较侧重于这方面。余杰同志却提醒我们，不要忽视汉口这方面的工作。因为汉口是工商业中心，在三镇中人口最多，社会情况比较复杂。从军事形势上看，先获解放的可能性大。从维持好过渡时期秩序着眼，是十分重要的。

正在策划的时候，晏勋甫在确定市政府主要人事时，经过李经世、杨某某、朱和文等的推荐和怂恿，拟以谈瀛为市政府参事，并要李经世事先传递信息，征求同意。谈瀛即去市政府就职。之后，我们就汉口市政府上层人事的情况，特别着重就李经世的情况进行了反复研究。在此以前，谈瀛与李经世有三度同事的关系，有较多较深的了解。

李经世早年在黄埔军校三期毕业。北伐后，与属于胡汉民系的黄昌谷（曾任孙中山先生的秘书，后附胡汉民，曾任湖北省教育厅厅长）有过密切关系，曾被黄任为教育厅科长、省一中校长。因此李在黄埔系中受到歧视和排挤。由于自己的失意，内心深处对蒋介石抱怨很深。而在国民党内其他各派当权人物的视线中，他是黄埔系中一匹失宠而又难以驾驭的野马。抗日战争胜利后，他当上省参议员，与吴大宇、艾毓英等深交，成为“民宪社”内最具爆炸性的一员。1948 年，他参与了晏勋甫、罗贡华为首的政治投机小集团。这个小集团与桂系内幕人物邱昌渭等搭上线，出力支持李宗仁竞选上“副总统”。李经世因此被白崇禧委派兼“华中剿总政委会”委员。此时又进一步酬劳，当上汉口市警察局长。这一职务，在蒋介石统治时期，历来是由蒋所亲信的嫡系爪牙担任，先是黄埔系，后来是军统骨干。李经世过去想吃这块肥肉，是想不到手的。此时唾手而得，虽然面临残局，也还谈得上踌躇满志了。既已搭上桂系的船，坐进大餐间，向来以“江湖义气”自负的李经世，不管沉也好，浮也好，似乎必然会跟白崇禧搞到底。虽然李经世论文不能“倚马万言”，论武未曾指挥作战，且一不是军统，二不是中统，但他是“嗜赌之徒”，惯于冒险地“一掷千金”。他对武汉社会情况、市场情况、下属污浊，都很熟悉。一旦搞起破坏来，也可以不顾一切，不择手段。对他接任警察局长，汉口的工商界是持有戒心的。在晏勋甫的小集团和市政府内，谁也不能控制李经世，谁都要对他敷衍敷衍。反转来说，他却可以左右晏勋甫及其左右。例如市政府第二号人物杨锦昱，与李经世是崇阳同乡、黄埔同学，平时对李就有几分迁就，甚至有几分依顺。此时在晏勋甫的市政府里，李是“实力人物”，就成了可以操纵事权、左右全盘的因素。如果能够把他争取过来，他也可起“带头羊”的作用，事情就会好办得多。

究竟有没有争取过来的可能性？余杰同志和我们也进一步对李经世作了全面的分析，注意到了下列情况：李经世以黄埔出身投靠了桂系，又以桂系的引援，当上了汉口市警察局长，在蒋的嫡系军统、中统看来，应该成为异己分子、叛逆因素了。李在这种情况下，即使再转身重新投靠蒋介石，也丧失了可能。但他与桂系的关系，都是由于一时的利用，并无历史渊源。如前所述，眼下在武汉，对白崇禧来说，李还不失为可利用的人物。可是，一旦人民解放军大举进攻，白崇禧窜回广西老巢，李就会成了一个光棍，难望得到重视。在苟延残喘的局面下，过寄人篱下的生活，日子也不会好过啊！所有这些，李经世是会有自知之明的。

根据这些具体分析，我们不仅意识到争取李经世这着棋的重要性，而且也肯定了争取李经世的可能性，余杰同志叮嘱谈瀛务必抽些时间与李周旋，密切注意李的动态，并寻找机会，向李提出试探性的进言。

这时候，国民党反动阵营已陷于四分五裂。蒋介石躲在奉化，暗中指挥残余，力图控制残局。孙科的行政院迁去广州，叫喊“不惜一战”。孤立在石头城上的李宗仁被架空，捉襟见肘，说话不能算数。桂系发端的“和平”阴谋，蒋介石接手的“和平攻势”，至此完全破产。白崇禧在武汉，表面上扬言“守土有责”，摆出一副扼守武汉、背水一战的架势，骨子里却暗中调动桂系部队向武汉收缩，准备随时“兔脱”。同时还密令亲信骨干，并派人通知李经世，尽快将家属送往桂林安顿。对李经世来说，这与其说是白崇禧对他的关怀，不如说是白崇禧对他的不放心，借此看看李经世对桂系的忠诚和信任达到怎样的程度。机警的李经世满口答应下来，立即要老婆收拾行装待发。

谈瀛趁这个关键时刻，从相互关心这个角度出发，劝李经世对移家桂林的问题要详加考虑。李说：“形势如此，武汉的现状，不可能维持多久。先把家眷送往桂林，免得仓皇受累。”谈问：“假使武汉守不住，广西的局面又能维持多久？”意在指明：跟白崇禧走，并没有前途。李答：“总会比武汉多拖一年半载，眼下的棋，只能走一步，看一步，考虑不了那么远。”也流露出一片悲观。谈说：“这是一个大变局，即使仅是为了老婆孩子，也应该从长考虑。”李说：“白老总叫杨某某通知我，要我把家眷送到桂林。不送去，那边也是不会放心的。”接着，李反问谈：“你的家，怎么办？”谈说：“一家人，抗战8年，流离转徙，拖得够苦了。复员途中，木船失事，衣物丢光，妻儿仅以身免，至今尚心有余悸。这次，家里人是不想走的，也没有钱走。”李又追问：“你自己打算怎么办？”谈答：“到时候看你的，你比我的条件好，办法多。”最后，李说：“等我的家眷送走了，我还要找你商量商量。”这场前哨式的谈话，还摸不清李经世的深浅，但表现了李经世正举棋不定，还要看下文。

李经世把家眷送往桂林后，不过两三天，就约谈瀛去他的住宅巴公房子进晚餐，并且要留他做夜谈。谈瀛思想上已有准备，便回答说：“想替你代邀郑桓武一道来谈谈，好吗？”李当即表示欢迎。谈瀛深知李经世机智诡诈，不容易摸透，为了力争在这次夜谈的“攻心战”中取得一举而下的成果，特地布置了以二对一的优势局面。

李经世准备了酒肴，谈、郑二人践约而去。共进晚餐后，便从闲聊、扯淡，进入有的放矢。谈、郑被留下夜话，虽然绕了若干道圈圈，但还是围绕着时局将怎样演变和个人何去何从这个中心主题，谈瀛陆续谈出了他的一些看法：一、中共下一步攻势，可以概括为八个字：政治瓦解，军事穷追。二、白崇禧也拿定了主意，可以概括为两句话：在武汉为狡兔之脱，回广西为困犬之斗。但负隅之局，断难持久。三、武汉工商界极大多数都不想走，一般居民更不待说，大家都明白，全国解放已成定局，“无所逃于天地之间”了。目前人们所虑的，不是来者而是去者，不在于来者到来之后，而在于来者未来之前，怕白崇禧撤退时搞破坏，解放军未到前市面秩序发生混乱。接着，向李点出：“汉口几十万双眼睛瞧着你呢，对你抱有期望。”李问：“我能留下吗？”谈瀛说：“这个问题，要由自己作答，但就你的现实情况看，大有可为。”郑桓武单刀直入地补了句：“师籍（谈的别号）的意思，大概还是句老话：‘识时务者为俊杰’。”谈瀛接着说：“白要走了，会给武汉留下真空时间，如你能负责维持正常的秩序，避免破坏，防止扰乱，汉口工商界和市民都会喜出望外，感激不尽，你也一定会得到中共方面的谅解和欢迎。”对此，李经世只是注目倾听，不作正面答复，迂回地说：“事情不会是那么简单，白老总这个客人不好送，他要拉我走的。跟共产党打交道更不容易，如果碰上像邓政委那样有眼力、够朋友、够气派的人，就好办些。”他再次重复了以前向我们讲过的那段在鄂南被俘时，经新四军的一位邓政委谈话后释放的故事。最后，谈、郑一致建议，要李深思熟虑。李则反复叮嘱谈、郑二人要谨慎些，并注意各方面的动态，彼此互通信息，随时交换意见。到快天明时，李经世的门还是虚掩着，没有打开。

第二天，谈瀛及时向余杰同志汇报了三人夜话的经过和内容，并讲了李在鄂南被俘获释的那段小故事。在抗日战争时期的一段时间（1943—1945 年），李经世任湖北省银行专员，被派赴崇阳大源，帮助鄂南分行工作。1945 年春，王震等同志领导的南下支队一度解放大源，于李宅家中发现藏有几部马列著作。结合李的历史和现状，知道他虽是黄埔三期毕业，但长期没得到蒋介石的重用，直到抗日战争也没有得到带兵的机会，现仅混进银行吃碗闲饭，分点残羹，显然并不得意。因此就以爱国人士相待，要他出席军民联欢大会，并且让他发表了演说。到了日本刚投降的时候，李想飞快赶到武汉，凭借省银行专员名义，抢点胜利果实，便与军统美蒋特务唐新派赴武汉的先遣武装小组结伴同行，在武昌县法泗洲被新四军截获，并被看成是这伙特务中的一个头目，予以扣留、审查。正当李无词自解，而且十分窘迫之际，过去的那位邓政委认出了他就是曾在大源解放时受到我军礼遇的李经世，立即释放了李。经李解释后，新四军一如既往，以礼相待，向李分析战后的形势，反复阐明党的路线和政策，勉励李摆脱旧影响，前途好自为之，并派人护送一段路。李到武汉后，不久与谈瀛相遇，曾对谈讲过这两次经历，并认为那位邓政委有眼力，够朋友，表示感念。这次与谈、郑谈话，再一次地又提到了那段往事。

听了谈的汇报，余杰同志对这个小故事却非常注意，认为可以从这一点上大做文章。他说准备就此给李经世写封信，嘱谈注意了解李的反应。

不久，李经世接到余的化名信后，在满腹疑虑之中突然冒出了希望的火花。就在当天找谈瀛去他家时，他带着惊喜、迷惘的复杂表情，拿出信给谈瀛看。信中开始以隐讳的措词点明了鄂南往事，主要表明邓先生对李现在处境甚为关切，望“鉴往知来，善自选择”。此信言简意深，恳切动人。谈瀛看了信，也报之以更大的惊讶、更多的喜悦。“一把钥匙开一把锁”，想不到那件茶余饭后的小故事，却打开了李经世这把“将军锁”。谈随即顺水推舟，向李指出这显然是出于那位“老相识”的关怀，同时也是中共方面开始向他伸手。既然如此，就应该脱下自己的手套报以紧握，再不容犹豫了。

余杰同志听了谈瀛反映以后，就准备亲入“虎穴”。不料李经世迫不及待，在报上登了个启事，约他见面，这却弄巧成拙，使他有所踌躇。为了安全可靠，余又通过另一关系——王慧闻先生，经杨某向李摸底，进行工作。这时李思想已动，一拍即合，杨说：“中共方面有人想找你对话。”李经世欣然同意。于是王慧闻与李先见了面，随后才由王陪同余杰同志与李见面，转达了那位邓政委对李的关切和期望。两条线就这样走到一股道上来了。李经世惊喜交集，对一切问题都做了肯定的答复，并主动提出，为了保持今后的密切联系，拟以谈瀛为他的私人代表。却没有料到，此时来访的客人早已与谈瀛有了联系，而且恰好是今天会见的线索。从此以后，谈瀛就以李经世的私人代表和余杰同志派到李处的联络员的双重身份，为李出谋划策，为余杰同志商定行动计划，密切联系，共商工作。为做好迎接解放的准备，我们就武汉面临的局势、白崇禧逃走前后又可能出现的问题、解放大军没有进入市区以前真空阶段的图景，李经世可能受到的压力（如白崇禧迫令李带警察武装搞破坏，随着逃跑等等）和牵制（如来自晏勋甫的阻碍、来自警察系统内部的分歧和顽固分子的抵抗、特务分子的破坏等），以及怎样应付各种变化、应做好哪些准备，作了通盘的研究，预筹了各种对策，商定了一个行动纲领和工作计划草案。其中有五个要点：

一、为了应付白崇禧，要用心做好白崇禧左右的工作，使他逃走前对李放心。

二、争取晏勋甫留下不走，弃暗投明，同心合作。

三、大力争取汉口市警察局所辖的汉口市保安警察总队长胡武弃暗投明，争取一致行动。

四、切实掌握市警局及各分局、各警种，以及全体员警，争取大多数弃暗投明，立功自赎。密切防止少数特务分子破坏、捣乱。

五、尽可能改善警察生活待遇，使其安心任职，并从各方面运用各种有效方式，深入宣传中共的有关政策，指明出路。

为了应付复杂局面，加强弃暗投明的准备工作，李经世要谈瀛替他物色一个可以共心同事，而又干练、机警的朋友，担任市警局秘书主任，作为他的助理。谈瀛向李推荐了童长庆。谈瀛与童长庆早即相识，1947 年，谈与童在湖北省政府民政厅同事，志趣相投，交往较密。这时，国民党举办党员总登记，童与谈持共同立场，拒绝参加这次总登记。由于这些渊源、这种契合，所以经过谈的动员，童长庆就接受了市警察局秘书主任的职务，参加了余杰同志所领导的活动，之后协助李经世在警局内部具体深入地做了一些有效的工作。

就汉口市警察系统内部说，关键人物是保安警察总队长胡武。在李经世接任市警察局局长以前，胡武就当上了总队长，与前任市长徐会之、前任警察局长任建鹏（军统骨干）等都有较深的依附关系。胡武自以为手里直接掌握着成千人枪，就算是有了趁机浑水摸大鱼的凭借。如果解放军逼近武汉，白崇禧开溜，他就可以接踵而逃，带着保警总队到湖南（这时任建鹏在长沙与胡武有联系），必然得到蒋帮重视，并争取把这支人马改编为蒋帮的“正规部队”，自己捞取一个师长的位置是很有把握的。所以，他原来根本不考虑其他选择，即使同归于尽，也要跟蒋帮一道，继续与人民为敌。李经世接任局长后，即着眼费心机拉拢胡武。胡武也知道李经世这个人不可以得罪，不得不虚与委蛇，表示愿“共患难”。后来，李经世决心弃暗投明了，就从新的角度进一步做争取胡武的工作。经过多次密谈交换意见，甚至带有接近“摊牌”性质的谈判，胡武仍然坚持他原来的打算，并且反过来假装好意，劝李经世同他一起逃走。李经世正感到棘手的时候，与江汉区党委二地委城工部邱肱良同志有联系的吴忠亚，利用早年与胡武曾为武汉中央军事政治学校同学的关系，以及多年私人间的交谊，极力劝胡武认清形势，去掉幻想，弃暗投明，立功自赎。胡武一方面既感到来自李经世方面的压力，“不怕官，只怕管”，怕闹翻了脸，李经世制造借口撤他的职，甚至采取断然处置，造成现实的严重后果；一方面也感到保警队内部人心涣散，大多数不愿走，到了最后关头也带不动，自己即使逃走，也不过是一个“光杆”。这样，也就渐渐地动摇起来了，终于听从了吴忠亚的劝告，并向李经世表示，愿意同李一道，走靠拢人民的道路。

至于市警各分局，童长庆经过深入工作，用“结盟”“拜把”等方式，把几个分局长稳住了，进而促进一些人下定决心，一致行动，分头作好投诚准备。对于一般警员和警察，除了在经济上由李经世从市政府财政系统和原汉口市商会方面想了一些办法予以安抚外，同时还与地下党组织、各级城工部地下工作人员或有联系地、或有默契地配合起来，采取个别交谈、秘密串联、相机示意、侧面交底等方式，深入进行一系列的宣传教育工作。最后极少数特务分子陷于孤立，不断分化，而大多数员警则逐步了解和接受了党的政策，按照政策要求，积极准备投诚，争取立功。

汉口市长晏勋甫是保定军校一期毕业的，与其叔晏道刚（西安事变前任蒋介石的侍从室主任，后又派任张学良将军西北行营的参谋长）有“汉川二晏”之称，早年就在旧军政界显露头角。他与程潜关系较深，抗日战争初期，程潜任国民党第一战区司令长官，晏任参谋长。他凭借自己在国民党军政界的多年经历和复杂的关系，当上了汉口市长，依然运用他的圆滑世故应付这个残局，八面玲珑，“广结善缘”，处处都留有余地，以便适应局势的变化，但一直对桂系，对和谈都抱有幻想。不久，事实不断地打破他的美梦。究竟何去何从？他还是举棋不定，看风使舵。

李经世急于想争取晏勋甫与他采取一致行动。李和谈瀛曾利用各种机会对晏进行试探，但晏却佯装镇定，故作矜持，闪烁其词。时而说：“际会艰危，要对得起国民党，要对得起白健生。”时而又说：“我是湖北人，武汉等于我第二故乡，只要有利于乡邦，可造福于武汉，也一定不计一己的安危，与一些老友危舟共济。”无论是与李、谈私下交谈，或在市政府与高级幕僚一起交换意见，每当话题快要落到点子上的时候，他就回避不表态。至于地方耆宿、工商界人士，或者想对他施加影响，或者想探听他的口气，他更是不置可否，含含糊糊，使人莫测“高深”。李经世经过多次尝试，都被晏的“太极拳”绕过了，后来也感到失望，认为只得分道扬镳，独行其是。经余杰同志与我们共同研究，认为可以从此看出晏勋甫内心的空虚，或逃或留，何去何从，他还没有拿定主意。所以我们要耐心等待，要加强工作。也许晏勋甫也在等待：一方面等待白崇禧的撤退，一方面等待从共产党方面得到更多的保证。要知道，不是李经世离不了晏勋甫，而是晏勋甫舍不得李经世，在适当时候，李经世还是可以对晏勋甫起相当作用的。

不久，又出现了一个新的有利因素。晏勋甫在汉口市政府的第一个伙伴，是充任秘书长的杨锦昱。杨是 CC 系在湖北的骨干，抗日战争前任国民党湖北省党部书记多年，抗日战争时期进入蒋介石的侍从室任组长，抗战胜利后任武昌市长，随着晏勋甫进入汉口市政府，他原来是一心准备逃跑的。到了 4 月中旬，逐渐有了变化。这一则是由于李书城先生的影响，李书城夫妇多次劝说杨锦昱夫妇不要走；二则由于江汉区党委二地委城工部邱肱良同志已与汉口市政府专门委员吴忠亚取得联系。吴在邱的指示下，正在向杨进行说服工作。经李经世软劝硬劝，杨锦昱夫妇也就勉强答应了不走。这时候，汉口市政府的科长、秘书，以至专门委员、局长、参事中，都有人分别与我党各方面的地下工作人员有所联系。杨锦昱答应留下来，晏勋甫就更加孤立了。影响晏勋甫弃暗投明的因素越来越多，越有声势了。晏勋甫环顾左右，观察社会动态，越来越看出靠拢人民，迎接解放，已是大势所趋、人心所向了。

这时，迁到广州的国民党政府行政院令晏勋甫随时报告汉口方面的情况，妥定“应变方案”，并采取紧急措施，先将重要档案、物资等运去广州。同时还责成他动员民众，配合“驻军战守”，“克尽守土保民之责”。呓语官腔，矛盾百出。白崇禧主要注视着解放军的进展，盘算选择从武汉“兔脱”的时间，同时还预定阴谋，对武汉守备司令鲁道源、警备司令刘昉等秘密做了布置，要他们在最后撤退时，用大破坏、大洗劫、大裹胁的暴行来同武汉告别，想把武汉全市搞得人心惶惶，秩序大乱，交通瘫痪，无水无电，商店关门，给进城的解放军留下一个难以收拾的局面，给武汉人民留下一些难于医治的创伤。

5 月 14 日清晨，白崇禧匆匆地召见了晏勋甫，只是责成他制止市面上的谣言，丝毫未透露他即将撤走的真相。但有点军事经验的晏勋甫已经意识到白崇禧日内就要开溜。15 日天亮以前，白崇禧便离开了汉口。晏回头找李经世，与李一道到同兴里杨锦昱的家里，并就近找到谈瀛、吴忠亚，在杨家紧急碰头。晏勋甫还是说他要走，并说“希望李经世勉为其难”。李经世听了很不耐烦，说是有紧急事情要处理，就站起身来，愤愤然走了。刚出门，又回头说：“寡妇要嫁人，难道说还要人边劝边扶才上轿吗？”李经世走后，晏勋甫说：“经世还是那样暴躁脾气，事情虽然紧迫，但出处是件大事，不能不慎重考虑。我当然也不想把一些朋友丢下来，大家设身处地为我想一想，冷静地考虑一下，研究一下，下午再在一起商量商量。”说完后晏也走了。

15 日上午，晏、李都得到了白崇禧已离汉口的消息。李经世忙于准备应付万一，在同兴里暗地布了哨，设了防。晏勋甫也赶来同兴里，这时态度明朗了，向李经世、杨锦昱、谈瀛、吴忠亚提出，要准备发出起义通电，由他领衔，李、杨等附署，并且要谈瀛立即起草电稿。李经世表示不以为然，说：“部队还没有撤完，风声露了，他们还会反扑，那就会引起巷战。”大家都认为李经世的话有道理。问题在于实际行动，不在于电文表示，要从市民的安危、利害和现实情况出发。晏勋甫表示认同。

晏勋甫留下后，李经世按原商定的计划，立即部署便衣武装警察，设临时戒严指挥部，加强了既济水电公司、水厂、电厂、电报局、邮局等处周围的巡逻、警戒，随时紧急协助和声援广大职工保厂保产的斗争，防止敌人破坏。同时不断传达命令，要各分局、所照常派警值勤，坚守岗位，负责维护治安。

晏勋甫、杨锦昱在市政府系统中责成所属各单位，指定专人负责，保护档案和机关设备、财物等。

在解放大军进入市区以前，武汉全市人心安定，秩序正常，除轮渡码头的趸船部分遭到破坏外，其余公用设备、公私企业、人民财产，基本上都得到保全。水电照常供应，商店照常营业，警察照常站岗。到 16 日下午，全市一片欢腾，随处可以看到新张贴的标语，人们走向街头，站在路旁，满怀喜悦，迎接解放大军进入市区。

## 再说武昌方面

当省政府改组的时候，张式训向余杰同志汇报情况：据郑桓武反映，湖北省第六区行政专员蒋铭离职后蛰居武昌，意态消沉，由于他与省主席朱鼎卿、民政厅长彭旷高的关系，现在有取得武昌市长的机会，但还在犹豫，去就未决。张式训还详细介绍了蒋铭的历史。余杰同志与我们商量、研究，蒋铭过去与革命有过一段渊源，现在对我党的政策不会毫无认识。武昌市长是个要缺，在当前形势下，对去就问题如此犹豫，实际上是处于何去何从的矛盾之中，照旧走下去没有前途，改弦更张又恐不能取谅于人民。在这个关键节点上，我们应该拉他一把。于是确定要郑桓武去做他的工作，转告他：“如果为了做官，现在的武昌市长确实没有干头，如果要为人民立功，应该争取去干。”蒋铭为人思想深沉，做事切实，当时对形势的发展和党的政策确实看得比较深透，只是思想上尚有顾虑。由于抓着了要害，双方一拍即合，并未费多大口舌，蒋就欣然表示愿意接受江汉区党委城工部地下工作的领导，就任了武昌市长。为了消除他的顾虑，稳定他的思想，共同商量工作的进展，余杰同志由张式训陪同，于昙华林住处同他会了面。以后确定由郑桓武与他经常联系，协同开展武昌市政府及所属的工作。

根据当时对策反活动总的要求“稳定部属，掌握武装，维持好过渡时期的秩序，保证完整接管”，蒋铭和郑桓武秘密商定了工作方案，立即开展以下几项工作。

一、联络调整好各区的人事关系，以达到确能掌握；将市政府所属的各区“自卫队”设法调度过来，为人民所用。这种武装组织，原来组成的目的有两个：平时，加强反动的基层统治，直接镇压人民群众；战时，配合巷战，充当炮灰。结合当时武汉的具体情况，一旦面临真空，这种反动武装就会乘机作恶，搞破坏、搞抢劫，或者跟随“国军”逃走，或者潜伏下来，待机而动。争取做好这方面的转化工作，使之有利于人民，对维护治安、保卫市民的生命财产，将发挥现实作用。蒋铭经过一段时间的努力，在各种条件的配合下，终于圆满地达到了变消极因素为积极因素、变反动工具为人民工具的目的。武汉解放后，这部数量在300左右的人枪，全部被顺利接收、接管，归人民掌握。

二、为了配合地下斗争，加强群众保厂自卫力量，我们实行了“草船借箭”之计。武汉各工厂主要集中于武昌，这时候，具有历史基础和密切关系民生经济的几家纺织工厂在地下党和有关城工部地下工作人员的领导下，正在发动广大工人组织起来，为保卫工厂、防止破坏、迎接解放而斗争。但工人手中没有枪杆子，单凭赤手丹心，一旦遭到反动派暴力破坏，仍然难以实行有效的抵抗，所以迫切需要枪支武装。武昌市政府保存有一部分抗战胜利后接收的破旧枪支，蒋铭向余杰同志反映过这一情况。为了配合党所领导的群众斗争，余杰同志要蒋铭设法把这部分枪支利用起来，拨给工人群众护厂自卫组织。这使蒋铭很是为难，在那样的局面下，反动派注视最紧、防备最严的就是工人阶级，历来不许工人有枪，这时更不会让枪支落在工人手里。蒋铭与郑桓武商量，只有借敌人自己的手，“解铃还须系铃人”。当时朱鼎卿为首的湖北省政府在其制颁的“应变方案”和“紧急措施”中，强调充实基层“自卫”力量，加紧“组训民众”，企图以此为反动统治镇压人民革命活动的一着棋。蒋铭即依据省政府的“应变方案”，写报告给朱鼎卿，请以库存的陈旧枪支充实基层“自卫”力量。照此进行，果然比较顺利地获得批准，“草船借箭”之计成功了。蒋铭迅即将这部分枪支转发到一纱等厂。据张式训回忆，似乎还将一部分枪支弹药给武昌商民自卫队。这就大长了广大工人群众的声势，有力地挫败了反动派破坏工厂、迫害工人的阴谋。

三、为了保证安全机动有效地贯彻执行维持好过渡时期秩序的任务，对付各种可能出现的紧急状态，蒋铭、郑桓武建立了指挥小组。蒋对省会警察局长胡慎仪早就进行过工作，相约“誓共安危”，对所属的警察大队亦有直接联系。经商定把该队力量调一部分控制在司门口市政府附近，作为机动力量，应付各种特殊情况。同时还在市政府内部建立了一个秘密的警卫组，作为指挥小组的警卫力量，由黄雅清任组长。黄雅清是国民党 CC 系骨干、南京政府“监察院委员”黄宝实的侄儿，于 1949 年 3 月间，经黄宝实介绍，被国民党汉口特别市党部袁雍委派为“汉口市党部行动第一队队长”。这个特务性质的行动队计有队员 15 名、短枪 15 支，其任务是护卫该市党部首要分子，监视内部动摇可疑人物。由于黄雅清在抗日战争时期曾跟郑桓武当过部属，这时黄感到武汉面临解放，惶惑不安，找到郑桓武透露真情，请求指教。经过郑桓武反复开导，黄表示听从郑的指引，愿意弃暗投明。4 月初，经郑介绍，由蒋铭将这支队伍编为“武昌市政府警卫组”，把具有破坏性的隐患转变成为人民所利用的积极因素。这个组在真空时期又成为一支行动力量，分为 3 个便衣小组，昼夜流动巡察市区治安，及时反映情况。

在解放军进入武昌市区的头几天内，蒋铭一方面继续督率市政府及其原辖各区公所人员，严守岗位，协助维护治安，妥善管理档案、物资、财产等，静候军管会接管；一方面与迎接解放的社会性临时组织——救济委员会、临时军民联络委员会，以及原省市商会密切配合起来，为解放军筹划物资供应，并支援大军南进。在完成上述任务以后，蒋铭即督率原属人员办理各项交接任务，其中包括武器、枪支、弹药，由军管会的军管小组及新成立的武汉市人民政府武昌区办事处分别接管。

朱鼎卿接任国民党的湖北省主席后，余杰同志即要郑桓武、谈瀛利用各种关系和各方面因素对朱鼎卿等施加影响，相机策动，促其弃暗投明。

在此以前，郑桓武、谈瀛看到朱怀冰出席了湖北省人民和平运动促进会的成立大会，曾就朱怀冰的动向有所推敲，并对他进行过试探，并带含蓄地进言。朱怀冰虽然还有几分装腔作势，却也没有完全关门。但是，到阿弟朱鼎卿当上了省主席，朱怀冰马上野心勃勃地露出本来的面目，降格相从，参加了朱鼎卿的“省政府”，担任委员，积极地为阿弟出谋划策，并且自告奋勇，要求朱鼎卿派他去恩施，组织和主持省政府“鄂西行署”，纠聚地方反动势力，作负隅顽抗的准备。谈瀛、郑桓武虽已知道朱怀冰一意孤行，无可救药了，而且也估计到朱怀冰的态度一定会影响朱鼎卿的抉择，把朱鼎卿引向绝路，但也考虑到朱氏兄弟之间原来性格上就有所不同，眼下在权力上也会发生争执，因而并没有完全放弃策动朱鼎卿反正的希望。约在 4 月中旬，谈瀛通过省政府秘书长刘先云向朱怀冰提出速与程潜密切联系、唯其马首是瞻的建议，以此作为对朱的试探。刘先云一时若有所动，口头极表赞同，立即转达于朱，却遭到朱的拒绝。在此以前，郑桓武也多次利用与朱见面的机会旁敲侧击，探索朱的内心世界，并劝他要采取面对现实的态度。最后一次，朱露了底，说：“我手里本钱太少，做不起那大的买卖。”我们对朱鼎卿的策动虽然已关上大门，但他逃走之前，郑仍继续与他周旋，有面对面的斗争，也有巧妙的应用。

朱鼎卿早就做了撤离武汉的打算，但是要想搬走省政府，是有很大困难的。除了几个心腹和极少数高级官员外，省政府和各厅处的公务人员谁也不愿意跟他进山。这些人听说要“搬家”，就先发制人，跟朱鼎卿讲条件，要求发“应变费”“搬家费”。在朱鼎卿的算盘上，只有兵和钱才是他的生命线，此外一切都可以抛弃。但是，他也不能不考虑：要逃，也应有一个脱身的办法。一则要摆脱手下一群公务人员逼着他要钱的包围；二则要对那些搬不动的东西，甚至在他看来是包袱的东西，如档案文件之类，有一个交代；三则逃到恩施以后，他还要对上面报账，说他撤退时诸事都有安排，尽到了自己的责任。如是，他在逃走的前夕想出了一条“金蝉脱壳”之计：决定成立一个所谓“湖北省政府鄂东南行署”，委派原鄂中师管区司令孙定超为行署主任，杨干为副主任。在他的“省政府”撤走以后，由这个“行署”代行“省政府在这里的职权”，统率所属，指挥“应变”。实际上是把一个烂摊子，一堆大大小小的包袱，统统甩给这个“行署”。他还责成孙定超、杨干等在“行署”终须撤退时，要纠集省政府、省警局、武昌市、武昌县政府、汉阳县政府所有残余的反动武装力量，拖往咸宁、崇阳、通城、通山一带，依托大幕山、九宫山，建立鄂东南“反共游击根据地”，继续捣乱。虽然朱鼎卿也知道这是难以实现的，但不论如何演变，他总算有了安排，“成则有功，败则无责”，他可以向行政院，向蒋介石、白崇禧报账了。

这时，郑桓武见有机可乘，马上去会见朱鼎卿，表示关心他的动态。当朱提出郑是否考虑跟随他逃到鄂西的时候，郑就凭借以前的“友谊”、眼前的机会，自告奋勇，要求朱派他担任“省政府鄂东南行署”副主任，陪同孙定超跳火坑，一道去鄂南打游击。朱鼎卿听了半信半疑，疑的是郑桓武历史复杂，是否别有用心；信的是郑桓武向来自命不凡，很有可能出于“雄心大志”，而毛遂自荐，以脱颖而出。这时候，朱鼎卿也没有从容考虑的时间了，面对面不好借词推开，就答应了，亲笔下条子增派郑桓武为“鄂东南行署”副主任。郑又乘机而进，向朱建议，请朱增派蒋铭兼任“鄂东南行署”副主任，以便增强这个班子，帮助朱鼎卿支撑“半壁”。朱也答应同时委派了。

仓皇之际，匆匆产生的湖北省政府“鄂东南行署”，仅只在朱鼎卿离开武昌以后、解放军进入武昌之前那样一个极为短暂的时期内昙花一现，实际上徒有其名，已不能行使任何权力了。省政府留下的烂摊子里，郑、蒋随手捞到了两个副主任的职务，有了合法的地位，也应用它办了两件好事。一是对于安定人心、保存档案、保存公共财产设备、便于完整接管等方面起了一定的作用。二是帮助胡慎仪抵制了省保安副司令杨达要调走警察大队的手令。由于胡慎仪、蒋铭采取了弃暗投明的行动，武昌县政府所属的反动残余武装（县“自卫大队”）经郑桓武派人前往策动，也随即投诚。汉阳县长胡忠党是杨干的死党，又被杨干拖往湖南，孙定超手中也空空如也，在大幕山建立“反共游击根据地”的阴谋在大军渡江、武昌解放之际已成泡影。

在武昌方面开展的策反活动中，具有关键性的另一着棋，就是通过吴先铭的关系，争取湖北省会警察局长胡慎仪率部弃暗投明。早在建立关系时，余杰同志听了吴关于胡的情况汇报，即嘱吴把工作重点放在这个方面，开展对胡的策反活动。

胡慎仪毕业于原北京高等警官学校第四期，在国民党警界是块“老招牌”，他家里是松滋大地主。1941年抗战时，吴先铭任国民党松滋县党部书记长，胡任松滋沙道观区长，胡与吴私交深厚。武汉解放前，胡任省会警察局长，吴任省参议员，同住武昌，交往更加密切。吴接受这一任务后，更有意识地与胡频繁接触，并相机和胡进行了试探性的对话。一次，吴问：“时局紧张，我们怎么转？”胡反问吴：“你打算怎么办？”吴说：“目前对待客观形势，可能有三种态度：一是迎变；二是应变；三是不变。何去何从，现实要求我们做出回答。”胡无可奈何地说：“迎变，没有门路；不变，又没有前途；唯有随机应变好。”吴当即说道：“如果有门路，我看迎变是上策，应变是中策，不变是下策。”胡表示同意吴的看法。

蒋铭任武昌市长后，也对胡进行了工作，很有效果。

以后，经过多次碰头，吴、胡二人对时局方面一些问题的看法更趋一致。经余杰同志同意，是露底的时候了。吴便到胡家中对他说：“共产党的地下工作者金先生（当时余杰同志说他姓金）要我不走，并要我转告你，要你在省会警察局做点工作，率领武装员警在官方撤退时留下维持地方治安。”胡慎仪当时表示欣然同意，并说：“事关人头的大事，你知我知，绝对保密，不对任何人讲，请放心。”以上接头的情况，吴先铭随即向余杰同志作了详细汇报。当时对省会警察局总的工作要求是：“稳定部属，掌握武装，维持过渡时期秩序，保证完整接管。”并指出当前工作要着重前面两点，为了后面两点，并确定吴先铭为胡慎仪的联络员。从此，吴先铭以与胡的旧交为掩护，与胡保持经常的密切接触，为他“出点子”“想办法”，共商工作。

当时武昌省会警察局共辖12个分局，外加一个警察大队，内有4个中队，其中有一个直属中队；全部人枪员警共1000多。根据当时实际情况，最迫切的任务也确实是首先稳定部属，特别是掌握武装。因为反动当局对省会警察局虎视眈眈，就在于这一部分人枪。胡慎仪感到压力很重，他和吴先铭都动了不少脑筋，采取了不少的办法，来应付这一场争夺战。我们先经过摸底排队，对一些部属主管的人事关系、态度表现等一一进行了分析研究。有利的条件是：胡平日的人缘尚好，由于各种旧的关系，对警察大队长李祖霈、一分局长吕广雄、五分局长涂心正和绝大部分的分局长都还能掌握。更主要的是反对撤退符合广大员警的切身利益（都属本乡本土，有一家老小，谁也不愿意流离失所）。不利的是省政府近在咫尺，对此抓得很紧，“作好撤退准备”的命令日益强调，急如星火。因此，在“撤退”和“反撤退”的问题上，出现了接二连三的尖锐复杂的斗争。

1949年5月，武汉形势紧急，国民党各部门都在安排后路，准备逃跑。胡慎仪即根据我们事先的策划，紧急召集李祖霈、吕广雄等亲信部属在他家里集会，表明了自己的态度，共同商量应变问题。关于如何稳住员警情绪，如何加强社会治安，如何保护公共财物，如何保障生产秩序等等，都做过研究。特别着重地研究了如何应付省政府令其撤退的对策，最后决定“口头上答应撤退，行动上按兵不动”，并要求“按人头各发光洋40元作为所有员警的安家费用”。这是胡慎仪对其上级采取的“以进为退”的战略攻势，也是一种有利的拖延战术。这一着棋，使当局很伤脑筋，如果批准执行则需光洋 5 万元。这一下可缓冲了胡的处境：一方要抢时间逃命，一方要拖时间脱险，双方的裂痕不断加深。

在这次会后，与会有关人员都在各自的单位分头对所属的人员进行了工作，召集可靠的部属吹风透气，进行串联。有的更以讨论研究上峰“应变措施”“做好撤退准备”命令的形式，在一定的范围内进行商量，从而达到一致抵制撤退的共同要求。对某些空白点，也展开了争取工作，对坚持顽抗的人做到心中有数，做了必要时以人代替的布置准备。当时我们在下层中的地下工作关系，也做了有力的配合。经过这样一些工作，胡慎仪加强了靠拢人民的信心与决心。唯一的担心，就是上峰强迫撤退而不断增加的压力。

到了省政府仓皇逃走时，“撤退”和“反撤退”的斗争进入了白热化的最后阶段。杨达亲下手令，命令胡慎仪调走警察大队。胡慎仪与武昌市长蒋铭早有“誓共进退”的关系，这时蒋铭和郑桓武都是“省政府鄂东南行署”的副主任，蒋叫胡去找郑桓武商量。当时“鄂东南行署”主任孙定超手里掌握的一点本钱，只是“鄂中师管区司令部”的一个特务营。这时着眼的，只有武昌市政府，武昌、汉阳两县府三个方面，但人枪不多，顶不了用。孙定超很想把湖北省会警察局及其所辖警察大队这个力量留下来，抓到手。郑桓武也想极力怂恿孙定超，坚决要求朱鼎卿不要带走这支警察队伍。因同属我们的工作关系，胡慎仪满头大汗地跑去找郑桓武时，彼此心照不宣。郑桓武见此情景，也了解胡慎仪此时的处境，就当机立断地在这个“手令”上批了几句：“该警察大队已归本行署统率指挥，应随同本行署行动，不得先撤离武昌。”在以副主任身份亲笔签署后，又亲自送请孙定超签署。孙定超一时还有点犹豫，迟疑不决。怕的是引起杨达不满，造成摩擦。郑桓武提醒孙定超说：“杨达把这个警察大队拖走了，我们依靠什么力量到大幕山去呢？”经郑桓武这样一点，孙定超也就欣然签署了。胡慎仪拿着“行署”的批示，抵制了一阵“保安副司令”的要调走警察大队的手令。

可是，事情并未了结。与此同时，省政府也下达了令省警察局限期撤退的命令。早在上次会议上，胡慎仪就已按我们商量的应付办法向与会者约定："目前情况复杂，对上级的指示，表面上应照办。今后总局对各分局及警察大队的行文，若仅盖公章，而无我本人的印章，一律不理。"5月 14 日，胡慎仪转发省政府密令"着省会警察局所有员警携带枪支弹药等，于 15 日上午 8 时全部撤退，不得迟误"，均未加盖他本人的私章。这份密令下达后，有的人对此心领神会，有的人则心神不定。胡慎仪为了充分掌握"应变"的主动权，命令所属立即按预定计划行动。

警察大队和各分局按照原计划将档案文件及各分局户口底册等转移到事先准备好的地点，胡慎仪并令警察大队和各级员警带枪迅速前往指定场所，暂时隐蔽监视。唯总局督察长陈林堂、四分局局长胡某某、八分局局长宗哲宣等抗不受命。但由于胡慎仪控制了局面，陈林堂一伙见势不稳，反身而逃。胡慎仪迅即任命三分局局员高远瞻为三分局代理局长，任命四分局局员吴昌钧代理四分局局长，并宣布成立"武昌省会警察局应变指挥部"，下设警备、情报、宣传、消防等组；命令警察大队全体员警分向车站、水陆码头、铁路、公路桥梁、堤坝、仓库等处布防；并出动警备车七部，协同鄂南电力公司、武昌电话局、机关、学校、工厂、银行等处护厂护校的广大群众，严防匪特破坏；令消防队各守岗位，整装待命。

15 日上午，余杰同志在汉口为了加强联系，特派张式训住武昌吴先铭家中，随时和武昌各方面紧密联络。当时白崇禧残匪尚未撤完，为防止被其裹胁撤退，警察暂时隐蔽了一下，各街道没有警察值班了，直到天刚黑，所有撤离岗位的警察仍回到原岗位值勤。一、五两分局辖区内曾抓获散兵游勇十余名。在武昌的大转变中，由于我们及时地掌握了争取过来的武装警察力量，有力地配合了广大群众迎接解放的斗争，从而防止了可能发生的骚乱，维持了市面的秩序，保障了人民生命财产的安全。1949 年 5 月 24 日《武汉时报》对此作了如下的报道："……前湖北省会警察局为了酬报人民所望，对地方治安莫不尽力为之，故成绩斐然，深得各界好评……"

解放军进城后，武昌省会警察局和各分局都派来了军代表和工作组。胡慎仪完整无损地将所属员警、文件、档案、枪支、弹药、服装和公物等，一一点交工作组。从此，武汉市开创了全新的历史时期。胡慎仪以欢乐的情怀，将弃暗投明的经过写出书面材料，由吴先铭经余杰同志报江汉区党委城工部蔡书彬部长。

（本文原载于1981年3月《武汉文史资料》第2辑，1986年3月修订）

# 策反国民党湖北省党部书记长的经过

胡铭心[①]

1949 年初，武汉市国民党上层人物均感到伪政权末日的逼近，表现出恐惧与动摇，有迹象表明其中某些人找我党挂钩，企图找个出路。当时地下市委青年工作组负责人之一杨坤泉同志知道我认识国民党省党部书记长陈良屏，请示了上级后就叮嘱我了解陈良屏情况及思想动态，相机做些瓦解、策反工作。

1947 年初，因在湖南湘乡中华中学宣传进步思想，我被反动当局缉捕，逃来武汉，由我哥哥的同学彭绍先写介绍信认识了陈良屏。彭绍先是陈良屏妻弟。后来，由陈良屏介绍，我到武昌启黄中学教书。

为了做策反工作，我借着给陈良屏小女儿补习数学的机会，打入他家中。我了解到陈良屏已把部分贵重物品转移到四川，有南逃可能。我听他亲口说："辽沈战役，几十万兵做了俘虏，就是万把头猪，也不会捉得这么干净。"显然，陈良屏对国民党的军力已丧失信心。再则，他异乎寻常地提到自己与聂绀弩、吴奚如的友情，而聂、吴都是共产党员、作家。这反映他内心深处有动摇的因素。

2 月中旬，杨坤泉说，要对陈良屏历史、政治情况做些调查。于是，我通过彭绍先及其他途径了解到：陈良屏是湖北京山人，地主家庭出身，读中学时是董必武同志的学生，武昌中华大学文学系毕业。起先做小职员，

① 本文作者时为中共武汉地下市委青年工作组成员，社会公开身份为武昌启黄中学教师。

自投靠方觉慧后青云直上。方觉慧是陈立夫兄弟的亲信，历任国民党广东、湖北省党部主任委员。因此，陈良屏也由湘南煤矿局书记长，国民党广东省党部科长、委员，直爬到国民党湖北省党部书记长。他本人不是CC系分子，无血债，与聂绀弩信件往来确较密切。这些情况，说明这个人还不是死硬派，加之家小拖累较重，手头又不是非常富足，是有可能进行策反的。

在调查摸底做出了这种估计后，2月底，我们便不断向他家中寄文件，两三天一次，一直寄到3月中旬。陈良屏女儿对我说："我爸爸接到不少共产党宣传材料。"我说："启黄中学也常收到这些东西。"第二天，陈妻便找我谈话，她问："学校里收到些什么材料？哪些人收到过？可能是什么人寄的？"我答："我自己也收到过。搞不清来源。"我立即反问："局势如此，陈家作何打算？"陈妻透露：国民党省党部已作迁川准备。但是她认为，那么多人挤向西南，前途渺茫。

我向组织汇报后，上级分析，陈妻极可能是陈叫她打听的。这有两种可能：一是追查文件来源；一是想找途径挂钩。如果是第一种情况，那么我就有暴露的危险；如果是后一种情况，那么策反就有突破的可能性。于是，党组织决定沉住气：一方面通知我，要我做好准备，一接到指示立即撤向解放区；另一方面要我再去陈家一两次，看看动向，伺机突破。

3月初，我到陈家去了。陈良屏向我询问女儿学习情况，逐渐谈到时局。他说：大江以南，半壁是撑不住的，人心已经涣散了。省党部迁往四川，不是个了局，既不能原建制保存住，又不能安插大量南逃人员。再说白崇禧是桂系军阀，他不会冒险守湖北，而一定会保存实力，退守广西老巢的。接着，他透露方觉慧已经离汉，目前省党部工作全部委托他负责，看样子方觉慧是不会回来了……他谈话的神情透露出心中的彷徨和苦恼。我对他说："我是个穷教员，无法找退路。陈先生怎样安置老小？"这时，陈叫女儿退出房去，然后嘱咐我："能不能找找那边关系？"我说："柳寔（教育厅长）已找到民盟，约我参加。"陈良屏觉得不踏实。他说："教育界可能有渠道，你找到后，随时来告诉我。"他再三叮嘱保密，还拿出20块银元给我安置老小。我未接钱，但答应帮忙找找关系看。

当夜，我紧急向杨坤泉汇报。第三天，杨坤泉通知我：可以向陈良屏亮明自己是地下党员身份，并严肃向他指出立功赎罪是唯一出路，要他拿出行动来。目前，第一要打消逃跑企图；第二要定期汇报情况。

陈良屏知悉我的身份后，十分激动，表示保证我的安全，建议我搬到省党部里去住或住到他家里来。他一再申明自己是一心一意投向光明，不踩两只船。为了表明诚意，他说自己是参加国民党党、政、军联席会议的成员，是可以及时向地下党汇报机密的（党、政、军联席会议是当时武汉国民党最高级会议，是决策机构，由白崇禧担任主席，军方代表是鲁道源、张轸，政方代表是省主席万耀煌，陈良屏则代表党方）。

至此，策反初步成功。我的组织关系由青工组交出，由市委武昌分委委员孙运仁直接单线联系。

3 月下旬至 4 月中旬，陈良屏陆续交来国民党省党部组织系统表，成员背景及分工；省党部直属特务系统“中流通讯社”状况，两次党、政、军联席会议内容记录；并将其控制下的京山县反共地主武装交出，指令停止活动，驻地移近武汉，等待投降。策反陈良屏成功，使我党掌握了敌方在湖北省的动态和机密，从而在战略上处于有利地位。

（本文原载于《武汉地下斗争回忆录》，湖北人民出版社 1980 年出版）

# 动员汉口市长晏勋甫留下来

阮　冰①

1948年冬，江汉区党委二地委城工部长邱肱良、天京潜县委城工部长林涯萍派交通员林其龙来武汉与我的丈夫林厚周接头，叮嘱我们不要离开武汉跑到台湾去，并要林厚周到汉川斗埠头城工部驻地去接受反搬迁的具体任务。当时，国民党统治下的军、政、工商各界的头面人物都面临着这样一个严峻的抉择：要么跟着蒋介石跑到台湾去，苟延残喘；要么留下来迎接解放，跟着共产党走。林厚周一生经商，在商场几经沉浮，受尽了国民党官僚的压迫和官僚资本的排挤，对国民党的反动统治是厌恶的；但对共产党的政策也缺乏了解，因而曾想把一部分资财调往香港。适逢友人李子宽邀约他到台湾合伙经商，于是，老林派大儿子林芳徽买了一批货物先去台湾进行试探，并与芳徽约定了联系的暗语。我们原来已商定到时离汉，现在又受到有关方面的关注，要我们留下来，一时实在拿不定主意。于是，厚周同我商量，我说："我是不愿去台湾的。现在党来找我们了，我心情万分激动。"回想起大革命失败后，我从家乡逃到武汉失去了组织关系，常引以为恨。现在既然有这样好的机会，可以重新回到党的怀抱，为党工作，内心真有说不出的喜悦！便坚决劝老林留下来，相信党的政策，跟共产党走。厚周毅然决定留下来迎接解放，为党做些力所能及的工作。

当时，江汉区党委二地委城工部机关设在汉川斗埠头林家老屋里，而汉川是老林的家乡，认识他的人太多，如果他亲自去，怕风声传出，会生意外，

① 本文作者系武汉著名工商业人士、棉商林厚周的夫人。

所以决定由我代表老林，以返乡探亲为名，从汉川进入天京潜城工部驻地。在那里我受到邱、林两位部长的热情接待。当时城工部给我们的具体任务是组织工商界的反搬迁活动，要求我们大力宣传党的城市工商业政策，消除工商业者的顾虑，让他们留下来各安其业，迎接解放。这样，我们就与党联系上了，参加了党所领导的地下工作行列。

林厚周虽是工商业者，但与武汉军政界一些上层人士也有联系，特别是与晏道刚、晏勋甫两位汉川同乡过从较密。二晏均系保定军官学校出身，晏道刚曾任过蒋介石侍从室主任、国民党西北“剿总”参谋长。西安事变后，蒋介石认为晏道刚严重失职，撤了他的官职，并表示永不录用。因此，晏道刚对蒋介石心怀怨恨。晏道刚的夫人冯毅是中华大学教育系的学生，我的同班同学，我与林厚周结婚，就是她介绍的，我们两家感情较深，无话不谈。

1948 年夏季，晏道刚曾应旧日的军政界同事邀请，赴南京聚会，返汉后他告诉我们，拟组织武汉的国民党人士进行反蒋活动，并要我们参加，协助他工作。当时我们已接受了城工部的任务，认为既然已和江汉区党委城工部联系上了，又何必多此一举，加入这么一个组织呢？晏道刚夫妇再三劝说，并告诉我们这个组织专做军政界上层人物的工作，主要是争取汉口市市长晏勋甫留下来。晏道刚与晏勋甫虽是叔侄关系，但二人感情并不太融洽，非要我们出面协调不可。我们经过再三考虑，认为既然目标一致，特别是去做新任汉口市市长晏勋甫的工作对保护武汉免遭破坏有重要作用，就答应下来。这样，我们同时又参与了武汉民革的地下活动。

当我们把两晏的情况向城工部汇报后，邱、林两位领导十分重视我们和晏道刚接触的这一新情况。他们考虑到林厚周在武汉工商界中是有一定影响的人，可以在工商界的反搬迁中发挥作用。但是形势迅猛发展，解放大军已逼近武汉，解放武汉的“和”“战”两手准备同时进行已刻不容缓。现在，既然找到了打入敌人心脏的渠道，特别是有可能直接插进国民党汉口市首脑机关的最高层进行策反工作，如能成功，这对于瓦解敌人、安定人心、减少损失、防止混乱，完整地保全武汉这座大城市，十分有利。因此，对晏勋甫的工作，不仅要搞，还必须列为重点，抓紧时机，集中力量去突破。此后，邱、林二位部长相继三次派交通员林方炜到武汉，带来城工部领导同志的指示，要我们把工作重点“由工商界转向军政界”。每当我们在小房内从小林同志的棉衣夹缝、鞋底、帽檐内取出城工部领导亲笔书写的指示时，看到党的信任和委托，我和厚周的心情是何等激动，深感肩负的担子是何等重大啊！

晏勋甫当时任汉口市市长，是国民党反动派在武汉的头面人物，策动他留下来，难度当然很大。但仔细分析，有利条件也还是很多的。第一，国民党反动派已日薄西山，朝不保夕，败局已定，稍有头脑的人都不愿为蒋介石殉葬，卖命到底、死不回头的只是极少数。第二，党的既往不咎、立功受奖、欢迎弃暗投明的宽大政策是最有威力的武器。第三，晏道刚与晏勋甫平日感情虽不融洽，但毕竟是叔侄关系，便于工作。第四，林厚周与晏勋甫是汉川同乡，平日感情较深，也是一个有利条件。当然最根本的是，这项工作是在党的领导下进行的，我们随时都能得到党的指示和帮助。

争取晏勋甫的工作，首先由晏道刚去试探摸底。晏勋甫开始无动于衷。第二次晏道刚再去谈，并告知林厚周已参加了反蒋的这个组织，晏勋甫则哈哈大笑，说：“林厚周是个商人，他懂得什么政治，莫开玩笑了。”于是，晏道刚摊牌说：“你不要以为林厚周不懂政治，他的夫人阮冰是一位有心人啊！她已同江汉区党委城工部联系上了。武汉这边也有共产党地下组织的直接领导。你好好考虑一下，台湾地方那么小，跟蒋介石一道去的亲信也不少，你就是去了也难分到一口残羹，有什么意思呢？”晏勋甫听了这一番话，低头不语，最后长叹一声。根据晏道刚回来介绍的情况，我们分析：这是一个契机，决定抓紧做他的工作，进一步开展攻势。于是我们在家里做了几样家乡菜，把晏勋甫请来喝酒聊天。晏勋甫三杯两盏下肚，酒后吐了几句真情。他说：“蒋介石是必败的，我一生在官场中混到现在，还是两袖清风，前途茫茫，何处是葬身之地啊！”言下不胜感慨。我们便乘机而入，向他交代党的政策说：“共产党的政策是宽大的，既往不咎，立功受奖，你有立功受奖的条件，你能把汉口市政府的档案和所属单位的财物完整保留下来，交给人民，就是立了一大功呀！这样做前途也是光明的。”晏勋甫爽朗地笑了。离开屋子的时候，他慷慨激昂地说：“我是一个有血性有良心的中国人，我也反对蒋介石的所作所为。我年纪老了，为什么要同他祸国殃民到底呢？”解放战争形势势如破竹，国民党的败局迫使国民党军政界上层人物都要考虑这样一个严峻的抉择，像晏勋甫这样的人物，之所以故作镇静，只不过是不得其门而入而已。其实他的方寸早已乱了，巴不得有一个突破，为自己找一条出路。这以后，我们直截了当地向晏勋甫提出要求，交代具体任务，晏勋甫一一照样办理。参加这次策反工作的除晏道刚、冯毅和我们夫妇外，还有邬晓丹（时任汉阳县参议长）、严敬（国民党中将军长）。我们的工作还得到民革中央派来的刘涛同志的帮助，他经常到我们家里来指导工作。

此后，我们更紧密地同晏勋甫保持联系，晏勋甫的态度也一次比一次明朗。城工部向他提出三点要求：1. 保存好档案；2. 抓了我们的人要保护；3. 国民党部队撤退武汉时，要防止破坏和骚扰。他都允诺尽量做到，但表示不发起义通电。白崇禧乘最后机会在湖北加紧搜刮民脂民膏，勒逼汉口市政府以各种名目征收钱财粮物，晏勋甫都采取巧妙的办法，以乡土之情、守土有责为借口，能拖则拖，能磨则磨，尽力设法不予完成。有一次实在被逼得没有退路，晏勋甫只好装病住进汉口市立一医院，躲避起来。当时医院的院长是戴维天，戴也是汉川人，他当这个院长是晏勋甫推举的，所以他对晏勋甫害的“政治病”心中有数，私下配合默契。当时，总的情况是：工作开展得比较顺利，大家心里都很高兴。

敌人越接近灭亡，越是要作垂死挣扎。临近解放前夕，国民党军警宪特更加疯狂地捕杀革命同志，武汉笼罩在血腥的白色恐怖之中，林厚周的名字也上了黑名单。由于国民党特务的昏聩无知，把林字草写成了“杜”字，周字草写成了“国”字，林厚周变成了“杜厚国”。当时，我们住在黄兴路 18 号，在岳飞街的转角处，他们又把地址错写成了岳飞街，特务们到处找不着“杜厚国”。这是邬晓丹从他弟弟邬梅村那里得知后告诉我们的。邬晓丹每逢得知要大逮捕的消息时，就用电话通知我，暗号是：“今夜要停电，请准备蜡烛。”再由我转告其他人，做好出意外的准备。那是一个最恐怖的时刻，为了避免发生问题，林厚周每天都不能在家住宿，他或是摸到胜利街程和琛家里过夜，或是到六也村袁伯先家里过夜。家里由我留守，厚周放心不下，我总是鼓励他说：“为了党的任务，你放心地去吧。”厚周对我说：“我在旧社会过了半辈子，做生意几起几落，该吃了多少苦头，受了多少敲诈勒索。为了拉关系，撑场面，又不得不攀高结贵，内心是非常痛苦的。今日为了投向光明，摆脱痛苦，就是死了，也心甘情愿。”每当夜深人静，听到远处传来阵阵狗吠声，我的心都感到紧缩了。我即刻从床上起来，悄悄经过客厅，站到走廊的窗前，侧耳细听，心潮起伏。鬼火似的路灯，照得马路上阴惨惨的，充满血腥味的黑夜啊，实在令人难受，黎明前的黑暗，比漫长的黑夜更难熬呀！

盼呀！盼呀！好不容易盼到 1949 年 5 月 15 日武汉解放前夕。这一天大清早，我们兴高采烈地去找晏勋甫。昔日富丽堂皇、威赫一时的市长公馆，竟变得惊人的冷冷清清。我们急忙穿过外堂，走进内厅，只见晏勋甫一反常态，独自一人闷坐在那里。我们正要开口问明究竟时，他结结巴巴地说，白崇禧逼他将家眷送往香港，还逼他本人今天上午 10 时在武昌机场会面，一道飞往台湾。他还很痛苦地对我们说：“你们让我走吧！”这真是晴天霹雳，事出意外，一时间我们也震惊得晕头转向。几个月的工作，如今毁于一旦！这不是要前功尽弃吗？怎么对党对人民交代？不，晏勋甫不能走，一定要想尽一切办法把他留下来。还来得及！于是，我便很关切地对晏勋甫说：“一念之差，将会遗恨千古。为了你个人的前途和命运，为了你的子孙后代的幸福，在这关键时刻，你要慎重考虑，三思而后行啊！”他默不作声，心情非常矛盾，几乎不能控制自己。见此情景，我们便把晏勋甫扶到黄兴路七政里 1 号严敬的家里，并把晏道刚等找来。大家尚未坐定，晏勋甫便扑倒在众人面前，痛哭流涕，陈述他的困难和顾虑。他说：“我历任国民党高官，罪恶深重。留下来，恐怕一个脑袋还不够。”又说：“我送家眷去香港，已在国库里取款 5000 银元，以后移交时，这笔钱拿不出来怎么办？日后，我与家眷隔绝，妻儿生活困难，又如何接济？不让我走，我就只有自杀一条路。”针对晏勋甫的疑虑和不安，大家向他保证说：“共产党说的既往不咎、立功受奖的话是算数的。北平的和平解放，傅作义将军的政治安排，就是很好的例子。”至于经济问题，林厚周当众应允，由他承担责任，当天林厚周即派人发电香港转在台湾的林芳徽，要他将货款陆续调拨香港。林芳徽接电后，通过与香港有往来的可靠商号和私人钱庄将货款拨交给香港的鼎颐商号股东秦育之。与此同时，林厚周电告秦育之，要秦付给晏勋甫家属 3000 块银元（新中国成立后，晏勋甫家属回到武汉，证实当时确实收到秦育之交给他的 1000 多元美钞，折合银元 3000 块。关于晏勋甫动用国库的 5000 块银元，新中国成立后也由林厚周负责洽商，由工商界同仁共同筹付了）。大家劝晏勋甫冷静下来，这时晏勋甫的情绪稍为平静一点，表示要尽最大努力把汉口市在真空时期的各项工作承担起来，以报答人民，将功抵过。当天的后续工作进行得十分顺利，令人感到意外。其实，新中国成立后我们才知道，保卫武汉的工作，在地下党的领导下，在各条战线上都进行得十分顺利。我们的工作只不过是党领导的整个地下斗争的一个小小的侧面。

1949 年 5 月 16 日，这是武汉历史上的一个永远值得纪念的日子。下午，中国人民解放军从汉口岱家山方面入城了，武汉解放了。我们迈步踏上解放了的大街，看着威武雄壮的解放军在万人夹道欢迎中严肃整齐地行进，多少天的紧张和艰辛，伴随着今日的幸福和喜悦，一起化作晶莹的泪花流淌在我的双颊。

（本文原载于《武汉城工史料(一)——中共鄂中地委城工部史料专辑》，有删节）

# 对汉口市十二个区公所的策反工作

李正己[①]

## 一

1949年1月，三大战役已取得辉煌的胜利，国内局势发生了一系列重大变化：蒋介石被迫宣布“下野”，李宗仁代理“总统”，傅作义在北平宣布起义，行政院即将迁广州。局势的突变，不能不在国民党军政人员中引起巨大的震动。我在抗日战争胜利后即到武汉，任汉口市武圣区副区长，以后又选为市参议员。此时，何去何从在我思想上亦引起了激烈的斗争。由于我是抗战初期陈诚在武汉办的战干团一期学生，同僚涂少梅等人劝我去广州转赴台湾，说陈诚已去台湾，已有战干团的同学去台找他去了。后来，他又设法帮我解决了旅费问题，并代我弄了行政院到广州专车的2张车票。对友人的关怀，我内心是感激的，但思想上却不能不认真考虑：走吧，我非蒋的嫡系，也非蒋帮当权之士，自无随其殉葬之义；留吧，听了反共宣传，又恐真的被视为一丘之貉，不为人民见宥。故在前途问题上，真是进退维谷、左右为难。

党的英明政策给我指点了迷途。当我徘徊不决，冥思苦想中不得其解之际，突然想到前不久在一位友人家闲谈时，听闻军官队（国民党军政部在武汉设置的收容整编下来的军官等待安置的组织）近来思想混乱，暗地里流传着“此路不通，去找毛泽东”。盖其源于在徐州被中共俘虏放回的

---

① 本文作者时任汉口市武圣区副区长、市参议员。

人说："共区那边人民生活安定，没有物价波动。对我们被俘的人也客气，不绑，不打骂，也不搜腰包。集中待了一星期，每天三餐饭比在军官队的伙食还好。每天讲一两次革命道理，最重要的是《双十宣言》，内中有八项政策，要打倒蒋介石，解放全中国。对国民党的党政军人员准许悔过自新，立功赎罪。如无血债的，还可立功受奖……"这个消息是否确实？我正在沉思时，友人陈耀阶来了。我就对他说："时局变化异常，各方传说不一，使人如船行雾海之感！"他笑着说："精明如兄，何至乃尔。我们一起听了这方面的谣言不止一次。例如：'共产共妻'如果属实，此乃悖逆人伦，在老一辈人中是深恶痛绝。何以李老（李书城）我省耆宿，最近却不辞辛劳地前往解放区；经畲（陈经畲，汉昌肥皂厂经理）的资财比你我富裕若干倍，未见其打算搬迁。再如诽谤'共产党不讲信用'，我县范一先生（李范一）早年就与共产党交往，还支持共产党在汤池办过训练班，共产党若是言而无信，多年来他就不会再同他们打交道了。你说对吗？"这番话使我如在雾海中看到了灯塔，但内心仍有忧虑。当晚我就跑到江汉路王树庭家（王在《新湖北日报》社工作，与我私谊很厚，他各方面的消息灵通），我们从蒋介石下野、李书城去解放区，闲扯到军官队的顺口溜"此路不通，去找毛泽东"，从他那里也证实了由徐州被放回的人是有上述说法的。

次日，我又邀内兄夏希陶一同去看李范一先生。我们在谈到共产党是否对国民党的党政军人员只杀不赦的问题时，李严肃地说："如果共产党真的是杀人魔王，相信它的人只会越来越少，而不会像今天这样越来越多。"接着我又邀族兄李伯韩去看他的亲戚贺有年，我谈到在走、留问题上，我一直是徘徊不定，因此前来就教。贺说："走，今天恐怕为数不多。这与抗战时期不同，那时不走要当亡国奴，所以必走；现在不是那个情况。你看'和促会'的发起人，大多数的政治关系比你复杂，你又何必过虑呢？真要考虑的还是这边（指国民党）必须遇事谨慎！"经过这番探索，我的留意遂定。但为避免涂等怀疑，我以春节在迩，无法成行为由，婉言将火车票退还给涂。

1949年春节，我到陈耀阶家中拜年。我谈到近来对共产党的政策已略知一二，今后自己无意宦途，只求能在工业界立身足矣，故经过考虑，决定不走。陈高兴地说："你决心不走，不可以给共产党做些事吗？"我说："当然可以，只是市参议会已不起作用，当权者都准备逃走，我能够做些什么呢？"陈说："要做的事多的是，过几天我来找你。"过了一天，陈就来我家中对我说："我已与江汉区党委城工部取得了联系，他们经过研究后，认为你抗战胜利后即来汉口担任副区长，在各区公所的人事关系很熟，因此希望你做各区公所的工作。"我表示同意后，陈就具体交我 4 项任务：1. 保护户口册；2. 保护档案；3. 保护枪支；4. 协助维持治安。我说："这些任务没问题。"陈问我怎样进行，我说各区的区长政治关系复杂，副区长比较单纯，而我与各副区长中大多数的私人关系都很好，在我担任副区长时，曾组织有副区长联谊会，基本上每月聚餐一次，交流各区的情况。我当了市参议员后，彼此间交往还不生疏，故从各区副区长着手较为适宜。陈同意我这样进行。

当时，汉口市共有十三个区（武圣、宝善、汉正、新安、三民、中山、云樵、大智、汉景、和平、复兴、张公、中正），其中，与我私感较深的是汉正区副区长成禹锡、汉景区区长李厚安（原中山区副区长）。于是，我先到汉正区串联，成禹锡对时局的看法与我相近。由于他是安徽人，受到家乡逃亡来的地主的影响，思想上顾虑很大，我就将自己消除顾虑的经过说给他听。他又提出了一些问题，经过反复研究后，他同意了我的看法，并说："只要你信得过，我也信得过。"并主动地提出代我到附近几个区去摸摸底。临分手时，我一再叮嘱，要他在同乡中说话要谨慎。接着，我到汉景区找李厚安，李对时局感慨万千。他问我今后如何打算，我就把上述经过情况都同他谈了。他完全同意我的做法，表示决定走这条路。我们在午饭时间，又边吃边研究要尽快地把各区的底摸清，然后在一起开个会，以安定人心。并谈定中山、云樵、大智这几个区由他去摸底。我又到和平区，副区长艾树民不在家。我留言约他次日到我家吃晚饭。第二天下午，他准时来了。他是先到了李厚安处，得知我约他吃晚饭的原因，决心随我走一条路。分手时，他说明天就去复兴、张公两区摸底。第三天我去找中正区区长罗国山。罗说："陈耀阶前天来找我，谈话中提到了你，并说你已决定不走。还问我，如果让你做各区的工作行不行，我答应由你负责联系比较好。"我就把近日来的情况同他谈了，他也认为定期聚会谈谈的决定是必要的，因为这时每个人的心差不多都是浮动不安的。

经过上述一番串联后，我就找陈耀阶谈了情况，并说："经初步了解，当前大家的思想主要是：不愿走、不能走，却又不敢不走。所以当前主要工作是解除顾虑，安定人心。因此在我们聚会时，要重点地介绍《双十宣言》的具体内容。"并要他向城工部问一问。过了几天，陈来告诉我："《双十宣言》就是 1947 年 10 月 10 日发表的《中国人民解放军宣言》，里面宣布了中国共产党的八项政策……以及对蒋方人员，并不一概排斥，而是采取分别对待的方针……"他又告诉我，城工部负责这方面工作的人是刘业华同志（后来得知是刘业成同志的化名），要我在开会时作好会议记录。

1949 年 3 月上旬的一个晚上，在我汉正街静室庵 26 号的家中，满满地坐了一屋人，有汉口市 10 个区的副区长和汉景、中正两个区的区长。我先谈了自己决心不走的经过，接着传达了《双十宣言》的具体内容。大家听完后陆续地谈到各自的思想，有的是看透了国民党必然崩溃，有的是恨国民党的贪污腐化……并谈到如留下后果怎样，各种说法都有，大家内心惶惶，莫衷一是。大家又说，前几天听到我决心不走的倡议，刚才又听到介绍共产党的政策和方针，对他们说来，是如同落水的人抓到救生圈。会议气氛热烈，又轻松愉快。对于 4 项任务，大家一致认为第 1 项保护户口册是重点，要特别注意。档案，只有抗战胜利后这几年的，没有什么重要文件。枪支，在区公所只有训练时用的一二十支旧步枪，问题不大，维持治安这方面主要是支持和做好宣传工作。所以大家都有信心完成。最后，大家一致表示，关于留下不走以及今后的行动，都要保守秘密，因为这是关系到每个人的生命安全的大事。次日，我就到陈耀阶家中谈了会议的情况，同时将会议记录交给了他，并请转达刘同志。

隔了约半个月，陈耀阶来我家说，刘同志需要了解各区公所以及有关方面的情况，并发了调查表的格式。我就通知上次来我家开会的那些人，到时都如约前来。我转达了要调查的内容和填表格式，希望大家尽快地填好送来。不到一个星期，调查的表都送来了，我汇集后送请陈转交刘同志。

4月下旬的一个晚上，在我胜利街345号的家中又召开了一次会。这是由于复兴区虞成龙来谈到该区区长万文智准备烧了区公所后携枪外逃，以及汉正区成禹锡来谈到近日谣言特多，人心惶惶，需要交换一下情况，我便召开了这次会。会上大家对形势进行了分析，统一了认识。大家谈到人民解放军解放了蒋介石统治22年的南京后，国民党顽固派惊慌万状，纷纷准备南逃和西逃。为了掩盖它内心的虚弱，故意散布谣言，蛊惑人心，故近日来谣言四起，如第三次世界大战要爆发等等，意在制造混乱，煽动和裹胁一些意志薄弱和无知者随其逃亡。接着又谈到怎样应付当前这种环境。经过商谈后，一致认为：1. 当着某些人表态时要说："自己坚决要走，因为家小拖累，正在想办法。"2. 抓住机会就漫谈李书城先生介绍参观解放区的情况，以及徐州被俘的人员受到中共宽大待遇的情况，以安定人心。并秘密加强宣传《双十宣言》的政策和方针，以消除顾虑，扩大自己的阵容。接着研究虞成龙谈的万文智的情况：1. 万文智必走。因为万当选区长是有参议员刘柏如作后台，而刘的后台是CC系袁雍。袁必走，刘必走，也拖着万走。而万必走最主要的思想，是认为第三次世界大战马上会爆发，美国有原子弹，丢下几颗原子弹苏联就完蛋，共产党跟着也完蛋。只要逃出去苦一二年，再回来就是功臣了。2. 其余的人既没有要做"功臣"的迷梦，又何必走呢？我要老虞回去，针对各人情况，加强分化工作。在分手时，我对虞说："你那里情况比较恶劣，遇事要谨慎。遇有困难，随时来商量。"第二天我赶着把开会的情况请陈转达刘同志。

关键时刻，党的政策显光辉。相隔不到一个星期，大约在5月4日，陈耀阶特地由硚口赶到我家，很兴奋地将4月25日《中国人民解放军布告》内约法八章的主要内容抄件送给我，还特地说第五章抄的是全文，是解答最近的思想问题的最有力的武器，要赶快传达。又说还有一个临时任务，就是刘家庙居民想迁入市区暂避炮火，国民党的城防部队不让进来，刘同志希望我能帮着解决。我说："这个重要消息我马上传达，刘家庙的事明天就去办。”我送陈走后，随即去找艾树民，艾不在家。又去汉景区找到李厚安。我告知刘同志通知，要传达最近发表的《中国人民解放军布告》。李看了抄件，很高兴地说：“这要快快传达。”我说：“这次开会的地点要变动一下。也许是我神经过敏，似乎最近有人对我盯梢。为了预防意外，这次会不在我家中开。”李同意我的考虑，并提出在他的区公所区长室开比较安全，时间是次日晚 8 时。

5 月 5 日晚饭后我就赶到汉景区区公所。区公所借驻在华清街公益联合会里，一进门是厅屋，往后走经过段通道，才是上楼的楼梯。除进门的厅屋里有四五个人（公益会的值班人）在下棋看报外，楼上只有李厚安和一个传达兵。李笑着问我：“这个位置安静不安静？”我笑答：“是个好地方。”一会儿大家陆续都来了。我简单地介绍一下情况，大家都兴奋地争着看《中国人民解放军布告》的摘抄件。虞成龙看完后马上说：“我的工作好做了。”（因万文智曾煽动：“共产党最恨保甲人员，共产党占领的地方，保甲长能活的百不存一。”）又有人提出，现在是快摊牌的时候了，我们应该怎样圆满地完成任务呢？经商定：1. 各区把自己已经联系的人组成一个小核心，再由他们分头联系接近的人，做到孤立要跑的人；2. 制造舆论，一起“诉苦”，齐说由于家庭拖累没有办法走，为了活命只能在机关里待下来，户籍册、档案、枪支等一切公物就是活命的本钱，丝毫不能损坏；3. 宣传和支持各区的公益联合会，各街道、里、巷的群众自卫组织共同维持治安；4. 暗中监视可能破坏的人。对坚决要毁坏公物带枪逃走的万文智，采用挖心战，向要随同逃跑的人，利用私人关系暗中介绍解放军布告第五章内容，安定他们的心，到时帮助出点子使其开溜；5. 每天上午 8—10 时或下午 3—5 时在电话中与我联系一次。一般情况，只像普通问好一样，说声好，就行了。如有特殊情况电话中不好说时，则约定时间、地点面谈。

次日一早我即到陈耀阶家中，将会上谈论经过及会议记录请其转达刘同志。陈告诉我说：“解放战争的形势是一天比一天好，但白崇禧想作垂死挣扎，所以武汉的情况将是一天比一天紧张，为了做到及时，你今后直接与刘同志电话联系。”此后，每隔 1~2 天，我就把各区的情况在电话中向刘汇报。

5月15日，最紧张的时刻到来了。我吃完午饭后，虞成龙就来找我说："万文智准备逃，已通知自卫队整装待发，但没说要烧区公所。"我即将这个情况在电话中向刘同志报告，当即得到指示："要虞将原联系的人动员起来。其中属于自卫队方面的，一方面加强'约法八章'的交代，一方面提醒说：'一个人跑，家中人交给谁呢？'即时帮着出点子躲开。特别要谨防万文智临走时的破坏。另外，在今明两天多与各区联系，多与我联系。"虞当时知道了指示情况，分手时，我郑重地说："现在已到了白刃战阶段，既要大胆，又要小心，有情况及时联系。不好打电话或不能自己来时，可派妥当人来。"这天下午几乎2~3个小时就向刘同志汇报一次。直到夜晚10点多钟，江岸机车厂的李师傅急着跑来敲门，告诉我说："晚上7点钟厂里来了人，说情况紧急，防止有人破坏厂，要全体集合护厂，这里只留12个人配合巡察队，维护这边的治安。1个钟头前，我们从这边过，看到有3个人在你门前打转，这次看到的还是那3个人在门前逗留。我们不放心，所以敲门进来看看。"我为了防止意外，有意地让他们高声地聊天，我立即打电话通知刘同志和各区，停止通话。李等走时与我约定：我客房的灯不关，窗帘不放下（他们巡察时多经过这里），一看无意外，就不进来了。

16日天一亮，电话铃就响了，是虞成龙打来的。他告诉我说："万文智半小时前仓皇地同他贴心的一个班长各带一支手枪逃走了。现在区公所的一切，均完整无缺。"我即将这一消息向刘同志汇报了。刘告诉我："告诉你一个好消息！白崇禧的部队已全部撤退了。解放军今天要进汉口市，快通知各区公所，要坚守岗位，迎接解放军。"我迅速地转达了这个特大喜讯。由于党的政策英明，党的地下工作深入全面，武汉一解放，各区公所的户口册、档案以及枪支弹药等，均完整无缺地移交给武汉市军管会。

## 二

在参与12个区公所的策反工作的同时，我还按照城工部刘业华同志的指示，设法解决江岸刘家庙1000多户居民迁入市区避难的问题。

1949 年 4 月 23 日，百万雄师过大江，解放了国民党 22 年来的反革命统治中心南京。困守在武汉的白崇禧内心惊慌万状，表面却假作镇静，声称要坚壁清野，保卫武汉，并在江岸刘家庙一带大修工事，加强他在武汉外围的军事部署。凡在城防工事附近的居民，均勒令搬迁，江岸机车厂的工人，大部分住在勒令搬迁地区。这时的江岸机车厂在地下党领导下，反迁厂的斗争很激烈，已成立了工人纠察队护厂。工人们担心白崇禧真的要死守一个时期，都希望将家小迁入市区暂避炮火，好一条心投入护厂。可是国民党武汉警备司令部却在三元里的铁路孔和陆军医院门前的道口设有哨卡，禁止他们迁入市区。该厂地下党奔走多日，仍无效果。

5 月 4 日陈耀阶来我家时，谈及这一情况，并说刘业华同志要我尽力设法解决这一问题。我当即满口承诺，接受了这一任务。

5 日一早，我赶到刘家庙，先找农民秦自立、蔡老八，江岸机车厂工人万师傅、李师傅等，向他们了解了近日奔走的情况。他们看我去了都很高兴，都希望我尽早解决这一问题，并约定今后联系的地点。随后，我就到复兴区区公所找区长万文智、副区长虞成龙（虞不在所），探问既勒令搬迁又不许迁入市区内的原因。万告诉我说："这是总部（华中军政长官公署）的规定。说近日共党活动猖獗，若敞开让居民迁入，可能有共党乘机作祟。若大批迁入，必须经警备司令部批准。"这就等于告诉了我一个信息：迁入是可以，但必须要有强有力的保证。

第二天我由硚口转来，就往警备司令部跑，接待我的值日官说："有关市民搬迁的事，要先找市政府。"我转身就到市政府找晏勋甫市长。晏说："这是总部的指示，市政府无权处理。"一连两个钉子碰得我火冒三丈。我回到家中冷静一想，万文智的话若是哄我，虞成龙昨晚在汉景区会面时就会告诉我，所以万的话不是无因，再就事理来说，既勒令搬迁，就得给一条出路。郊区既列入作战地区，又不许迁入市区，这话于情于理是说不通的。因此，我分析这是晏勋甫在"推"，或者是人微言轻的缘故吧。我想，如果运用市参议会的名义，效果可能要好一些。

于是，7 日上午我就到市参议会找秘书长田子英。因为彼此私感较好，我就逼着他立即以市参议会名义写了封给市政府的正式公函，敦请解决这一问题。接着，我带了公函马上到市政府找晏市长。一见面，我就开门见山地说："为了服从军事需要，老百姓只有抛家搬迁，但又不许进入市区，叫他们搬哪里去呢？我是这个地区选出的参议员，我有责任为他们请命。市长是全市之长，同样有责任解决这个合理的请求，所以我今天又来找市长。"晏看完了市参议会的公函，考虑了一下，就答应向总部请示。我接着问："我是否待在这儿等回信？"晏说："不要性急，不可能有这样快。"我说："几千老老小小的生命安全处在炮火威胁之下，我怎么能够不性急呢？"他为难地说："那你明天下午听我的电话通知。"次日下午他告诉我："已约定武汉警备司令部稽查处处长陈大中、汉口市保警总队长胡武，明天上午9点在市政府同你一起商讨此问题。"当时正在我家中等候消息的万师傅等欢喜地说："这下子我们的心可安了一大半。"

9日上午我提前到市政府会客室，到了9点，他们也准时来了。晏把我们引到一间小会议室，先将我们三人互相介绍后，接着说："市参议会来函说：'在城防工事附近的刘家庙居民，既勒令搬迁，应请允许迁入市区内临时避难。'此事经请示总部，原则上已同意迁入，但时间、地点、治安等问题，你们三位具体商讨一下，把结果告诉我。"晏说完就退了出去。这时，我心里已有了底。可是我们一开始讨论时，胡武就以带恐吓的口气说："李参议员为民请命的热忱是好的，只是此事责任重大，几千人一下子拥进市区，良莠不齐，如果其中有人受了共党煽动，乘机作乱，长官公署的特别戒严令，参议员不可不考虑。"我严肃地回问："胡总队长的意思，是不是叫我不要管这件事呢？如果不管，在炮火临头时，这些人的生命安全，要不要考虑？其中会不会有被逼铤而走险的？如果有，这是谁的责任呢？"陈大中见我二人谈话有些僵持，马上插言："晏市长刚才不是说，要我们商讨这批人进入市区的有关问题吗？我们还是就这个问题来具体商讨罢。"胡很勉强地假笑了一下，说；"我们主要是负责治安，现在先谈治安，如果这上面发生问题，谁负责？"我即答曰："我完全负责。"陈似乎又怕把话说僵，马上接着说："总的责任李参议员承当了，不过还是让迁进来的人推举几个负责人，把名单交给分局里，由分局负责管理。一般的事，就不麻烦参议员了。”于是，几经商讨，当场决定：1. 吃和住的问题自己解决，不找政府；2. 住的地方自三元里起，向上不能超过四唯路；3. 迁入日期从 11 日起，2 天内每日上午 8 时至下午 2 时，由警备部稽查处通知从刘家庙至铁路孔的岗哨，凭李参议员的盖章名片通过；4. 迁入的人应造名册，并推定负责人（不少于 3 人）缮具名单，送该地区分局存查。商定后由胡找晏来，并由胡当面把商定的事项说了一遍。晏问我还有什么意见，我说：“目的是要迁入，别的没有了。”晏说：“就按这个办吧。”我随即告辞。

我一回到家，就看到满屋子坐着等候消息的人。他们那焦急的眼光都注视着我，使我顾不上吃饭，就把商讨的经过叙述了一遍。大家高兴地说：“安心了！安心了！”接着就谈到找房子的问题，马上就有人回答：“这一带有很多大仓库已经搬空了，只看能否借着住？”我说：“只要是空的，我负责交涉，时间越快越好。现在除看房子的几位，其余的请回去，通知搬迁的人做好准备，后天上午 8 点开始搬家。”引看房子的人就约定下午 2 点去看房子。

刚到 2 点钟，他们就来了。要看的房子并不远，都在六合路以下。我选了在沿江大道芦沟桥路路口附近的 1 个海军仓库和 1 个空军仓库。2 个仓库可容纳 4000 ~ 5000 人。海军仓库内已搬运一空，只留有几个徒手兵看房子，他们就引我去见连长。见了他们的连长后，谈得还顺利，只要我的名片并写上“临时借用，随要随还”作为他交出的手续。空军仓库没有人看守，就用不着交涉了。没用一个下午的时间，就把房子问题解决了。我们都感到很高兴。分手时，约定晚上在我家里碰头。

回家后，我就把找到仓库及其地点在电话里通知了陈大中和胡武，并请他们转告各有关部门。接着将刘家庙居民迁入市区的工作以及办理的情况，在电话里向刘同志作了汇报。他听了后高兴地说：“这几天你太辛苦了！”

晚上，蔡老八、万师傅等都来了，一起商量搬家前应准备的事项：1. 拿我写了“刘家庙居民迁入证明”的盖章名片 10 张，分给万师傅等，作搬家时通过哨卡的证明；2. 估计约 2000 多人，按农民、街道居民和机车厂工人

3大部分，划分了住的位置；3.明天一早先来10个人（农民4人、居民2人、机车厂工人4人）看守这两栋仓库，以防有人占用或破坏；4.缮造迁入户的名册。每10至20户为1个小组，推定1个小组长；10个小组推定1个大组长；大组长超过5人时，由大组长中推定2人为召集人，对内负责召集，对外负责接洽。登记册和组长名单各造2份，1份存我处，1份送第十分局。谈完后，我送他们出门时，李师傅等三人说有事要和我谈一谈。一同进屋坐下后，我问有什么事，李师傅轻声地说："你既不走，与'老八'（共产党）有没有联系？"我反问："你们觉得要不要联系？"李说："大局已定，要不走，就得要联系。我们厂内的地下党组织对你这次办的交涉，都认为很好，是不是引你先与他们（指共产党）见个面？"我就告诉他们，我已与江汉区党委城工部取得了联系。李等都说："这是一家人，就用不着了。"说完就愉快地告别了。

11日早上，我特地去铁路孔，看搬家的人有什么困难，出铁路孔，走过陆军医院就迎上了他们，挑的，背的，抬的……扶老携幼，络绎不绝。最先一队是蔡老八引的一批农民，紧接着是万师傅引的一批人……他们拦住我，让我不要向前走，并说："都在后面陆续地来了，人数要比预计的多。因在岱家山已清楚地听到炮声了，原来存心观望的人也一起搬来了。"我说："没问题。房子如果住不下，还可以想办法。"在经过陆军医院和铁路孔时，守哨卡的只看了看名片和随意问了问，就让通过了。结果，2个仓库都快要住满了。家家要做饭，有的是煤炭炉子，有的是缸灶，有的是用砖码的临时灶，烟雾腾腾，联想到要防火，经商量马上推选出纠察队，日夜值班，防火警防坏人。

第二天一清早，我就到两个仓库去看，情况都很好。下午他们把名册送给我和第十分局，总计约1000户，3000余人。

晚上大组长们都到我家中表示感谢。我说；"这要感谢共产党，若不是他们通知，我还不知道这件事呢。"接着大家的谈论中心集中到万一战争时间拖长，吃是一个大问题，不说米，就连菜都困难。我听他们的谈论，心中想到这是一个实际问题。为了预防万一，不能不做一个准备。怎么办？

想来想去，只有找市救济委员会（即“武汉市民临时救济委员会”）这一条路。当我把这个想法说出后，他们似乎得到了莫大的安慰而怡然告别。他们走后，我把关于这批人的生活问题要找市救济委员会的想法在电话中告诉了刘同志。刘亦认为这个办法对。

13 日上午，我到市商会内找市救济委员会，没有见到人。次日我又去，有人接待了，可是他一听说有 3000 ~ 4000 人要救济，就有些为难。正在这时，救济会总干事程起陆进房来了。原来我们都较为熟识，我就把刘家庙居民搬入市内避难的情况向他介绍了一番，接着谈到万一战火时间一长，这批人都是农民、工人和贫苦市民，不仅没有钱吃饭，就是有钱也无处买，所以要请救济委员会救济。程说：“这应该列入救济范围。”并向接待人介绍和解释说：“刘家庙那一带是李参议员的选区，选民找到他，他不得不管。”又对我说：“请你赶快造两份名册来，我们好列入计划。还要附两份负责人的名单，我们要发符号和臂章，在紧急时好维持治安和接头办事。”接待人给了我一张造名册的格式，我就告辞回家了。

第二天一早，搬迁居民的负责人就把名册给我送来，并选了两名精干的小伙子陪着我一路到了市救济委员会，正好那位接待的人在。他收了名册后告诉我，程因事外出，什么时候回来说不定，最好明天一早来。我就顺便问程在会里负什么责？他告诉我，程是总干事。这下子使我对程昨天允诺的事安了心。我们回家后，将上述情况告诉了大家，他们都高兴地说：“好消息！好消息！”

5 月 16 日清早，我得到了令人振奋的大好消息：白崇禧的部队昨夜已完全撤过了江，今天要迎接解放军进汉口。这样，既不存在几千人救济吃饭的问题，也就没有必要再去救济会了。经过一番努力，我终于圆满完成了城工部交下的任务。

（本文原载于《武汉城工史料（一）——中共鄂中地委城工部史料专辑》）

# 策动国民党王家墩机场部分空军人员起义始末

胡安涛[①]

1946年后，蒋介石不顾全国人民的反对，撕毁和谈协议，背信弃义地大举进攻解放区，悍然发动了全面内战。为了打内战的需要，国民党空军一大队（轰炸机大队）由四川调到汉口；其所属第三中队布置在北平南苑机场，不断派往沈阳、青岛等地，袭击我华北、东北一带解放区；第一、四中队则布置在汉口王家墩机场，派往徐州等地对我山东、河南、苏北一带解放军作战，一时气势汹汹，不可一世。

1948年秋，为了配合人民解放战争的发展，我受中共京应县委城工部之命，化装潜入国统区武汉，利用各种关系，打入敌营内部，进行策反。主要任务之一就是策动国民党空军一大队王家墩机场的空军人员起义。

## 受党派遣单身闯敌营

国民党空军一大队一中队军士长程德骥是我爱人的堂兄，但在过去我们没见过面，只知道他在抗日战争初期离开家乡去西安考上航空飞行军士学校。他的胞兄程德联早在抗日战争初期参加革命，是位老同志。城工部领导和我研究了程的历史和家庭情况，认为具有和他接触的有利条件，决定要我凭借亲戚关系和他联系，相机开展工作。

① 本文作者时为中共京应县委城工部成员。

程德骥现时表现如何、住在何处，我都不清楚。我想起他有个堂叔程怡祥当时在国民党宪兵十二团当连指导员，也是城工部领导确定的争取对象。我决定先找到程怡祥，再从他那里“跟踪追迹”，寻找程德骥的下落。程怡祥 1946 年底回过应城家乡探亲，与我见过面，彼此相识并有所了解。

国民党宪兵部队是蒋介石反动统治的忠实爪牙，内部控制森严。我是应城人，那时才 25 岁，乡土气息浓，口音、外貌明显地像个“土包子”。我单身闯进宪兵营去找程怡祥，能行吗？但我不能犹豫，为了完成党交给我的任务，也不容许我丝毫的犹豫，我决定闯敌营，到时见机行事。

程怡祥所在部队的营地在武昌汉阳门，门岗有两个宪兵把守。1948 年 11 月的一天，我泰然自若地迈步走上前去。

“干什么的？”门岗拦住我喝道。

“找程怡祥！”我答。

门岗：“他是干什么的？”

我答：“连指导员！”

“找他有什么事？”

“他是我叔叔，我来看望他！”

门岗向我横扫一眼，把手向门边警卫室一指：“到那里去！”

我走进警卫室，坐在桌旁的一个宪兵官佐扭过脖子朝我上下打量了一下，接着，一连串的盘问抛了过来：“你是从哪里来的？是干什么的？叫什么名字？和程怡祥是什么关系？找他有什么事……”

我从容地一一做了回答。他鼓起眼珠又不停地向我上下打量了一番。然后，叫一个宪兵领我进了程怡祥的办公室。

程怡祥对我的情况虽然早已略有所闻，但我这个“不速之客”仍然使他颇感惊诧。我们寒暄了一阵后，他就陪我过江到江汉路看望他的姐姐程佩芝（她后来成为我们开展城工工作的对象，并动员她的丈夫、国民党中校副团长曹贡南在云南起义）。事情也真凑巧，那天，程德骥夫妇也在她家做客。于是亲戚相认，彼此高兴地问长问短，从此，我便不时到程德骥住处拜访谈心，以联络感情，加深对他的了解。

## 和程德骥谈心交底

在和程德骥的多次接触中，我了解到程德骥对现实很不满，咒骂国民党政府腐败无能。特别是对货币贬值、物价飞涨、民不聊生的现状最为愤慨，经常和几个要好的同事发牢骚骂娘："他妈的，这叫老百姓怎么活呀？上个月的薪饷这个月才能发下来，一百块钱顶不了十块钱用，钞票不如一张草纸！倒霉的是老百姓，是我们这些老老实实靠薪饷吃饭的人！他妈的，那班有权有势的家伙把部下的薪水拿去换黄金白银，囤积居奇，肥了私囊！那帮当官的成天花天酒地、寻欢作乐，我们当兵的成天愁米愁钱，真是'朱门酒肉臭，路有冻死骨'……"我趁机因势利导，插话说："民主、自由嘛！老百姓'自由'地受苦、受难、受压迫受剥削，当官的'自由'地享福、享乐，欺骗、压榨人！""什么民主、自由？！尽他妈的'挂羊头、卖狗肉'！说的是仁义道德，做的是男盗女娼！他们哪里为老百姓想过？无官不贪，刮尽民脂民膏。老百姓冤没处伸，苦没处诉，只怨自己命不好，生不逢时……"程德骥更激愤地咒骂着。我又说："真正的民主、自由是不可能靠乞求、靠人家施舍得到的。"他默默地点头同意我的看法。

程德骥对于蒋介石悍然发动内战的倒行逆施是厌恶不满的。1948年冬，他向我谈到据闻王家墩机场除轰炸机外，其他物资设备及空军人员和家属均要撤到台湾，许多空军人员正为去留问题焦虑着。我就试探地问程德骥的打算，他说："抗战八年，老百姓受尽苦难，千万人的生命、鲜血才换来了今天的胜利，他们（指反动派）完全不顾老百姓的死活，又发动内战，残杀自己同胞，稍有一点良心的人，谁愿替他们去卖命？我决定离开空军，做生意去……"

经过和程德骥的一段接触和了解，我及时回解放区向地委城工部长邱肱良及县委城工部长王有学等领导汇报并请示下一步工作。领导认为根据程德骥的现实表现和政治态度，可以抓紧时间向他交底，说明我的身份及来意，一定要争取他留下来为我们工作。

我返汉后的一天傍晚，在他住处吃过晚饭，他爱人下楼去了，房内只剩我和他两人。前段我们之间的交谈以及我忽来乍去、行踪不定的情况，已使他对我的身份有所猜疑，这时，他便关上房门悄声问道："你真的是当记者、当教员（当时我是以记者教员身份作职业掩护的）吗？"

"是呀！"我答。

"我看不像，你别跟我打埋伏吧！"他似乎嗔怪地皱着眉头问着。

"好，那我就直言不讳了，我是那边派来的！"

他神色紧张地睁大眼睛瞪着我。

我紧接着说："蒋介石反动统治的所作所为你是耳闻目睹并有切身体会的。他们的彻底灭亡是肯定的。你思想上常流露出对现实的不满我是清楚的。德联哥早就在我们那边了。我们领导听过我的汇报，了解你，因此决定派我来找你，希望你和德联哥走一条路！"我又说："目前形势的发展你不会充耳不闻，蒋介石的军队节节败退，几十万、几十万美国装备的军队被歼灭。解放战争势如破竹，敌人望风披靡，全国解放的日子很快就会到来。你拒绝去台湾是对的，何不投到正义的人民革命斗争中来，和我们一起战斗呢？"

"你太胆大了！武汉到处布满了警察特务，你这个样子，年轻冒失，又没个固定住处和安全保障，成天东奔西跑，不怕被他们抓住？"

"要怕，我就不会来。干革命哪有不冒险？至于安全保障，不是有你，有怡祥叔，还有许多进步的好亲友吗？"

经过片刻沉默，他又提出一连串的问题："你是从哪个地方来的？你们的领导是哪个？你见过我哥哥吗？你认不认识樊作楷？他们现在什么地方，在干什么……"

我一一回答后，他对我的要求当即没表态，因他为人小心谨慎，看我年轻冒失，也还不太放心。这时他爱人上楼来了，他又紧紧叮嘱我说："可要特别小心啊！"

## 到解放区去

自从我向程德骥说明了自己的真实身份和来意后，他心潮起伏，思绪万千，熬过几个不平静的难眠之夜。原来程德骥早就和我党一些老同志有过接触，并受到他们的进步影响。抗日战争时期，他在西安航空飞行军士学校学习时，适逢应城熟识的同乡青年学生樊作楷、彭正模赴延安抗大学习路过西安，他曾要求樊、彭带他同去抗大。当时，樊、彭劝他留下学好航空技术再去。1946 年中原突围，他的哥哥程德联突围辗转来到武汉，是由他安排在王家墩机场宿舍住下，进行掩蔽并安全护送去上海的。蒋介石违背全国人民的意志，大打内战，疯狂进攻解放区。“四大家族”祸国殃民，使人民更陷入水深火热之中。残酷的现实使程德骥决心脱离国民党空军，投向革命，只是苦于一时无人引路。现在，解放区来了人，党在向他招手，他怎么能不激动呢？经过一番考虑，他终于向我郑重提出要到解放区去看看。对他的这种进步要求，我当然表示欢迎，而且城工部早有指示，欢迎一切愿意到解放区的人来解放区观光、考察。我想让他到解放区看看，直接受到领导同志的教诲，他心里会踏实些，对进一步坚定他革命信心是大有裨益的。于是，我要他做好行前的准备，并研究了去解放区的路线、出发的日期和可靠的安全措施。

为了防止敌人怀疑，程德骥向上级佯称要回应城老家探亲。1948 年底，在一个寒风刺骨的早晨，他们夫妇和我一同乘上去应城的长途汽车，我在中途下了车，他们则到应城城关镇老家住了一宿。次日，程德骥脱掉空军军服，穿上丝棉长袍，头戴礼帽，一副神气十足的阔佬派头，按照我与他事先的约定，走出城南，在 8 里外的黄滩镇一个亲戚家里和我会合。当时，京应县委和城工部在应城南乡湖区一带活动，离应城城关五六十里，途中必须经过黄滩、临江口、古楼街等小集镇，这些集镇均有国民党地方区乡团队“土狗子”把守，设有哨卡，盘查甚严。程德骥面对这些凶横的“土狗子”，心中有数，毫不在乎。他对我说：“你走在前面带路，让我来对付这帮家伙。”我们走近黄滩镇的出口，“土狗子”就用枪拦住盘问，程德骥一步跨上前去，瞪眼大喝：“我们是从汉口来的，他（指我）是教员，我是空军，到临江口探亲。怎么，不让过去吗？”

程德骥身躯高大魁梧，脸膛红黑，穿戴阔绰，器宇轩昂，态度高傲，“土狗子”见了不免有些含糊：“请您家把证件给我们看看？”

程德骥掏出了空军证件，“土狗子”看后，客气地问道：“您家怎么不穿军装？”

“到那边穿军装方便吗？”程德骥又瞪了一眼，反问了一句。

“那边很不安全，恐怕您家会遇到八路！”“土狗子”在讨好了。

“我知道，能过去就过去，不能过去就转来。十多年没回家，特地请假回来探亲，总不能走在这里就向后转！”程德骥不耐烦地说。

“土狗子”赶忙让开路说：“那，您家自己小心吧！”

通过黄滩镇这道封锁线后，我们就避开“土狗子”把守的集镇绕道而行。刚踏上去湖区的路，古楼镇上的“土狗子”响了枪，于是，我们加快脚步疾行，终于进入了湖区。我们遇上一个放哨的民兵，在他的带领下，走进一个村庄，在一间破旧的平房里见到了县委书记王家吉和王有学部长。我高兴地边喊边介绍，王书记、王部长热情地紧紧握着程德骥的手笑着说：“欢迎，欢迎！”

那时我们的城工部长和县委书记穿的是灰土布棉解放服，戴的是灰土布八角帽，屋子里只有用门板搭的两个床铺，晚上当床睡觉，白天办公、开会就当办公桌。程德骥第一次亲眼见到共产党干部艰苦朴素的生活作风。王书记、王部长和他恳切地交谈，那和蔼可亲、平易近人的作风也是他在国民党军队中见所未见、闻所未闻的。这一切对来自国统区的程德骥是那样的新鲜、动人，那样紧紧地吸引住他。他感触颇深，提出了留在解放区学习和工作的要求。领导同志鼓励肯定了他的进步要求，同时向他阐述了迅猛发展的革命形势和国统区城市地下工作的迫切性、重要性，希望他回到空军中多争取人、团结人，为人民解放事业发挥更大的作用。于是，程德骥接受了城工部的任务回到武汉，积极开展了对王家墩机场空军人员的争取策动工作。

## 行动起来

程德骥从解放区返回汉口后，热情很高，经常主动和我联系，反映情况，研究工作，迅速行动起来。后来，中共天汉县委城工部派遣人员刘业成也与程德骥建立了联系，做了许多工作。

程德骥首先是在空军同事中秘密串联，发展关系，争取更多的人不去台湾。空军射击士陈绍祖（后调军库保管）与程德骥交往较深，陈的爱人又是程的同族侄女，他们的结合还是程德骥做的媒；机械长李冠军是程德骥最要好的老同事，过从甚密，无话不谈；军械班长王传炎与程德骥是同乡、同学，又是多年同事；军士长白绍宗也是程的好朋友。程德骥与他们相处多年，深知他们有爱国心、正义感，对蒋介石大打内战是不满的。他返汉后不久，就先和这些人交了底，告知自己去过解放区，见到了党的领导，受到他们的热情接待，并已参加了城工部的地下工作。他还详细地介绍了在解放区的见闻，谈到那里官兵关系，平等互爱，军民之间融洽无间。最后指出国内局势发展很快，蒋政权马上就要完蛋，全国解放的日子不远了，共产党对我们的政策是“既往不咎，立功受奖”，现在欢迎我们革命，将来建设更需要我们，等等。这些话都深深打动了他们的心，李冠军，陈绍祖、王传炎都表示愿和程德骥一起参加地下工作，白绍宗正打算辞职回四川家中去，这时也决心留下。

随后，我们通过这些同志，串联面又不断扩大。如陈绍祖发展了陈志江及同在美国受训的射击士王登鳌；李冠军发展了射击士赵国斌和他的徒弟机械兵方斌；王传炎发展了机械士宋道儒、军士长王以德；王以德又发展了三中队同事刘定文、李保良等。军械士刘德俊奉令将家眷送往台湾了，本人随机返汉换防，经过程德骥做工作也留下来了。还发展了饶兴礼、叶华荣、周明永、陈述三等十多人。另外，军士长童治洲（当时和中共鄂豫三地委城工部有联系）也与程德骥等人一起活动，并串联了刘信生、王普恩、熊益华、张卜吾等人。这样，至 1949 年春，他们经过层层串联，在空军人员中共发展了城工关系 20 余人。

那时，驻在王家墩机场的国民党空军一大队已奉令撤退台湾，除轰炸机组的人员外，其他人员及其家属、物资器材都要运走。程德骥便辞职拒赴台湾，但依然穿着空军军服，佩戴领章，经常出入机场与大家保持联系，活动更为方便。白绍宗、童治洲等也同样脱离空军，与程德骥一道在机场活动。王传炎、李冠军、陈绍祖原也打算辞职不干，程德骥和我们研究，考虑到机场需要留人发挥骨干作用，就要他们以“父母年老病重，需人照料”“老婆坐月子，不能乘飞机”等等理由要求延缓时间去台，终于获准留下。

其次是秘密传阅毛主席著作和党的宣传文件以武装大家的思想，揭露敌人散布的种种谣言。程德骥从解放区返回武汉时，带回了毛主席的《中国革命和中国共产党》等著作和《中国人民解放军宣言》等文件，我们在武汉的地下据点也秘密刻印了《新民主主义论》和其他宣传党的政策的传单，程德骥将这些文件发给李冠军、王传炎、陈绍祖、白绍宗等骨干分子秘密传阅。陈绍祖白天怕被人发觉，就趁夜深人静，蒙在被子里打着手电筒阅读。学习，大大武装了他们的思想，让他们感到心明眼亮，信心倍增。他们还将自己学习后的认识在亲友中广为宣传，驳斥了敌人散布的什么“共产共妻”“杀人放火”等无耻谰言。平津战役中，有一架 B-25 轰炸机因迷航降落在解放区石家庄地区，国民党反动分子借机大肆造谣说：“机上的朱参谋被共产党捉去剐了皮，驾驶人员挖了双眼，剁掉双手……”妄图在空军人员中制造恐怖气氛，维持其动摇不定的军心，继续为蒋介石打内战卖命。但时隔不久，约 2 个月之后，机上的 6 名空勤人员（包括朱参谋）全部安然无恙地被释放回到北平南苑机场。机上担任瞄准手的一名空勤人员与王以德是同在印度受过训并共事多年的好友，他偷偷地告诉王以德在解放区受到我军优待的情况，说每人发了一张条子，如果愿意的话就可以凭这条子投奔解放军。并告知王以德说全国解放的日子不远了。这下给了敌人有力的一击，谣言不攻自破。反动派狼狈地用汽车把这 6 个人悄悄装走了，也不知生死如何。程德骥等抓住这一典型的事例广为宣传，用这一活生生的事实揭露敌人反动造谣伎俩，使大家消除了对我军的恐惧心理，了解了我军宽待俘虏的政策。

第三是对国民党空军人员投寄警告信和劝告信。为了分化瓦解敌人军心，减少和避免解放区军民遭受敌机伤害，程德骥等人对空军一大队的空勤人员写了警告信，要他们把炸弹投进江河湖泊或空地上，机枪不要对解放区军民扫射，留条后路，将功折罪以取得人民的宽恕；对地勤人员写劝告信，要他们不随反动派逃跑，要他们消极怠工，拖延修复飞机和器械设备的时间；对物资器材管理人员，要他们设法不让物资器材全部运走，不让破坏或偷拿，等待解放军接管，立功受奖。这类警告信、劝告信均在离机场较远的汉阳、武昌等处的邮筒投寄，有时为了防止敌人注意，程德骥带着爱人装作去武昌逛黄鹤楼，将信丢进偏僻的街头邮筒里。

第四，我与程德骥研究过，要大家收藏保管好重要物资器材以待解放。我们要李冠军、王传炎等人利用保修飞机及枪械之便，在飞机上设置故障，以破坏敌机的飞行轰炸计划。李冠军是担任飞机保修工作的。原来我们曾设想购卖一种化学药品放进飞机油缸中造成飞机起飞后爆炸，由于一时筹措不出经费未能实行。王传炎则利用检修飞机上的枪械之机，几次拧松机枪弹链，使机枪子弹卡膛不能连续发射。又在炸弹的保险处扎根铁丝或不下保险装置，使投下的炸弹不能爆炸。这样，既可使解放区军民免受伤亡，还可为解放军提供制造弹药的原材料。有一次机长发觉机上出现故障，立即集合机组人员进行追查，由于大家既不承认也不相互推诿，弄得机长没法，只好当作偶然疏忽大意，严加训斥一通，警告下不为例而罢。

按照我们的布置，李冠军、王传炎、王以德、童治洲、方斌等人收藏了各种工具器材和武器弹药。陈绍祖利用管军库之便收藏了一支手枪，但在点交时被发现。由于追查不清原因，上级就将陈绍祖关了两星期禁闭，仍然查不出结果，于是认为陈绍祖一贯比较老实，便将他释放了事。武汉解放后，所有这些物资都上交航空接管组。当时航空接管组的指导员宋瑛回忆说："这些人分散保存收藏了物资器材，使物资不受损失，确实做了工作，枪弹、电台也交了不少，应该说这是革命的行动。"

此外，王传炎等人还搜集了敌机动态及机场情况的情报，及时向我们汇报。

## 迎接解放

武汉临近解放时，留下未去台湾的空军人员及家属大都集中在硚口唐家巷空军仓库内居住。为了便于工作，程德骥、李冠军、王传炎等人也把家迁到那里。他们经常碰头研究保护机场物资器材和设备，迎接解放的办法。他们每天都到机场去巡视，一看机场动静，二看物资器材和设备是否保护完好。同时，直接或间接与机场人员打招呼，要他们不得乱动机场的物资器材，否则解放军来了就唯他们是问。对比较熟识要好的人，就直接打招呼，希望他们尽力保护好一切物资器材。住在仓库的人员则轮流值班日夜巡逻，防止敌人破坏。

1949 年 5 月 16 日，武汉解放了。中南航空接管组的指导员宋瑛同志带着几名接管人员于 5 月 17 日上午到了王家墩机场，程德骥、李冠军等主动上前迎接，向宋瑛详细介绍了机场情况。18 日上午，宋瑛同志派车到硚口唐家巷空军仓库接程德骥等人到机场报到，办理了登记手续。程德骥向大家宣布："从今天起，我们已参加中国人民解放军了！"大家以无比兴奋的激动心情，立即配合航空接管人员投入了清理接管机场的战斗。据宋瑛等同志的回忆，接管组除接收了大量的弹药武器和各种军用物资器材设备外，还接收了蚊式轻型轰炸机一架，B-25 轰炸机一架，AT-6 型中级教练机两架，P-17 教练机两架，此外还有美式大中型吉普军用卡车数十辆。

接着，中南航空接管组在汉口汇通路俱乐部召开了大会，接管组组长张孔修在会上肯定了起义人员所做的成绩，并进行表扬，他说："你们都是内行，又熟悉情况，起了很大作用，你们都是有技术的，参加人民空军是有光明前途的，建设新中国的人民空军正需要你们。"他们听了深受感动，立即联名起草了起义告台湾空军人员书。中南航空接管组在报纸上登了通告，号召离散的空军人员到机场报到登记，响应通告前来登记的有近千人。

（本文原载于《武汉城工史料（一）——中共鄂中地委城工部史料专辑》，有删节）

# 摆脱封建牢笼 奔向革命前程

黄 华[1]

在人生的道路上，我经过了较长时间的探索、奔波，终于有勇气和封建家庭决裂。1945 年秋，我带着一对儿女来到武汉。当时我心想，抗日战争胜利了，武汉已从日本帝国主义的铁蹄下光复，在光复后的武汉，总可以找到栖身之所吧！谁知国民党统治下的武汉，仍是漆黑一团。思想上的重负，生活上的艰难，使我像一叶小舟，颠簸在惊涛骇浪之中……

## 找到一条光明之路

1946 年下学期，我通过一个远房亲戚介绍，到汉口圣慧小学（以下简称圣小）任教员。这所小学是佛教圣慧善堂开办的。佛教徒罗金五任善堂经理，并兼任校董。罗以办善堂、兴学校为名，行剥削、赚钱之实。在我去这所小学之前，那里只有一个教员，就是陈炳坤老师，一个人教 4 个班。我去之后，又增招了学生，2 个人教 4 个年级，8 个班，月薪只有 8 元钱。我白天教学，夜晚还要风雨无阻地去两家当家庭教师。我日夜奔忙，还是难以糊口。我 10 岁的女儿和 9 岁的儿子利用课余时间帮人糊纸烟盒，母子三人成天与生活搏斗。陈老师和我一样，同样受着生活的煎熬。他待人诚恳，但郁郁寡欢，总像有什么心事，偶尔哼几句“谁愿意当奴隶，谁愿意当马牛……”，我听了很新鲜。我与他相处的时间长了，对他的为人和思想倾向都有所了解的时候，就问他：“你从哪里学来的这个歌？”一天，陈老师终于向我吐露了，他曾

[1] 作者时为中共鄂豫三地委城工部地下党员，社会公开身份为汉口圣慧小学教员。

在新四军五师工作过。我听了很惊喜。啊！新四军，记得是在抗日战争后期，我在农村教书时，见过来往路过的新四军，其中还有几个女战士，我是多么羡慕她们呀！在茫茫黑夜里，我总算找到了一位老师，一个同伴。

1947 年 6 月，有个身材魁梧的中年人来学校找陈老师，他们进行了长时间的密谈。我感到很神秘。不久，又有个青年人经常带着人来，都是来去匆匆，行踪莫测。我问陈老师，这都是些什么人？陈老师也不瞒我，坦率地告诉我说："先来的那个高个子是新四军五师的干部，名叫周达五，经常带人来的那个青年人是《华中日报》的工人徐志刚，他们都在秘密地进行革命活动。"我听到后欣喜万分，暗下决心，一定要在周达五、陈炳坤两位老师的指引下争取走上这条光明大道。

不久，王达同志也来到我校，相继来我校的还有屈继远、杨昌炽、杨言钊等同志。我和陈炳坤、周达五、王达等三位同志的感情越来越融洽。有一天，我向周达五同志提出要求：我要参加革命。他笑着对我说，你早就参加革命活动了，你为革命做了很多工作。我听了非常高兴，庆幸自己踏上了革命的征途，决心沿着这条有意义的人生道路百折不挠地前进。

1947 年下半年，敌我斗争形势十分激烈。当时，反饥饿、反迫害、反内战的群众运动风起云涌，而国民党反动派对群众运动血腥镇压，白色恐怖笼罩着武汉三镇。在周达五，王达两同志的领导下，由陈炳坤同志具体安排，我和后来到学校的李怒放、赵仲琴老师一起学习高尔基、鲁迅的著作，阅读《展望》《新观察》等杂志，共同分析革命形势，提高政治水平，坚定革命信心。我在革命实践中边干边学，主动请求领导上分配我做接待、交通、联络、宣传等工作。

经过一年多时间的锻炼和考验，1948 年 8 月，周达五叫我写个自传。过了几天，他又交给我一份入党志愿书。由李海波、周达五两同志介绍我加入中国共产党，并在圣小楼上举行了简短庄严的入党仪式。当时，周达五说我的入党是经过城工部任士舜同志审查、批准的。此时此刻，我激动万分。我的理想终于实现了！我是个自幼父母双亡，在封建家庭中受尽公婆、丈夫、族人歧视的孤苦无援的妇女，是党伸出了温暖的手，给了我新的生命，让我成了一名中国共产党党员。我将誓死跟着共产党走，不惜牺牲我的一切，为实现共产主义事业奋斗终身。

我激动的心情，久久不能平静！

## 行进在革命的征途上

圣小的环境对于进行秘密工作来说，是比较安全的。因为这里是三层楼房，一楼是前店后场：前面行医，开药店，卖棺材，联系殡仪和佛事业务；后场做棺材，停放棺木和尸体。二楼是学校教室。三楼是做佛事的道场。每当做佛事时，善男信女、七古八杂的人都有。鞭炮、锣鼓齐鸣，喧闹一时。不做佛事时，倒也清静。不过，要在这里站住脚，还需做好基本群众和其他人员的工作，以化阻力为助力。因为罗金五为了保住他的摇钱树，是不允许他认为不合适的人待在这里的。

记得是在1947年8月，周达五、王达来校后，找他们的人越来越多。罗金五曾经指责我说，一个女先生，哪来的这么多人找，深更半夜还来人，并且要我不要将闲杂人引进善堂。为此，我们采取了对策。首先对全堂所有人员进行了具体分析，按照不同情况有针对性地做好工作。在善堂工作的工人，在旧社会都生活在最底层，罗经理对他们苛刻，我们则对他们十分友善，关心他们，这些工人在当时已经觉察到我们的行动，但对我们采取友好的态度。其次我主动团结罗的老婆（实际上是罗的女仆），还主动团结善堂秘书佘瑞堂的新婚妻子，以改善我们和佘的关系。我还以我的古汉语知识作为手段，跟善堂老中医等人吟诗酬和，以联络感情。这样善堂的上上下下与我们都相处得比较好。有什么事，只瞒着罗金五一个人。在教学上我勤勤恳恳地工作，因此取得了罗金五的信任。在我们的秘密革命活动中，佘瑞堂给了不少方便。当罗金五因为某些事情指责或批评我时，佘在罗面前解释。为了解决周达五的吃饭问题，我和陈炳坤请求把我们两人的饭打回来吃，以便三人分食。我和陈总是省着，让周吃饱，因为周达五当时无职业无收入，一贫如洗，经常一天只能用一个烧饼充饥。为了给周达五、屈继远找个职业作掩护，佘瑞堂向罗金五推荐，让他们在我们小学当教员，只管吃饭，不给工钱。为了刻印宣传品，领导叫我借善堂中比较隐蔽的后楼堆杂件的半边房住宿，同志们就把我的住所当作秘密刻印室，借房住宿一事也是经余请求罗后批准的。在余的帮助下，我们还争取到罗金五给我们一把侧门的钥匙（侧门里面是停放棺材的地方）。此后，我们出进可以不走善堂的正门，避开堂方对我们的注意，这样我们进进出出就方便多了。

周达五、王达移住蔡甸后，圣小就成了他们的联络点。我在这个联络点做接待、交通工作，并往返于蔡甸、汉阳、汉口之间，为他们沟通情况，传递信件。

在鄂豫三地委城工部领导下，以周达五、李海波为主要负责人的武汉工作委员会（简称工委）于 1948 年 8 月在武汉成立。工委机关原来设在武昌祥泰服装店内，后因服装店关闭，迁来圣小。这样我身上的任务也就越来越重了。

这段时间，我先后在武昌省立男高、武昌女高、湖北农学院、武昌艺专、化工学校、市立二男中、市立一女中、市立二女中、省女高职、美专和敬业中学发展了 25 名新民主主义青年团（以下简称新青团）团员和武汉人民解放先锋队（以下简称民先队）队员。其中有：省立男高的杨先杰、夏帮新、董昌鲁、汤正刚、杨传镛，湖北农学院的夏帮巩、肖耕民、肖志民，市立第二男中的夏帮乐，市立第一女中的刘淑云、胡频菊、孟觉，市立第二女中的李春美，武昌艺专的余朝弼，武昌省立女高的李镜卿、黄帆，美专的潘珂，敬业中学的刘勃，化工学校的夏帮平。我和这一群有朝气、有觉悟、有抱负的学生相处得很好，他们称我为黄大姐、黄阿姨，感情十分融洽亲切。在工委的领导下，我通过他们发动了尊师运动，支援了武汉中小学教联组织的“饿教”斗争，反对学校停课和提前放假，反对国民党在学校驻军和西迁，进行护校保产斗争。

1948 年冬，我接受工委的指示，3 次护送知识青年去解放区。第一次护送的是首义中学的李楷、张春旺、魏启人、陈志纯（女）等人。第二次有武汉大学的曾平（女）、王珏，省男高的梁阴波、夏帮新，市立第二中学的夏帮乐，艺术专科学校的余朝弼等 10 人。第三次有湖北农学院的夏帮巩、肖耕民，咸宁高中的王志明、李德涛、吴培根等 6 人。工委每次交代任务时，总是提醒我说，任务很艰巨，要注意安全。我带着这些口音不同的男女青年，冒着危险，巧妙、机智地通过敌人的封锁线，到达解放区。每次我都把同学们平安地交给城工部负责人郭海同志。城工部机关的领导同志工作十分繁忙，生活十分艰苦，但对我们的接待却十分热情、周到，给我们讲斗争形势，教我们进行地下斗争的艺术，安排好食宿，亲自照料我们的生活，使我们感受到了革命大家庭的阶级深情。解放区的人民把自己的床铺让出来给我们睡，烧热水给我们洗脸洗脚，一口一声地称呼“同志”。这种情同兄弟姊妹的阶级感情，使我这个自幼就失去父母和家庭温暖的人，从内心深处感到党的温暖。多温暖的革命大家庭啊！每次都留恋难舍，但由于工作需要，我又不得不离开解放区，返回武汉。

宣传革命真理，深入发动群众，是每一个革命者义不容辞的责任。我们在圣小借的堆杂件用的半间小房，只能放两把椅子、一张桌子。我们利用它僻静、隐蔽的特点，改造成秘密油印室。陈炳坤、屈济远负责编排、刻板、我负责推油印，经常工作到深夜，甚至通宵达旦。我们先后刻印了《新民主主义论》《目前形势和我们的任务》《将革命进行到底》《青年运动的方向》任弼时在晋察冀土改工作会议上的讲话，《新民主主义青年团团章（草案）》《武汉人民解放先锋队队章》，党员、团员、队员志愿书、登记表，以及其他宣传材料。这些秘密地下印刷品，除我们自己外出暗地里张贴外，还分别送往各大、中学校的新青团小组和民先队小组。同学们得到这些秘密宣传品如获至宝，争相阅读、互相传递。事隔 37 年后，李镜卿同志回忆说：“我们当时以能得到这些宝贵的学习资料而感到万分高兴。总是连夜把它读完，然后再向组织汇报学习心得。”

我们还注意做好圣小学生及其家长的工作。善堂为了装点门面，掩人耳目，也免费招收少数贫苦学生入学。这些贫苦的学生就成为我们的教育对象。我们教他们唱有启发意义的歌曲，如《可怜孤儿沦落走天涯》的莲花落以及《山那边哟好地方》《月儿弯弯照九州》等，还给他们讲革命故事，如孙中山的青少年时代、秋瑾、黄花岗七十二烈士、刘胡兰、大脚花木兰（陈少敏）、木匠当将军（李先念）等。我们经常找他们个别谈话，组织他们写学习心得。这些贫苦学生思想基础好，接受能力强，进步比较快。为了让这些学生能迅速地成长，我们还对他们的家长进行了走访。我去走访张泉生、潘玉珍的家长时，他们的父母都向我倒苦水，说他们家的人命苦，几辈子都穷，现在物价飞涨，日子更难熬。我告诉他们贫穷不是命里定，而是统治阶级压榨、剥削造成的。深有实际生活感受的穷苦人民很容易接受革命道理，从此他们乐意配合我们教育孩子，叫孩子听老师的话，这些可爱的小学生后来也为我们的秘密革命活动作出了力所能及的贡献。记得是在武汉解放的前夕，敌人经常在街头进行突击检查，这给秘密传递文件、散发宣传品带来困难。由于孩子们目标小，易于掩护，于是在我们的动员和安排下，张泉生、潘玉珍、魏冬祥、黄建新和张良珍等小同学经常将文件藏在书包里，向四处传递，夜晚他们还在街头巷尾张贴标语。

（本文原载于《武汉城工史料（三）——中共鄂豫三地委城工部史料专辑》，有删节）

# 党指引我走上革命路

刘　虹[①]

我出身于资产阶级家庭，父亲在汉口做房地产生意，家里子女多，他在同兴里21号处购地盖了一栋4层的自居楼房。武汉沦陷时，我初中毕业，日寇统治武汉长达7年之久，我们深居简出，家里藏有不少进步书籍，我只能以书为伴。在日寇的铁蹄下，每一个热血青年无不痛感亡国的屈辱。抗战胜利后，我对和平幸福生活的一线希望很快被国民党“劫收大员”推行的系列反动政策打破，特别是珞珈山六一惨案，学生流的鲜血更令我心碎！苦闷、孤独、悲观压得我喘不过气来……

这时分离多年的表兄赵寻（中共干部）回到武汉探亲。在他的指导下，我和大嫂、三妹3人利用家里一楼空房办起了一所名为“彭年”的补习夜校，目的是通过这个工作逐步走向社会。抗日演剧六队介绍姜一林来校任教，后姜因故离校，他说一定会介绍一个更好的朋友来，不久杜子才按照约定暗号来找我，代表党组织与我正式谈话。杜子才详细询问了我的家庭情况，并对我讲了党的基本知识和地下组织原则，这是我永生难忘的第一堂党课教育。党批准了我的入党申请，我迫不及待地要求工作，要求参加战斗。此时，在黑暗中摸索多年的我终于看到眼前亮起了一盏指路明灯。在党的指引下，我全身心地投入到争取武汉解放的战斗中。

---

① 本文作者时为地下党员、武汉民主妇女联谊会成员，社会公开身份为“彭年”补习夜校教师。

## 秘密收听红色电波，传递党中央的声音

党交给我的第一个任务是设法弄一台收音机，收录延安的新闻广播。

我大哥自学钻研数学物理，会盘弄收音机。在我恳切要求下，他从书柜里随手取出一个精装的硬纸壳套，为我安装了一台特小的收音机。机子虽小，但音质很好。我高兴地拿到手里直奔4楼，并在小阁楼上安顿了下来。4楼除了供观世音菩萨和关公大帝画像的大房外，没有任何闲杂人，我整天关在隔壁自己住的一间小房内收听。大哥也从不问我要收音机干什么，还主动为我安装了一台更好的收音机，以后又在旧货行买回一台更大、质量更精的收音机，这样我就有了大、中、小3台收音机。当我第一次收到延安新华广播电台的电波时，新闻报道前是以歌曲《兄妹开荒》为开始曲的。为了将收录的新闻尽早送交组织，我总是早早准备好纸笔，收听清晨的第一次新闻广播。《兄妹开荒》开始曲一响，我就等着新闻播放，之后立即记录下广播内容，整理出初稿，重播时再校对一两次，然后整理誊清。广播的内容很多，有新闻，有中央重要文件，有战况报道，还有解放区的新人新事。我按照杜子才教的办法，把整理好的内容用蝇头小字誊写在一张极薄的纸上，卷成一支烟卷大小的细纸卷，从盒烟中抽出一支烟，去掉烟丝，将小纸卷塞进空烟卷中，填上烟丝装进烟盒内，还原封口，看上去就似未曾动过的一盒香烟。每次他们来我就将一盒香烟交给他们带走。随着革命形势的发展，组织上又分配我做油印文件和宣传品的工作。在那种秘密的环境下，我利用一块玻璃板、一把刷子、一支钢针和油墨及蜡纸就开始了我的油印工作。我先后刻印了中央的一些重要文件和文章，如毛泽东的《反对自由主义》《中国革命与中国共产党》，刘少奇的《论党的严肃性和灵活性》，还有《七届二中全会公报》，新华社新年献辞《将革命进行到底》《中国人民解放军布告》（即入城八条）等等，其中入城八条印的数量最多。我们还别出心裁，买了一些各色贺年片，把入城八条油印上去，装进信封，写上相关地址，见邮筒就投。还有地下市委给地下党员的文件《武汉接管工作中的调查研究问题》，曾惇叫我刻印，我也及时完成。他取回后，散

发到每个地下党员手中，为做好接管工作起了很好的作用。

1949年4月20日后的某一天，在收听中，从收音机里传出呼叫话语：“我是北平新华广播电台，请南京方面的电台注意，我向你呼叫，请你回话。”我与小弟捕捉到这个声音，欣喜过头，赶忙把另一台收音机的波段调好，居然收到了南京台的回话。北平电台呼叫：“你们要等待军管会接管，不许破坏，不许听信谣言。”南京答话：“是。”收到这一不寻常的广播对话，我们及时整理好，送交曾惇。及时获悉南京解放的喜讯，我与汤佩佑兴奋不已，彻夜难眠，我们交谈着还要加倍努力工作，早日迎来武汉的天亮。

## 组建民主妇女联谊会，创办《妇联》会刊

1949年4月底，地下市委通过了《为保护城市度过青黄不接进入接管的斗争》的报告。广大地下党员为“反迁移、反破坏，保护城市完整”做了大量工作。

我们起草了几封信：一封给当时不了解党的政策的知名人士，信中晓以大义，喻以利害，宣传形势，解释政策，劝其留下；一封是对一些反动人物提出警告，指明出路，劝其立功赎罪；一封是告武汉父老兄弟姊妹信，号召群众起来与国民党反动派的破坏、迫害进行斗争。我们将这三类信印成传单，通过各种渠道发出去，起到了团结各阶层、安定民心、维护社会秩序的作用。

我们又成立了民主妇女联谊会，将原来联系的妇女群众中的骨干力量组织起来，采用读书会、谈心会等形式进行学习。李冬青是一位长辈，她周围团结了些中上层人士、知名人士的家属，她们组成家妇组，通过学习，回家宣传，影响很大。我们建立了新辉妇女职业社，由桑岱久出面负责，以职业社工作的方式联系了一批有文化的妇女群众学习，余漱芬则与她周围的菜农以交谈方式进行宣传解释。普爱医院妇产科的医护人员长期受院方英国洋人施德芬的压迫和剥削，盼望解放，我联系科里的护士长余漱芬，她也是联谊会成员，要我教她们唱歌，她说不会出问题的。我就去教她们唱《解放区的天是晴朗的天》《团结就是力量》等革命歌曲。后来迎接解

放军进城，该院普爱护校的学员就是由余漱芬领队，冲破洋人的阻扰，一律穿戴护士衣帽，整整齐齐地上到大街唱着歌迎接解放军。邮局的周淑华也是联谊会会员，她在邮局也做了很多宣传工作。

我们创办了《妇联》会刊，封面用特大字体赫然印着“妇联”二字，封面右侧勾画了 3 个不同年龄、不同职业的妇女高举双臂，翘首云天，向往光明的人物形象。在文字编排上，针对国民党污蔑“共产共妻”的反动宣传，进行了有力的回击。我们收集了 6 条简讯，如 1946 年北平美军强奸一名女大学生的暴行，1948 年美年在汉口集体奸污中国妇女的暴行，用血的事实揭露内外反动派残酷迫害和污辱中国妇女的罪行；刊登了漫画《职业妇女的苦恼》，与解放区家庭和睦、白头偕老、军爱民、民拥军、广大妇女过着民主自由的幸福生活形成鲜明对比，这对呻吟在蒋管区的妇女读者是极有教育意义的。刊物最后转载了《武汉人民反破坏委员会的宣言》，这是一篇有史料价值的战斗檄文。会刊刻印装订成册后，我们采取不同笔迹写上武汉各大单位负责人收或收发室代收，然后分头投邮，为宣传党的政策、教育群众起到积极作用。

## 赶制红旗，迎接解放军进城

1949 年 5 月初，武汉即将解放，组织上指示我们赶制红旗迎接解放军进城。

当时，白崇禧撤离武汉前制订了一套毁灭武汉的计划，颁布了“十杀令”，开始对武汉人民下毒手，江城上空笼罩着白色恐怖。

为了赶制红旗，我找大哥商量，他穿上绸长衫带我一起大大方方上街到一元路伦昌布店选购两匹红标准布、一匹黄标准布。店老板见来了大主顾，殷勤接待，以为我们家要办丧事或是办喜事。的确是办喜事，但不是我们一家的喜事，而是江城千家万户的特大喜事！

红布有了，红旗上的镰刀斧头如何画呢？我与大哥找窍门，又奔文具店买回了一套万国旗，将其中的苏联旗取出。我们在 4 楼供神的大房间里架起缝衣机，我和母亲、汤佩佑、汤静雯、桑岱久、余漱芬分工合作，量尺寸、画图样、裁布、缝纫，大家满脸激动地忙碌着。在万籁无声的黑夜里，手捧刚做的第一面特大红旗，我们兴奋不已，心中默念入党时的誓言，激动万分。黑暗即将过去，朝霞就要来临。

我们又通宵达旦地赶制出好几面大红旗，次日王一楠抱着小孩将这些旗帜折好分了数取走。

5 月 16 日，东方天际露出一点鱼肚白，中共武汉地下市委已把我们赶制的第一面特大党旗升上了江汉关钟楼。党旗在天空中迎风舒展，向尚待解放的武昌地下党组织发出一颗信号弹：汉口解放了！天亮了！

接着，汉口的几个大建筑物上及重要路段也升起了大红旗。大街小巷的群众纷纷走到红旗下，仰望天空，自由高呼："武汉解放了！"天亮了后，人们一群一群地举着"天亮了！"的大幅标语，锣鼓喧天，鞭炮齐鸣，游行的队伍汇集街头，武汉人民终于迎来了红火的 5 月！

（本文原载于《武汉党史》1999 年第 2 期，标题有更改）

# 记武汉解放前夕我遭遇的一次劫难

佘禄章[①]

1949 年初，为了挽救反动政权风雨飘摇、行将崩溃的局面，蒋介石玩弄下野、和谈等手法，暗中却加紧策划对进步学生和人士的迫害。

## 武汉学生奔向解放区

1948 年寒假和 1949 年春季，武汉许多大中学校学生受武大六一惨案的启迪和进步学运的熏陶，掀起了投奔解放区的热潮。由于武汉外围许多县区已先后解放，投奔解放区再也不需长途跋涉、历尽艰辛了。我当时是湖北省高级商业职业学校（以下简称高商）三年级学生，这个学校的学生多为来自各县的住读生，校长邓泽葆是湖北省民政厅厅长的胞弟，平时严禁学生在校内和外出参加进步活动。我家住武昌粮道街，属走读生，当时已与中共地下市委外围组织新教师协会的成员陈恕人（高商国文教师）和中共江汉区党委城工部地下工作人员关锡庚同志（省银行职员、《星报》编委，因投稿相识）建立了关系，参加了一些校外进步活动，并在校内与进步同学联系。他们告诉我，武汉解放后需用大量人员，要我们不必去解放区，并说如有同学要去，可以做些推动和协助工作。

1948 年寒假，高商有大批学生回到已解放了的家乡，开学后来校者寥寥无几。有一次，高年级一位学生秘密串联一批家在武汉和其他县区的学生，随同武昌各大专中学的进步学生数十人，以寒假回乡名义从汉水乘船去解

① 本文作者时系湖北省高级商业职业学校进步学生。

放区。不久，与我往来密切的毕业班鄂西籍同学施德先、孙达明通过中共地下市委做工运工作的陈静夫妇介绍，从汉口姑嫂树越过国民党军哨卡前去黄孝某解放区，我曾陪送他们到汉口民生路一施工队工地（地下联络站）住宿一夜，相约到解放区后给我通信。又有一次，与我关系密切的庄家和、林子万、王学波、程谷冥等进步同学商议去解放区，我送他们至汉口，在汉正街王学竣的姐姐王余兴家住宿一夜，翌晨6时送至万安巷河边上船，我和王学竣仍回校上课。

1949年春，学校开学后，时局更为动荡，班上学生不多，许多人仍想离校去解放区。与我经常有联系的咸宁同乡同学也相约以我家为联络点，由我寻找去解放区的机会，并约定在通信中以在武汉代找临时工作为名传递信息。

## 陷入虎穴

1949年初开学后，我遵照陈恕人老师的意见，只与关锡庚同志一方建立联系。因此我常去武昌九龙井关锡庚住处汇报情况，听他指导，阅读油印小册子文章（是他与余杰同志在住处小阁楼上刻印的），并帮助誊抄地下党组织搜集的有关武汉关、一纱厂等单位的基本情况及人员、财产名单、调查资料。3月初，我从关家带回《将革命进行到底》《新民主主义论》《目前形势和我们的任务》等几本油印小册子，并经常邀约倾向进步的同学来我家传阅。4月8日这天，吃过晚饭后，我忽然意识到放在寝室书桌抽屉里的油印文件不安全，于是当晚将文件送回关家。关锡庚询问了些情况后告知，同意发展我为中国新民主主义青年团团员，并将一份油印的新青团《团章》给我带回家学习。我匆忙返家后怀着兴奋心情认真将《团章》阅读了一遍。当我熄灯就寝时，忽然想到关锡庚同志要我处处提高警惕的叮嘱，感到《团章》非并一般文章，需要秘藏。我便翻身起床，将文件从抽屉转移到隔壁房间的书柜内。

当夜2时许，睡梦中，忽听门外有急促敲门声。我父母起床开门，见一群人声称查户口，并询问我的名字。我将房门打开后，只见五六个便衣特务拥入房内，四处翻箱倒柜进行搜查。我立即意识到这是特务对我进行迫害。但值得庆幸的是油印文件已转移了，他们只在我临时住房（我哥哥结婚后暂时空出的）搜查，未去其他房。我想他们找不到什么证据，我可守口如瓶。

一个小时后，特务们搜出一些鲁迅、郭沫若、茅盾的书籍和几部苏联小说，我 1949 年的日记本及与同学老师通讯的信件也被搜出，其中有一封催我“联系工作”的隐语信。当时我较担心的是日记。记日记是我中学时养成的习惯，1948 年的日记本由于放在另一间房的书柜里，未被发现。搜出的日记是从 1949 年 1 月 1 日记起的，第一篇就是责骂蒋介石伪装下野，玩弄假和平真内战的手法，导致民不聊生的内容。其后每周二三篇日记，内容多为发泄对国民党政权腐败堕落、物价飞涨、失学失业等社会现象的义愤心情。不过这些均为当时社会现实的反映，也是报刊上常见的一些内容，我并不感到问题的严重性。

当晚，特务们以谈话为名带我到稽查处武昌办事处。离开住处时，见粮道街沿街布满武装岗哨。我们走过后，撤岗的口令和口哨声不绝于耳。国民党军警如临大敌，使我感到茫然和惊异。

我被带入一间办公室内，一个 40 多岁的矮胖军官（以后听说是稽查处副处长）披衣翻阅从我家搜来的书籍和日记后，询问了我的一般情况，并对我说：“你的思想很左倾！”我答：“我是个只知读书的学生，日记写的是社会现实。”我见他们并未掌握我与地下组织有联系的情况，便理直气壮地反问他：“你们为什么把我抓来，我究竟犯了什么法？”他却玩弄现身说法和为国民党开脱的伎俩，说什么国民党中央上层是好的，只是下面不执行政策，并说什么他年轻时也信马列主义，以后认为不合国情，就不再信了。我强忍心中的愤懑，回答说：“我不知这些，只知读死书，你们可到学校调查。”在我一再追问下，他告诉我是因为孙明达（实为孙达明）、施德先写信要我去解放区（武汉解放后，在市人民广播电台工作的施德先说，他们是写过信要我速去江汉军区，参加文工团工作，并要我到中正路某号一化名李某的同学家联系）。我推说：“他们寒假回家乡鄂西去了，我们未通过信。”他口头答应明天去汉口谈清楚就放我回家。

第二天清早，几名特务和该军官带我（连同书物）一道从军用码头过江到一元路华中“剿总”稽查处。我被带到3楼办公室外小会客室，又一麻脸军官（后在狱中得知是稽查处长陈大中）仔细审阅了书信和日记，再次询问我的一般情况，然后说了几句所谓我思想很左倾一类的话就离开了，再也无人理睬。下午3时许，电话铃响了，从办公室出来接电话人的回话中，得知是“剿总”询问关于我的案情的处理经过。接电话人从室内拿着一份报告在电话中宣读，报告称：前一天晚上去武昌中正路某号共产党地下联络站逮捕姓李的共党未获，第二天晚上去粮道街247号将共党嫌疑分子佘禄章逮捕。我的心情顿时紧张起来，感到情况可能严重了，要作好一切思想准备，迎接可能出现的难测的厄运。同时对反动派倒行逆施，以莫须有的罪名迫害像我们这样的学生感到无比愤慨。

## 狱中纪实

到傍晚，街灯已亮了，我被带下楼至门口，押上大卡车送到六合路江边一座监狱，关入义字号的一间大监室。

由于我的年龄最小（当时仅18岁），而且是“政治案件”，一到监狱就受到一些“政治嫌疑犯”的同情和关照，许多人咒骂国民党迫害学生的卑劣行径。从难友的介绍中得知，这里是华中“剿总”用以随意关押和处置犯人的一座特种（军事）监狱，关押在这里的人员有“政治犯”，但多数是重大刑事犯，有8间大狱室和1间小狱室，共关押数百人。我进狱室时，被室内犯人依次呵斥到狱室尽头马桶旁，他们要我在此生活一周，负责倒马桶做卫生。后由于同室“政治嫌疑犯”常铸波（被犯人选为室长）等人的关照，我被安排到进门处他所在的地铺旁边，这里空气和卫生条件较好。监狱当局允许我家送衣被时带几本课本给我阅读，这使我可以打发一下时间。

一进监狱，常铸波对我说武汉快解放了，我们可以很快出狱，并告诉我应注意的问题：狱中可能有伪装成犯人的特务，不可随便说话；要有信心坚持到底；利用狱中时间学习，将来为新社会出力；同时也要对反动派狗急跳墙进行迫害做好充分思想准备。狱中共有 10 多名“政治嫌疑犯”和 1 名“政治犯”，听说都是在做国民党军队策反工作时被叛徒出卖而被捕的。武汉解放后才知其中不少人是党在武汉的地下联络站的成员，在狱中除张冰外均未暴露身份。常铸波原是北大学生，一二九运动后参加革命活动，曾在新四军和武汉联络站工作，并在武昌郊县由联络站开办的地下印刷厂活动，因叛徒出卖，和张志鹏、吴远谟等同志一起被捕，已关押 1 年多了。

常铸波以“室长”身份在狱中积极活动，并与本狱室黄陂籍的看守拉上同乡关系，通过做感化工作，使其思想有所转变，经常帮助在外面买报纸及日用品暗中带入监狱，传递信息，使我们每天都可看到当天的报纸，得知武汉形势变化。小监室关押的张冰同志，20 多岁，一表人才，他原是苏北华中军区派往湘鄂地区做敌工的领导人，后在湖南任湘鄂特委委员时被叛徒出卖而被捕，也在此关押了 1 年多。由于他是共产党的高级军事领导人，故被单独关在小监，据同狱人讲，他的案情处理由蒋介石直接掌握。

张冰对我的入狱十分关怀。我第一次放风时，走过他的小监室（他在另一时间放风），以深情和敬慕的目光注视着他。他已知我的情况了，满怀激情地小声说：“国民党已经寿命不长了，武汉即将解放，把你这样的学生也抓来真是丧尽天良。”并说：“你不要害怕，在狱中好好看书学习，出去后为新社会出力。”以后每天放风时，我们总是点头微笑，互相致意，使我感到全身有一股暖流涌动，平添了信心和力量。

## 绝处逢生

我被捕入狱，正值南京国民党政府派代表在北京和谈时期，党中央提出释放政治犯要求，这使我们心情无比激动，对尽快出狱充满希望。听说张冰在狱中领导斗争，强烈要求释放关押的政治犯，但无济于事。不久和谈破裂，国民党企图在战场上垂死挣扎。这时的武汉，解放军已兵临城下，狱中昼夜可听到炮声和炸趸船的声音，预示国民党要逃跑了。大家心潮跌宕，既兴奋又忧虑，感到蒋军撤退时对关押人员的处置可能凶多吉少，但也只有静观事态发展了。

在此激烈动荡的局势下，我父母曾四处借钱托人保我出狱。有一次，他们来探监，和狱警一道带我到设在另一区街的小楼办公室，但等了半小时后又以手续不全为由将我押回监狱。约在5月上旬的一天，狱警荷枪实弹提出我和其他40余名犯人（均为“政治嫌疑犯”和重大刑事犯），要我们带着衣被、用品，列队出狱。沿着沿江大道上行至武汉关时，忽然又押回监狱。据与常铸波同乡的狱警说是准备将“犯人”押解长沙，因车皮紧张未成。武汉解放后我曾听内部情报说，这次转移本意是全部处决，后因当局有人反对才使我们虎口余生。

我们被押回监狱后，狱中空气更为紧张，流言莫衷一是，大家都不知降临头上的是厄运还是幸运。大约又过2日，5月15日凌晨2时许，狱中一阵喧闹声，电灯大亮，人们从睡梦中惊起，只见荷枪实弹的士兵开进狱中大厅，把守各狱室门口，随即大声点名，被喊出狱室的人立即戴上脚镣手铐。大家都怒目而视沉默不语，已感到反动派要下手了，被喊出的人肯定凶多吉少。我和其他政治嫌疑犯都做好被喊出的思想准备。约1小时后，各室共提出30人，我们狱室提出5人。小监里的张冰也被叫出，从门上窗孔中见到他被戴上沉重的脚镣手铐，昂首被士兵押走。寂静的狱中只听到当当的铁镣声，映衬着昏暗的灯光，令人窒息得透不过气。我们含着泪水目送张冰同志逐渐离去。

提人之后，狱中出现了一片寂静，人们根本难以入睡。直到快天亮时，忽然黄陂籍的看守匆忙跑来从小窗口对我们说：“夜里提去的人都被押到武汉关江边船上，装入麻袋用刀杀了，然后船开至江心，尸体被掀入江中。”并说张冰也被杀害了。我们正感到万分悲痛时，他又说：“现在监狱管理人员都逃跑了，这里成了真空。我是特来告诉信息的，天亮后你们就可出去了。”而他准备回黄陂家乡去。这一信息使我们悲喜交集，不能自已。果然，15日上午狱中仍一片寂静，也无人送牢饭。直到中午，狱外许多犯人的家属见狱门紧闭，大声呼叫亲属姓名时，才发现狱中有人。家属们大声喊叫：“国民党逃跑了！市内仍有军队！”他们焦急地四处联系维持地方秩序的人员前来放人。经过一番努力，傍晚时才由地方保安人员打开狱门，放出全部人员。

出狱第二天，我立即去关锡庚同志家接上关系，并投入迎接解放军进城的工作之中。关锡庚曾将我被捕的情况向江汉区党委城工部的余杰同志汇报，余杰同志对他说，经内线了解，佘禄章在狱中未暴露任何情况，并说组织上正设法救助。关锡庚还告诉我，在我被捕的第二天，他曾去我家联系，我父母告诉实情后，他在华中大学避居一月，直至武汉真空时才回家，所幸一切正常。在这一历史转折时期，我们总算安全度过了一次终生难忘的劫难！

我是武汉解放前夕唯一遭反动派关押的学生。后来据说，在四面楚歌声中，国民党当局策划了对武汉学生大逮捕的阴谋，已确定了 400 多人的黑名单。所幸解放军神速进军武汉，才使其阴谋破产，使武汉避免了类似重庆渣滓洞那样的一场大屠杀。

（本文原载于《武汉党史》1997 年第 2 期）

# 张冰同志在狱中

吴远谟[①]

1948年8月10日晚，我因叛徒出卖，被军统特务逮捕刑讯后，转押到汉口黄兴路军统站。在上楼进门的右侧，听见一个人轻声对我说："少说话。"我听声音很熟，仔细注视，原来是张冰同志（湘鄂特委委员，1948年5月因叛徒出卖在长沙被捕，后解武汉关押），不禁极为惊讶。当时押解我的特务在我身后只几步，我用眼光和张冰打了招呼，即进入囚室去了。以后还见过几次面，都因特务监视，张冰同志只能用眼神、手势示意我"少说话"，我表示领会。到了8月下旬，张冰被转押到汉口罗家墩军统的秘密监狱。没隔几天，我也被转送罗家墩，在秘密监狱里又见到了张冰同志。

罗家墩秘密监狱是由一座旧庙改建的，湖南和武汉被捕的同志都被囚禁在用木柱隔开的几间小牢房内，有大批特务监守，戒备十分森严，与外界几乎隔绝了联系。牢房里面，敌人还派有假装坐牢的特务当暗探，对我们进行监视。一个姓刘的老牌特务就睡在张冰的身旁。当时，我也跟张冰睡在一起。虽然有这样严密的监视，张冰同志还是机智地利用各种机会与敌特展开斗争。

首先，反对剃光头。张冰向特务抗议说，留头发是每个人的习惯和自由，强迫剃光头是对人格的侮辱。如果我们连留头发的自由也没有，我们宁可不要脑袋。张冰的抗议，鼓舞了狱中难友们的斗争勇气，大家一致抗议：

---

① 本文作者时为中共中央上海局武汉工作委员会委员、中共中央中原局武汉交通站成员。

誓死不剃光头。这迫使特务取消了强迫政治犯剃光头的规定。

其次，为改善狱中的文化生活而斗争。张冰认为不能让敌人任意囚禁折磨我们，于是领导我们向敌人索取书报看，以改善狱中难友们的文化生活。特务们没有理由不答应我们的要求，但又不敢发报纸给我们看，害怕我们知道了解放战争胜利的消息，就塞给了一些《曾文正公家书》《三民主义》之类的书籍，以后又给了《唐·吉诃德》之类的外国小说，还搞了几次有特务参加的讲故事、变魔术、猜谜语等活动，借以宣扬反动谬论。我们则在张冰的带领下，讲人剥削人、人压迫人的故事，唱《大路歌》《古怪歌》《夜半歌声》等进步歌曲，宣传共产主义思想，和特务进行针锋相对的斗争。张冰还教我唱《国际歌》《你是灯塔》《我们在太行山上》等革命歌曲。

1949 年 1 月，国民党反动派耍起了假和平的花招，宣称要释放政治犯。军统汉口站的特务把囚禁在罗家墩的一部分政治犯转交特种刑事法庭释放，暗地里却将张冰转押到武汉守备总司令部军法处（现在的江汉路中药材货栈）企图杀害。当时，解放大军直逼南京，鲁道源不愿承担杀害共产党人的刽子手罪名，又将张冰转送给白崇禧的“剿总”处理，关押在武汉警备司令部的看守所。这个看守所有 6 个小牢房、4 个大牢房，分为信、义、和、平四个字号。信字号是重点牢房，张冰就被押在这里。我是搞敌后武装的，但我连工作人员的身份都没有承认。特务打算用“土匪”的罪名枪毙我，因迫于形势，不敢捏造事实。在张冰被押走 20 多天后，我也被转押到看守所的信字号牢房。这样，我又和张冰在一起了。

以后，在特种刑事法庭的同志也转到看守所。加之国民党反动派垂死挣扎，进行滥捕滥押，看守所的四间大牢房关得满满的，共有一百四五十人，因此打破了原来分押重点与非重点犯人的界限。仅信字号牢房内就有我们的同志和进步人士，还有国民党的副师长（因杀掉了蒋介石派去的人）和科长（因卖汽油给解放军），也有土匪、商人，情况十分复杂。

张冰被押到警司看守所后，分析了同牢人的情况，认为经过宣传党的政策，揭露反动派的罪行，绝大多数同牢人是可以联合起来同特务做斗争的。经张冰秘密地做工作，在很短的时间内，国民党的军官、一般商人都对他亲近了。那3个卖汽油和军用物资给我们的国民党军队的科长还主动告诉张冰说，他们已经用几根金条买通了看守，由看守带他们一块逃跑，要是张冰愿意和他们一块走的话，他们可以帮忙。张冰认为自己是负责人，个人先走掉，必然使同志们受牵连，受迫害；只管自己，不顾同志的安危，这不是共产党人的品德，因而谢绝了他们的好意。

我到信字号牢房之后，和张冰、汪涛两同志关在一起。张冰认为，我们都有过工作关系，应该团结起来组成牢内对敌斗争的领导小组。他还认为，看守所利用土匪当牢头，这种人为虎作伥，在牢房内欺压、勒索、打骂同牢的人，实在不能容忍。我们要和特务作斗争，首先要斗垮牢头，除掉敌人的耳目。我和汪涛都同意张冰的意见。张冰向看守所长抗议，指出他使用土匪当牢头的错误，提出如要维持牢内秩序，应由同牢的人公选一名室长，否则，牢内发生事故，应由所长负责。看守所长无法争辩，只好接受意见。经过张冰、汪涛两同志的工作，大家推选我当了信字号牢房的室长。其他三个牢房也推选了我们的同志当室长。

张冰善于掌握斗争的火候。时隔不久，他又抓住看守所克扣囚粮、米霉多砂、菜少又缺油少盐的事实，组织大家以要求改善伙食为由，向敌人展开斗争。我们联合四个牢房统一行动，全体绝食，不达目的决不复食。开始绝食时，敌人认为我们只是一时情感冲动，不可能坚持下来，更不可能全体一致坚持绝食。在张冰的领导下，全牢一百多人，包括那个副师长和一些刑事犯在内，都愿意坚持下去，誓不妥协。当绝食坚持到第三天时，敌特惊惶失措了，害怕引起社会舆论的谴责，只好答应以后保证按实数来改善伙食。这次绝食斗争使敌特感到震惊，我们终于取得了胜利。

绝食斗争虽然取得胜利，但政治犯受虐待的局面并未改变。他们长期被秘密关押，不许接见亲属，有病也不许出外医治。为了改变这种局面，张冰同志领导我们进行了新的斗争。他向看守所提出抗议，指出看守所是公开的拘留所，并不是秘密监狱，为什么不准在押的政治犯接见亲属？他们长期被囚禁在牢房里，得不到充足的阳光，病的病，死的死，为什么得不到医治？经过反复交涉，看守所长答应延长放风时间，最后还被迫同意了接见亲属。我们的斗争又胜利了。

有一次，何平同志的亲友给他送来一条纸烟，看守因没有得到好处，就不允许何平接烟。何平不服，即和看守争吵起来，看守打了何平一拳。张冰看见了，挺身而出，大声叫道："不准打人！"各牢房的人看见看守打人都很气愤，听见张冰同志的呼叫声，便都随声大喊起来，声势很大，吓得看守所长连忙跑来查看。张冰质问看守所长："牢内已经有人吸烟，为什么不准何平接受烟？打人是侵犯人权，打人的看守必须向何平赔礼道歉。"并要看守所长保证，今后所有看守都不得再打人。所方慑于张冰同志的凛凛正气，不得不连忙叫打人的看守出来赔礼道歉，并保证今后不再打人，准许在押人员吸烟。

张冰同志被押在军统汉口站的前一个时期，我还没有被捕。他从同志们以及其他人员的谈话中，知道了一些关于我的工作情况。我被捕后和他同牢连铺几个月，在他的领导下做了些对敌斗争的工作，使他进一步对我有所了解。有一次，我到他的单人牢房去看他画自己的像。他亲切地对我说，根据我的表现，出狱后，他将负责解决我的组织问题。我告诉他，被捕前，我在解放区已经入了党，只是还来不及转正就被捕了。我表示今后一定坚决与敌人斗争。自此之后，张冰帮助我就更多。这时，我陆续向他汇报了我们随同湘鄂军事特派员曹炎回武汉后开展敌后武装斗争的情况。

张冰在牢房里从不轻易地对我们谈他从前工作情况，纵然谈点片断，也都是为对我们进行革命气节和情操的教育。尽管这些讲话是片断的，但也使我们深深地感受到张冰是一位无限忠于党的事业，具有崇高的革命品质的忠实战士。他在上海搞地下工作时，组织上曾通过关系介绍他以一个远房表亲的身份在一家煤球店里工作，以取得合法身份。店主的妻子年龄和张冰相仿。由于张冰待人和蔼、勤劳朴实，时间稍长，店主妻子对他由敬仰而产生爱慕之情。张冰对此虽有察觉，但又不能离开此地往他处去，否则不能完成党的任务。于是张冰便利用一切机会向女主人讲一些具有进步意义的故事，暗示她做人要光明正大，不能只顾自己幸福，叫别人痛苦。经过这样多次的侧面教育，女主人逐渐受到启发，又由爱慕私情转变为追求进步。最后，得到她丈夫的同意，进入苏北解放区学习。张冰对我说，男女同志因战斗友谊而产生爱情，结成夫妻，当然是好事。但是如果未经组织批准，任意胡来，不但纪律不许，而且影响尤为恶劣。

张冰同志多才多艺，会画像，在牢房内，画过斯大林的像，画过自己的像，还准备画毛主席的像，可惜这张像没有画完他就牺牲了。张冰同志还能写作，他计划写一部自传体的小说，想通过书中人物的言行，把他对敌斗争的生活反映出来。张冰对我说，他是经过一段时间的酝酿，与党组织接上关系，有了纸笔后才开始写作的。他把他写的前言给我看过，但没等他把这部书写完就遭到无情的杀害。

1949 年 5 月初，解放大军已迫近武汉近郊，敌特十分惊惶，都想趁机捞些钱逃跑。有一个自称是国防部专员的特务到看守所对 4 个牢房的室长说，这些政治犯的案子都由他来处理。要我们转告同牢的人，只要请个保，每人交 200 光洋的手续费，就可以马上得到释放。又说，我们向外面写信，他马上就派人代我们送。我将特务要钱放人的情况转了同牢的人，也向张冰做了汇报。同志们都建议先把张冰搞出去，因为他是特务最注意的人，只要他出去了，其余的同志就更容易出去了。张冰同志坚决不同意这个主张。他说："我不能丢下同志们不管，要走只能同志们先走。"当时，监外党组织已经得到特务要钱放人的消息，谢威、郑绍文等领导急电武汉的地下工作同志，已准备 3000 银元，积极营救张冰和其他同志出狱。但由于时间太紧迫，敌特急于逃跑，无法实现营救的计划。此外还有一个原因，就是特务专员在捞到几百光洋之后，没有和看守分赃，引起敌特内讧。桂系军人不许特务专员进看守所，特务专员不准看守所放人，双方僵持着。

5 月 14 日晚，张冰告诉我说："得到好消息，解放军即将进入市内，特务们正在准备逃跑。我们盼望武汉解放的好日子就要到来了。"停了一下，张冰说："特务在逃跑前，准备要杀害我们 7 个同志，已经列了黑名单。"他是公开政委，当然是要杀的第一个对象。其余的人可能是在武大搞学生运动的同志，还可能有许远超、骆近丘、潘虢欧等。我说："特务早就要枪毙我，自然也有我在内。”我又说：“事实如此，我们何必多虑这些问题。死了，死得其所；不死，再继续战斗。”张冰说，如果能用我们的死去换取武汉千百万人民的解放，那正是我们求之不得的好时刻。

夜是那样的寂静，远处隆隆的炮声隐约可以听见。午夜以后，牢门突然打开，牢卒将张冰、林允中两同志带到看守所办公室，用手巾将他们的口蒙住，然后用闪着寒光的刺刀在他们身上乱刺……最后，他们的遗体被残忍的敌人用麻袋装着抛进了长江。敌军已开始炸趸船了，时间不允许他们继续去执行杀害的计划，我们终于幸免了！

当我得到张冰、林允中同志被害的噩耗以后，悲痛万分，我用棉被蒙住头痛哭了一场。等到看守逃跑，牢门被打开后，我和汪涛以及其他同志一起跑到江边察看，但找不到任何一点迹象，只见汹涌澎湃的滚滚江涛在怒吼，在泣诉！

张冰同志的遗物——画像和未完成的遗稿，由汪涛送省委组织部转送革命烈士文物馆保存。

张冰同志虽死犹生！他的英雄事迹时刻鼓舞着我们，成为我们前进道路上的巨大精神力量！

（本文原载于 1983 年 8 月 6 日《武汉党史资料》，有删节）

# 后 记

为纪念中华人民共和国成立75周年及武汉解放75周年，中共武汉市委党史研究室组织编纂了《我的1949：武汉解放口述史》丛书。研究室主任张学锋给予了精心指导并审定书稿；研究室副主任王怀卓总策划，对全书进行审核并统稿；编研一处孙勐、宣教处罗宁承担了具体的资料搜集、整理、编纂工作。《我的1949：武汉解放口述史（一）》主要回忆武汉解放之前中国共产党在武汉地区艰苦卓绝的奋斗历程，共收集文章32篇，一级调研员宋健、编研一处处长刘桂芳对全书进行了审读。

由于编纂时间紧迫，且所忆人、事年代久远，书中难免存在不尽翔实之处，恳请学界同仁和广大读者批评指正。

编者

2024年1月